———— 东南学术文库 ————
SOUTHEAST UNIVERSITY ACADEMIC LIBRARY

超级"义村"
未完成的集体组织转型

Super Yi Village in South China:
The Incomplete Transition of Rural Collective

王化起 ◆ 著

东南大学出版社
·南京·

图书在版编目(CIP)数据

超级"义村"：未完成的集体组织转型/王化起著.
—南京：东南大学出版社,2019.10
 ISBN 978-7-5641-8460-5

Ⅰ.①超… Ⅱ.①王… Ⅲ.①农村经济—集体经济—研究—广东 Ⅳ.①F327.65

中国版本图书馆 CIP 数据核字(2019)第 126953 号

* 本书为教育部人文社会科学研究青年基金项目(15YJC840035)"基于公共资源治理视角的农村土地制度市场化研究"的阶段性成果，并得到东南大学人文学院"双一流"经费资助出版。

超级"义村"：未完成的集体组织转型
Chaoji "Yicun"：Wei Wancheng De Jiti Zuzhi Zhuanxing

著　　者	王化起
出版发行	东南大学出版社
社　　址	南京市四牌楼 2 号　邮编：210096
出 版 人	江建中
网　　址	http://www.seupress.com
照　　排	南京星光测绘科技有限公司
经　　销	全国各地新华书店
排　　版	南京星光测绘科技有限公司
印　　刷	南京工大印务有限责任公司
开　　本	700mm×1000mm　1/16
印　　张	13
字　　数	248 千字
版　　次	2019 年 10 月第 1 版
印　　次	2019 年 10 月第 1 次印刷
书　　号	ISBN 978-7-5641-8460-5
定　　价	68.00 元（精装）

本社图书若有印装质量问题，请直接与营销部联系。电话：025-83791830

编委会名单

主任委员：郭广银
副主任委员：周佑勇　樊和平
委　　员：（以姓氏笔画为序）
　　　　　　王廷信　王　珏　龙迪勇　仲伟俊
　　　　　　刘艳红　刘　魁　江建中　李霄翔
　　　　　　汪小洋　邱　斌　陈志斌　陈美华
　　　　　　欧阳本祺　袁久红　徐子方　徐康宁
　　　　　　徐　嘉　董　群
秘　书　长：江建中
编务人员：甘　锋　刘庆楚

身处南雍　心接学衡

——《东南学术文库》序

每到三月梧桐萌芽,东南大学四牌楼校区都会雾起一层新绿。若是有停放在路边的车辆,不消多久就和路面一起着上了颜色。从校园穿行而过,鬓后鬓前也免不了会沾上这些细密嫩屑。掸下细看,是五瓣的青芽。一直走出南门,植物的清香才淡下来。回首望去,质朴白石门内掩映的大礼堂,正衬着初春的朦胧图景。

细数其史,张之洞初建两江师范学堂,始启教习传统。后定名中央,蔚为亚洲之冠,一时英杰荟萃。可惜书生处所,终难避时运。待旧邦新造,工学院声名鹊起,恢复旧称东南,终成就今日学府。但凡游人来宁,此处都是值得一赏的好风景。短短数百米,却是大学魅力的极致诠释。治学处的静谧景,草木楼阁无言,但又似轻缓倾吐方寸之地上的往事。驻足回味,南雍余韵未散,学衡旧音绕梁。大学之道,大师之道矣。高等学府的底蕴,不在对楼堂物件继受,更要仰赖学养文脉传承。昔日柳诒徵、梅光迪、吴宓、胡先骕、韩忠谟、钱端升、梅仲协、史尚宽诸先贤大儒的所思所虑、求真求是的人文社科精气神,时值今日依然是东南大学的宝贵财富,给予后人滋养,勉励吾辈精进。

由于历史原因,东南大学一度以工科见长。但人文之脉未断,问道之志不泯。时值国家大力建设世界一流高校的宝贵契机,东南大学作为国内顶尖学府之一,自然不会缺席。学校现已建成人文学院、马克思主义学院、艺术学院、经济管理学院、法学院、外国语学院、体育系等成建制人文社科院系,共涉及6大学科门类、5个一级博士点学科、19个一级硕士点学科。人文社科专任教师800余人,其中教授近百位,"长江学者"、国家"万人计划"哲学社会科学领军人才、全国文化名家、"马工程"首席专家等人文社科领域内顶尖人才济济一堂。院系建设、人才储备以及研究平台等方面多年来的铢积锱累,为东南大学人文社科的进一步发展奠定了坚实基础。

在深厚人文社科历史积淀传承基础上,立足国际一流科研型综合性大学之定位,东南大学力筹"强精优"、蕴含"东大气质"的一流精品文科,鼎力推动人文社科科研工作,成果喜人。近年来,承担了近三百项国家级、省部级人文社科项目课题研究工作,涌现出一大批高质量的优秀成果,获得省部级以上科研奖励近百项。人文社科科研发展之迅猛,不仅在理工科优势高校中名列前茅,更大有赶超传统人文社科优势院校之势。

东南学人深知治学路艰,人文社科建设需戒骄戒躁,忌好大喜功,宜勤勉耕耘。不积跬步,无以至千里;不积小流,无以成江海。唯有以辞藻文章的点滴推敲,方可成就百世流芳的绝句。适时出版东南大学人文社科研究成果,既是积极服务社会公众之举,也是提升东南大学的知名度和影响力,为东南大学建设国际知名高水平一流大学贡献心力的表现。而通观当今图书出版之态势,全国每年出版新书逾四十万种,零散单册发行极易淹埋于茫茫书海中,因此更需积聚力量、整体策划、持之以恒,通过出版系列学术丛书之形式,集中向社会展示、宣传东南大学和东南大学人文社科的形象和实力。秉持记录、分享、反思、共进的人文社科学科建设理念,我们郑重推出这套《东南学术文库》,将近些年来东南大学人文社科诸君的研究和思考,付之枣梨,以飨读者。知我罪我,留待社会评判!

是为序。

《东南学术文库》编委会
2016 年 1 月

致　谢

　　本书以笔者的英文博士论文"*Rural participation for equal allocation and economic efficiency*: *case study of a Chinese village in Guangdong*, *1978—2011* "为基础,结合 2017 年江苏省调查数据写成。在论文完成的过程中,首先要感谢广东义村众多村民的接纳和支持。2011 年春节过后,笔者到达义村开始田野调查工作,一直到 10 月底离开。其间一些村干部和村民与本人结识相熟,不仅直接提供了大量资料,还将本人介绍到村庄的公共生活之中,甚至邀请笔者到家中做客。得益于他们的支持,笔者得以了解和观察到大量生动的村集体活动和自发的宗族活动,也更加深入地理解了他们个人及家庭生活的努力。

　　本书成稿得益于很多学者的宝贵评阅意见。感谢答辩委员会 Jonathan Unger 教授、卢晖临教授、李健正教授、Pun Ngai 教授,以及我的导师 Anita Ching-hua KOO 副教授等老师的论文修改意见。感谢东南大学"东南学术文库"两位匿名审稿老师的书稿评阅意见。最后,本书相关章节在发表过程中曾经得到本院李林艳老师、张敏老师的评阅。在此一并感谢。

　　本书的主体部分经过翻译。其中,摘要、目录和第一章由王嫣语、王化起翻译,第二章由王化起翻译,第三章由巫慧敏和吴国华翻译,第四章由雷琼、吴国华、万婷婷和张天舒翻译,第五章由张天舒、万婷婷翻译,第六章由刘慧、万婷婷、周一婧和张天舒翻译,第七章由王化起翻译。最后由王化起统一校对。此外也要感谢刘云惠同学协助参考文献校对工作。

　　本书附录部分使用了南京农业大学"江苏省农村政治文明发展报告

(2017)"问卷调查的数据资料。该校政治学院朱娅老师细心帮助修改,在此感谢!

在本书的编辑过程中,东南大学出版社刘庆楚老师多次与笔者商讨,就书稿标题和体例等方面提出了许多细致而专业的意见。特此感谢!

最后,笔者也想感谢家人一直以来的陪伴和照顾。在父母、岳父岳母以及妻子、姐姐和妹妹的关心下,这本书得以最终完成。也感谢刚满周岁的儿子,他的到来让笔者的学术生活变得更加丰富多彩。

摘 要

本书试图探究集体土地收益的平均分配在改革时期为什么能够一直延续。改革开放以来的四十多年，农民始终坚持集体土地利益的平等分配，而不管这样做是否更有经济效率。过往研究已经说明，集体平均分配与非农就业机会匮乏以及集体土地制度中平均化的产权设置密切相关。基于义村的土地股份合作社案例，本书廓清了集体土地的平等分配是嵌入在国家政权与乡村自发社会网之中的。嵌入性视角有助于说明农民与村干部的权力及其社会关系如何决定了土地平等分配的持续。

有关义村的丰富的资料，可以证实集体土地平等分配在改革开放时期的连续性。义村直接经营土地的农民越来越少，但对土地的依赖却没有随之减少。来自集体土地开发经营的收入支持村委会向村民提供诸多村级社会保障项目或其他福利开支，这对村民来说很重要。同时，集体土地的处置权力集中在村干部手中，威胁到土地收益平等分配的实现。进一步分析发现，包括土地股份合作社在内，农民很难通过正式途径参与公共事务。相比之下，农民在宗族等非正式组织中参与积极。这说明，非正式的乡村社会网络依然具有力量，能够促进农民的公共参与。因此，集体土地平等分配得以持续的文化因素就被揭示出来。最后，本书还附录了两篇2017年江苏集体土地和股份合作社情况的调研报告，对义村的个案研究进行补充。

Abstract

This book concerns about why equal allocation of collective land and its benefits continues in reform era. During more than four decades of Reform period, peasants persist equal allocation of collective land benefits despite its economic efficiency. As past studies have revealed, equal distribution of collective benefits closely relates to the shortage of non-farm employments and equalized property rights at the individual level in collective land. Based on the case of land shareholding cooperative in Yi Village, this book illustrates equal allocation of collective land benefits is embedded in both state power and rural spontaneous social network. Due to the perspective of embeddedness, how power relations between villagers and cadres shapes the continuity of equalized allocation of land benefits.

Built on prosperous data collected from Yi Village, this book successfully verifies the continuity of equal allocation of land benefits in Reform era. Although the number of villagers who directly lived on agricultural land gets decreased, their dependence on collective land benefits goes oppositely. The income from collective land development by village committee enables it to provide abundant village securities or other welfare expenditures which seems critical to villagers. Meanwhile, the power of managing collective land is controlled by cadres, and thus threatens the equal allocation of land benefits. Further analysis suggests that villagers hardly participate into public affairs via formal routes, including the land shareholding cooperative. In contrast, villagers actively engage in informal spontaneous organizations such as lineage. The spontaneous order of rural lineage still takes robust effects in peasants' lives, in which it could promote the public participation of villagers. As a result, the cultural rationale of equal allocation of collective land benefits get unfolded. In the end, to complement the case study of Yi Village, two research reports on collective land and the land shareholding cooperatives in Jiangsu Province in 2017 have been added.

目 录

第一章　引言 …………………………………………………………（1）
　第一节　新中国成立以来农村土地及其收益的分配历史 ………（3）
　　一、毛泽东时期集体土地及其收益的平等分配 ………………（6）
　　二、改革时期集体土地中的平等主义 …………………………（7）
　第二节　田野地点的选择：位于珠江三角洲的义村 ……………（11）
　第三节　集体平等主义的分析框架：嵌入性 ……………………（15）
　第四节　本研究的贡献 ……………………………………………（18）

第二章　文献综述 ……………………………………………………（20）
　第一节　经济嵌入的核心：社会关系问题 ………………………（20）
　　一、以效率为指向的两类中国转型理论 ………………………（21）
　　二、另一种视角：社会关系 ……………………………………（22）
　　三、小农经济的嵌入性 …………………………………………（24）
　　四、中国小农经济的嵌入性 ……………………………………（28）
　第二节　转型期集体平等主义研究的最新进展 …………………（30）
　　一、关于集体土地的平等主义的新进展 ………………………（30）
　　二、乡镇企业中的平等主义研究的新进展 ……………………（32）
　第三节　研究框架：集体平等主义及其维持 ……………………（34）
　　一、土地产权的延续与变更 ……………………………………（35）
　　二、小农生计的变化 ……………………………………………（36）
　　三、反对集体分配中的不平等：农村地区的公众参与 ………（36）

第三章　研究方法 (40)

第一节　指向理论的个案研究 (41)
第二节　抽样：作为个案的义村 (43)
第三节　本个案研究的主要关注点 (45)
一、测量与推论 (46)
二、因果关系 (46)
三、普遍化问题 (47)
四、本个案研究的成果与不足 (48)
第四节　数据收集方法 (49)

第四章　改革时期的农村生计：土地流转与新工人 (52)

第一节　农民的生计及其改革时代的变迁 (52)
第二节　1980 年代：农村经济多元化 (55)
一、追求更高利润的农业 (56)
二、非农就业涌现 (57)
三、工厂迅速崛起 (59)
第三节　1990 年代：土地有利可图，农民无地可用 (60)
一、农民企业家占据村庄工业区 (60)
二、富农经营村庄鱼塘和宅基地 (61)
三、集体土地所有制中的市场化圈用 (64)
第四节　农民变为工人：劳动透支的延续 (65)
一、新工人群体的构成 (66)
二、农民空前重视劳动力 (67)
三、农村地区非农就业的困境 (69)
第五节　农民对集体经济组织的持续依赖 (73)
一、义村农民的社会保障制度 (73)
二、义村土地股份合作社的产权制度及其变迁 (75)
第六节　小结 (78)

第五章　村庄机构中农民的公共参与：脆弱的集体平等主义 (80)

第一节　村干部控制村庄正式组织 (82)
一、村庄政治和行政权力的分配 (82)
二、农民的大众政治 (83)
三、村庄权力的经济性基础 (87)

第二节　村干部职位权力的滥用 …………………………………………（90）
　　　一、村干部权力延续的政治和行政条件：新激励机制 …………………（91）
　　　二、村干部对集体利益的私有化 …………………………………………（94）
　　第三节　村干部对集体经济组织的垄断性控制 …………………………（96）
　　　一、村干部控制乡镇企业 …………………………………………………（97）
　　　二、村干部控制股份合作社 ………………………………………………（100）
　　第四节　村干部垄断集体组织的影响：村民公共参与受限 ……………（105）
　　第五节　小结 …………………………………………………………………（107）

第六章　复兴的宗族组织：公平的成员权和公众参与 ……………………（108）
　　第一节　复建宗族的一般意义 ………………………………………………（108）
　　第二节　宗族组织的目标：族群的生存 ……………………………………（111）
　　　一、划龙舟：宗族间敌意或友谊的标识 …………………………………（112）
　　　二、宗祠：区分我族与他族 ………………………………………………（115）
　　　三、村庙：联结我族与他族 ………………………………………………（119）
　　　四、讨论 ……………………………………………………………………（123）
　　第三节　宗族组织中的成员权：族群内的公平 ……………………………（124）
　　　一、竭诚奉献的宗族委员会 ………………………………………………（125）
　　　二、广泛的监督 ……………………………………………………………（127）
　　　三、有效的动员 ……………………………………………………………（129）
　　　四、公平的分配 ……………………………………………………………（131）
　　　五、讨论 ……………………………………………………………………（134）
　　第四节　小结：宗族共同体的影响 …………………………………………（135）

第七章　总结：集体平等分配的持续性及其嵌入性 ………………………（139）
　　第一节　持续的集体分配 ……………………………………………………（139）
　　第二节　变迁中的嵌入性 ……………………………………………………（140）
　　　一、农民对集体组织的依赖程度已经改变 ………………………………（140）
　　　二、普通农民在村集体组织中的参与并不充分 …………………………（141）
　　　三、相比较正式的村级组织参与，农民在宗族组织中的参与更兴盛
　　　　　………………………………………………………………………………（142）
　　第三节　义村个案研究的理论意义 …………………………………………（144）
　　第四节　本个案研究的成果与局限 …………………………………………（146）
　　　一、因果关系的建立 ………………………………………………………（146）

二、结论：普遍化的完成 …………………………………………… (147)
三、本研究将来的改进空间 ……………………………………… (148)

附　录 …………………………………………………………………… (151)

研究报告一　从家庭承包到规模化农场：当代江苏土地经营组织的现代化 ………………………………………………………………… (151)
一、土地经营组织问题的提出 …………………………………… (152)
二、土地经营组织的演变及现状 ………………………………… (154)
三、江苏全省调查数据及分析 …………………………………… (158)
四、结论：农村土地经营组织的规模化转向 …………………… (167)

研究报告二　非正式文化网在当代江苏集体土地经济治理中的作用
　………………………………………………………………………… (169)
一、问题的提出：集体土地经营组织的治理 …………………… (169)
二、分析框架：非正式的文化网 ………………………………… (170)
三、乡村社会中的文化网与权威 ………………………………… (172)
四、讨论与总结 …………………………………………………… (178)

参考文献 ………………………………………………………………… (180)

后　记 …………………………………………………………………… (191)

第一章

引 言

改革开放以来集体土地制度中的经济效率、平等分配与社会关系

自二十世纪九十年代初期开始,农村土地私有化改革在许多发展中国家盛行。巴西等六个国家与三个大洲的案例研究显示(Lahiff, et al., 2008)[1],土地改革大多遵循新自由主义原则[2],即让市场自由交易成为土地分配和使用的主要机制。这个理论认为,低效浪费的土地可交由私人所有者重新开发并以更有效率的方式提供给更需要它的穷人或符合条件的农民。而且,这些市场交易可以减少大型农场的数量,让小型家庭农场拥有更多的土地。在这个过程中,国家仅仅是在土地销售前和销售后的行政服务如金融与行政管理中发挥补充性作用。因此,在政治、文化和司法等方面,只要是阻挠土地交易的因素都应加以剪除,从而实现自由市场交易。

然而,笔者在中国农村的土地改革的案例中,却发现了不追求市场经济

---

[1] 这些国家案例涉及巴西、危地马拉、萨尔瓦多、菲律宾、埃及和南非。
[2] 所谓理想市场的论调,本研究是把新自由主义与新古典经济学等同。在新制度经济学试图将经济学理论更贴近于复杂的经济现实时(Coase,1937,1960; Douglass,1990),其过快的发展使得市场这个基础论点有被弱化的危险。作为其对立面,新古典经济学就试图退回到古典经济学的教条,尽管它已经被用来分析广阔的非经济领域如家庭现象(Becker,1960)。

效率的现象[1]。与市场导向的激进私有化模式不同,中国的土地改革则采用了渐进改革模式。在社会主义农村集体土地制度中,改革后农民获得了土地使用权,但并没有获得所有权。农民可以自由经营土地以获得最大收益,但农田不能用在农业用途之外,严禁转变为工业用地或建设用地,除非经过政府征用。直到今天,集体建设用地想入市交易时也需要获得政府批准[2]。在中国集体土地制度改革中,股份合作社模式相对特殊。它往往允许集体土地投入到更高利润的产业中即便是工业用途也可以(蒋省三,刘守英,2003,2004)。在此过程中,村庄土地由合作社统一配置和经营,农民凭借其成员资格可以平等获得分红和其他收益。

　　本书试图挖掘农民选择不完全私有化或有限市场化的土地制度的原因。已有研究说明,长期以来农民在分配集体土地及其收益时都遵循平等分配的逻辑(Kung,1994)。集体土地及其收益的平等分配最早出现在毛泽东时期村庄集体福利的平等分配。那时,村集体统一安排劳动和分配报酬。农民家庭的劳动投入和报酬采用工分制度进行结算。集体劳动都是粗略分类分级,对应报酬设置也都差距不大,结果所有劳动者的报酬都变得相当平均,村集体向农户发放粮食等基本生活物资也是平等化的。到了改革开放时期,农民依然重视集体土地及其收益的平等分配。虽然平均化的工分制计酬已经取消,但是家庭承包经营制度依然实行土地及其收益在农民中的平等分配。本书不同之处在于,针对华南地区土地股份合作社这种最新的集体土地经营形式,分析土地及其收益的平等分配是否依然延续。如果是,那么它延续的原因是什么?

　　本书更多关注基层农民而不是政府。一般土地制度研究多关注政府在农村土地改革中的关键影响(Lahiff, et al., 2008)。政府负责土地管理,主导着农村集体土地制度的演变。中国政府通过多种立法和行政手段塑造并不断调整着农村与城市的双轨式土地制度。通过追溯共和国土地发展的历史,我们可以发现政府尤其是中央政府,永远扮演着一个关键角色,即使它自身并不均质,权力存在碎片化,有时决策也不那么理性(Ho and Lin,2003)。相比之下,笔者的研究则侧重于农村集体土地制度中的分配问题,去探究农民

---

[1] 经济效率是指物品和服务生产中的投入—产出比。如果产出大于投入,则该生产被认为是有效的。http://en.wikipedia.org。

[2] 《中共中央关于加快发展现代农业进一步增强农村发展活力的若干意见》,2013年1月31日。

在社区层次所施加的影响。本书将农民的公共参与视为土地制度演变的关键动因。基于对国家—社会关系的分析框架的讨论,本书强调了基层农民的角色。这一立场是受到凯利赫研究的启发(Kelliher,1992)。相应的,国家被认为是外在于农民群体的因素,是后者行动的影响条件。国家在股份合作社建立与演进中的影响就得到了阐述。

本章将梳理改革时期农村土地市场化改革的历史过程,并基于这一历史背景,介绍所选田野地点的大概状况,同时还将说明选择这个村庄作为研究对象的原因,以及所采用的研究视角和分析框架,最后,简要概述研究大纲及后文每一章的核心观点。

第一节 新中国成立以来农村土地及其收益的分配历史

针对改革开放时期农村集体土地制度的研究通常关注经济效率问题(McMillan, et al.,1989;Qu, et al.,1995;Wu, et al.,2005)。财产权被认为是一个社会的核心制度,不论资本主义还是社会主义都是如此(Ho,2001)。东欧经济学家科尔奈(Kornai,1992)认为去市场的计划经济在产权层面具有系统缺陷,不可避免导致效率低下和短缺。去市场的政府定价制度以及对私有产权的否定等制度弊端相互叠加,就会导致经济效率长期低下。苏联的解体最终进一步助长了新自由主义意识形态的传播,私有产权促进经济效率的观点就成为很多学者的信条,即便在讨论社会主义国家转型问题时也是如此。

在很多学者眼中,私有产权不仅关乎经济增长也与国家民主等政治制度有关(Perry and Goldman,2007)。它似乎是理想的自由民主社会的必要构成和标志,具备私有财产的独立个体、平等的公民权和政治权,加上民主政治和法治政府,似乎就是美好社会的典范(Ho,2001)。然而研究发现,农民并不一定是拥护私有产权并按照市场原则配置土地的经济人(Popkin,1979:10-17;Kung,2002b)。集体土地经营与其他集体经济组织就可以说明这一点。不同于从产权层面对集体经济组织展开研究(Walder and Oi,1999),柏兰芝(Po,2008)则进一步区分了集体经济组织的类型,并挖掘了产权制度差异的形成原因。这就是各地农村不同的工业化和城镇化道路。而且,以前研究多重视政府层面,去澄清财政压力或官僚竞争机制的影响(Oi,1992,1995),但柏兰芝(Po,2008)则说明农民群体内部的平等诉求如何支撑起村庄的集体经济组织。各地土地股份合作社虽然形式不同,但都保障农民平等地享有城镇化或工业化所带来的土地增值收益。总之,土地股份合作制可以平息新时期农民间的利益冲突,就是这个新型集体组织得以建立的真正原因。本书同意柏兰芝的观点,同样关注股份合作制这种新型集体土地经济经营。本研究的主要焦点在于集体土地及其收益的分配,并进一步提出如下问题:是否土地股份合作社的出现仅仅是因为农民内部化解其利益纷争的需要?这种功能观没有区分村庄内干部群体和普通村民的差别,也没有刻画出农民群体建立土地股份合作社的实际过程或作用机制。而本书就希望着重解决这些问题。

股份合作式集体土地经营的涌现,扎根于改革开放以来中国集体土地制度的转型。家庭联产承包责任制度(以下简称"承包制"或"家庭承包制"等)代表了第一波去集体化的土地经营模式改革(Vermeer, et al., 1998; Walder, 2002)。之后每次中央政府调整土地制度或修改土地管理方式都会引发大量学术讨论(Ho and Lin, 2003)。改革时代的土地制度转型通常涉及三个问题(Ho and Lin, 2003):首先它涉及土地用途安排,即农业、工业还是居住用途。其次,它也涉及土地产权安排及其实际执行,包括土地拥有者和使用者等一系列利益相关人的权利调整。最后,土地的管理制度则涉及土地的规划、批准及其相应的规范和程序。

改革时代的集体土地经营有两大趋势:更高效的农业土地使用以促进农业增长;农用地大规模流转为非农业用途。林毅夫研究发现(Lin, 1992),与多数人印象相反,1978—1984年间一半的农业增长都可以归功于集体土地制度改革。相对而言,其他的一些因素诸如增加化肥供应和投入并没有贡献多少。相反,它们倒是可以解释1985—1987年间农业产出大幅下跌的原因。总而言之,家庭承包式集体土地经营制度的建立给予农民以直接激励,从而解决了集体化农业生产中的管理难题。此时,在这个新的经营制度框架下,其他因素加入进来,共同决定农业发展水平。

但对于家庭承包制下的土地经营,许多学者从不同角度也提出了一些批评意见。家庭承包责任制的缺点在于土地经营分散、规模小且脆弱。具体有两个方面:第一,它使得生产者很难使用现代农耕设备,因此产生规模效率的损失;第二,它使得农民在面对商品化农业中的风险和冲击时更加脆弱(Zhang and Donaldson, 2008)。这样的批评也存在争议。经研究发现,农村土地规模及其生产效率之间呈负相关关系(Chen, et al., 2011)。家庭承包责任制下的土地碎片化实际上增加了农民的收入平等性而不是破坏它(Xu, et al.,2008；Zhang and Donaldson,2008)。事实上,农地经营效率的提高与其使用规模没有太大关系,更多取决于农业生产中的合作。农民在纵向上彼此联合,即生产者与运输者、中间商、加工者等的合作,要比水平方向上的扩张即种植者共同工作获得更大的土地使用规模更加有效率(Chayanov,1986；Huang,2010)。在政策层面,为了实现农业现代化,近年来我国政府积极推动多种类型的农民生产合作。一个是龙头企业加农户式的纵向联合(Zhang and Donaldson,2008)。通过与农民议定好产品、劳动力甚至土地合同等事项,企业就将分散的农户与市场联结起来。政府也鼓励农民建立专业合作社,支持具有市场能力的农户尤其是位于产业链不同位置的农户合作起来,在资金、器械和市场渠道等方面进行合作。国家特别于2006年制定《中华人民共和国农民合作社法》,以鼓励农村专业合作社发展。而土地股份合作社也在部分地区发展起来。本书接下来要讨论的义村就是一个例子。

在农地经营迅速发展的同时,农地的非农化使用规模也增长极快。在城镇化和工业化的大潮中,农地的非农化经过各种方式迅速转变到非农使用中去。第一次全国土地调查发现,在1996年,我国土地面积的3.1%分配给非农业用途,而且,"在1996到2006年间,尽管中央政府已经拉起了红线,但中国耕地面积从195.1万亩下跌到了182.9万亩,人均耕地面积从1.59亩下降到了1.39亩"(Lin,2009：6)。其中,耕地损失的一个重要原因就是城市和工业的扩张(Ho and Lin,2004)。

一些研究已经证实农地非农化流转存在多种具体的推动力。经济自然增长、移民的流入、工业产业的兴盛、小城镇和村庄的扩张,以及铁路和公路等交通的改善,都导致了城市规模的迅速扩大,而这些都需要消耗大量农地(Ho and Lin,2004)。同时,一些制度性因素也至关重要。地方政府通过财政奖励和官员个人晋升等机制,利用银行信贷系统,大力推动土地开发(Ping,2011)。也有学者提出更加复杂的农地开发模型,一系列宏观和微观因素都被纳入其中(Axinn and Ghimire,2011)：农民家庭、村庄社区、人口规模、富裕程度和科技因素等都会影响农地经营的状态。

上述研究过多地使用静态分析方法,以显示土地利用中的影响因素及其相互作用。例如,地方财政或个人职业晋升等因素可以激励地方干部努力扩大农地非农化流转。然而,农民在土地开发中的反应如何以及干部如何加以解决就往往少有讨论。多变的土地使用格局如何在众多参与者的实际社会互动中形成,就亟待分析。

本书基于众多关于毛泽东时期和改革时期农地流转的研究(Cartier,2011;Ho and Lin,2003;Hsing,2010;Lin and Ho,2005),聚焦于一个新的农地经营现象即土地股份合作制。与政府征地相比,股份合作社是农地流转的一种新方式,它由村集体而不是国家来操作。以往研究所关注的行动者较多涉及国家、非政府公共部门、城市居民,以及农村的集体组织和农民。本研究则集中关注村庄内部的农民和干部。之前多类行动者间的复杂互动关系也不复存在,本书聚焦于村干部和农民之间,或是农民群体内部的互动关系。

一、毛泽东时期集体土地及其收益的平等分配

家庭承包制的主要特征起源于毛泽东时期的集体土地制度。在1949年新中国成立后不久,全国范围内传统乡村的个人土地和法团土地例如宗族或寺庙土地都进行了集体化。地主阶级首先遭到打击,他们的土地被分给了农民,成为后者的私产。随后,农民的这些私有土地又经过号召并入到早期的集体经济组织合作社中。后者由农民发起和掌握,但得到了政府的支持乃至号召。到1956年12月,除了几个畜牧业为主的省份,全国96.2%的农民都加入了合作社,而且大部分集体经济组织是在两年之内建立的(杜润生,2005)。到1958年人民公社建立后,农民以生产队为劳动单元,在生产队干部的领导和监督下在集体土地上共同劳作。生产队接受生产大队管理,并共同接受公社领导。在这个集体制度中,所有原材料和生产资料都归集体所有和使用。这一状况一直延续到1978年改革开放起始时期。基于集体土地的共同所有制,集体经济组织赋予内部成员以平等享有集体收益的权利。在早期的合作社集体阶段,在交完国家和集体积累的公粮之后,集体会把剩余的粮食分配给农民。后来,工分制作为一种计时制的劳动核算制度建立起来。集体成员间的分配变得更加公平,甚至接近于平均。通常来说,工分计算是以工作日为单位。每个工作日等于10分,不同的劳动会上下浮动几分,但不会差距过大。实际上,这样的劳动核算最终体现的是已经设定好的劳动级别分类,而不是个人的实际工作表现。基于如此平等的工分制,农民从集体经济中的收入最后也相当平均。

然而,工分制集体平等分配的局限在于,以农业为主的集体经济陷入了

停滞。在毛泽东时代,集体农业在总产量和就业上取得了重大进展[1],但生产效率却持续低迷乃至恶化。每日人均产值以及农业生产中的各个要素生产率诸如劳动、资本和土地都明显下降了(Rawski,1979)。过密的内卷化劳动力和土地投入通常只能增加土地总产出,但会降低单位土地生产效率(Huang,1990;Rawski,1979)。不仅如此,有限的经济多样性也成为那时集体经济的核心特点(Huang,1990)。尽管人均劳动回报停滞乃至下降,国家仍然希望通过提升经济增长从农民那里获取更多盈余。对市场和商业活动严格的控制乃至最终取消,都弱化了村庄集体经济的多样性。而农业生产中劳动的过密化投入,只是让这些社会主义集体中的农民延续着贫困。

在公社制集体中,为了维持农民生计,农户家庭额外获得一块很小的土地作为私人用途:自留地。大约有6%的村集体土地留给农户私用,用于种植蔬菜,或油料作物,以填补日常所需(Brandt, et al.,2002)。集体干部不干涉自留地的使用,农民有权安排自家种植计划,也可以自主交换彼此的自留地。由于农民有较高的积极性去投资自留地,这类土地的生产效益明显要比集体土地高很多。

二、改革时期集体土地中的平等主义

公社制度下集体经济无法提高农民的生活水平,让它在改革时期就无以为继(杜润生,1985:1-37)。社会主义集体管理将个人的投入和产出分割开来,损害了农民的生产积极性,因此公社制集体就被废除(Lin,1992)。作为替代,家庭承包责任制建立起来。这是一个双层产权制度的新集体经济模式(Dong,1996)。集体组织保留土地的所有权,但单个家庭则获得了土地的经营权,并成为农村地区的经济生产单位。之前的生产大队和生产小队已经在组织层面转变为行政村和自然村,不再是农村经济的基本单位。承包制集体经济中,农民自主安排家庭土地上的生产。在完成国家粮食征购的公粮、缴纳了政府税费和村集体的提留后,剩下的就归自己。

在承包制集体经济中,通过自然降生或合法婚姻,村庄内所有成员都可以得到平等的土地资源使用机会(Brandt, et al.,2002;Kung,1995,2002a;

---

[1] 事实上,1957—1975年间,中国的农业生产增长显著。"相比较其他规模大、人口多且低收入的国家而言,中国在就业领域的成就,就如同健康、教育、区域发展和其他经济的分配领域一样,都显得很突出"(Rawski,1979)。

Liu, et al., 1998)。这种基于集体所有制而产生的平等土地使用权利,又被称为"经许可的开放机会"(Kung, 2002a)。在集体所有制得以延续的情况下,农民也广泛享有集体土地收益平等分配权。毛泽东时期平等分配集体生活资料的成员权利转变为平等分享土地及其收益的权利(Kung and Bai, 2011)。虽然承包制集体不再向成员直接分配粮食或其他生活材料,但它仍然有责任保障成员的基本生存(Brandt, et al., 2002)。为了确保每一个家庭都能抚养她的人口,集体土地会根据家庭规模大小相应进行分配,以保障成员间始终平等。因此,在改革时期,集体土地再分配的主要社会经济驱动力就是人口变化(Kung and Bai, 2011; Unger, 2005)。在诸如死亡、结婚或生育等家庭周期中,人口扩大的家庭会面对更大的生活压力,而人口缩减的家庭则会有更多的人均耕地。因为家庭周期而出现的土地分配不平等会威胁到一些家庭的基本生活,村集体可以进行新的土地再分配,以使土地资源的分配再次趋向于平等。在这个意义上,周期性的土地再分配是家庭承包式土地经营制度的固有属性。据龚启圣(2002b)的研究显示,中国农村家庭的一项调查中,800户受访对象中接近62%的人的选择与假设相反。他们更加偏好周期性土地再分配,而不是一些看上去更稳定的土地承包策略。实际上,正如龚启圣的一些调查所显示的那样,在1995到2011年间,大约76%的村庄已经在集体所有制的基础上实施了土地的周期性再分配(Kung and Bai, 2011)。

土地再分配对土地使用和租赁的效率是否存在负面影响一直存有争议。一方面,这毕竟是农民群体因为家庭周期问题而产生的理性选择(Brandt, et al., 2002; Kung, 2000、2002a)。另一方面,频繁的再分配弱化了土地经营权的保障,扰乱了农民对于未来土地收益的期望,因此会损害农民的长期投资。为了强化土地经营权的保障,根据新古典经济学或新制度经济学的分析,土地权利应当私有化(Coase, 1937, 1960; Douglass, 1990)。我国政府首先于1982年第一次延长家庭土地经营权为15年。该经营权在1997年到期后政府又将农民的经营权再次延长,规定其期限为30年。这一时期,经相关部门批准,贵州湄潭县进行了一场土地使用的私有化试验,将农户的土地经营权长久地固定下来,以检验这样做是否能提高农民对土地的投入。与此同时,村庄自发的土地再分配就被严格禁止(Kung, 2002b)。

相比较固定承包期所带来的经济效率,农民仍然倾向于进行周期性的土地调整,无论政府是否加以反对,也不管土地调整的成本有多大(Kung,

2002a；Kung and Bai，2011)。他们的偏好可以用农民们至今恪守的公平原则来解释。这一观点可以经过多省农村土地再分配数据的检验。龚启圣(Kung，2000)所调查的大多数村庄中，集体土地的再分配很少僵硬地执行，其发生规模往往很小，也不会全村同时进行。土地再调整的发生频率很低，因为它牵扯很多具体因素，尤其农民家庭人口的变化。除此之外，虽然土地再分配的确打乱了土地承包期内的经营，限制了农民的长期投资，但农民对于他们所承包的土地是否会卷入到再分配之中是心知肚明的。他们会提前安排农业生产和投资，以确保有所收成，虽然他们的选择可能不是最理想的(Kung，2000)。梳理了村内局部或全村范围的土地再分配类型之后可以发现，农民明显受到两种与平等相关但彼此不同的交易成本所驱动：一种是筹划成本，即土地再分配之前的土地测量等准备工作；一种是匹配成本，即参与土地调整的农户之间的协商成本(Kung and Bai，2011)。重要的是，不论承包期内集体土地的再分配的交易成本的类型和大小如何，它们都是追求集体成员的平等权利，而不是追求更高经济效率的所谓"诱致性制度变迁"。

正如前文所说，影响农民在土地再调整中决策的是保障其家庭生计(Kung，2002a)。除了生产粮食，农村的土地同样保障了大量剩余劳动力的就业和收入，特别是那些受教育程度低且技能匮乏的农民(Brandt，et al.，2002)。考虑到改革初期市场不发达，非农就业机会匮乏，公社制集体中严格的平等规范也就为农民所继承。如果保障生存的基本目标不被重视了，那么任何旨在提高经济效率的集体土地改革一定会失败。政府主要通过延长承包期，提高土地使用权保障，以提高土地使用效率。但这样做的效果远不如农业经济多样化，以及非农就业机会的增加。后者才真正能够帮助农民摆脱糊口困境，并抑制土地再分配。对此，农民自发的土地租赁就清晰地证明了这一点(Kung，2002a)。在20世纪80年代到90年代，个体农民自发地进行额外土地租赁非常少见。与很多人估计的相反，并非是频繁的承包地再分配或土地承包期不受保障限制了土地租赁。当时土地租赁市场的停滞实际上源于另一个原因，即一个不发达的劳动力市场。非农就业机会在横向上影响了规模化的土地租赁。非农就业机会匮乏导致农民被绑定在承包地上。其结果是，由于土地租赁市场是以承包制集体土地制度为基础，所以经济多元化就会刺激土地的市场化流转以实现更有效率的经营。

总之，追踪农民在新型集体经济中的经济偏好是很有必要的。柏兰芝

(Po,2008)分析了股份合作制集体土地经营中平等分配原则延续的原因。正如她所言,集体土地及其收益的分配中,潜在的利益冲突迫使农民采用平等原则以达成妥协。对笔者而言,集体土地及其收益的平等主义是否还有不同于农民间利益冲突的其他原因就值得探索。如果市场繁荣,工业化和城镇化已经让中国农村经济变得多样化,结束了农民糊口温饱的状态,农民很可能转向新的生计模式。换句话说,承包地频繁的再调整乃至平等分配可能都会改变。

与柏兰芝的研究不同(Po,2008),本书的研究不再关注农民间的潜在冲突,而是要另外寻找土地收益或其平等分配在股份合作制时代得以延续的原因。具体来说,基于集体土地平等分配已有研究的启发(Kung,1994、1995),本书将分析股份合作制集体时期,土地或其收益的平等分配得以维持的三个深刻因素:

(1) 集体土地产权的延续与变化

已有研究说明,土地产权设置是影响土地资源分配的先决条件(Kung,1994、1995)。作为村集体成员权利的决定条件之一,股份合作社的产权结构与家庭承包责任制存在显著不同。在家庭承包责任制中,集体成员拥有平等的土地承包经营权以及由此导致的频繁的土地再分配构成了这个时期土地产权结构的核心特征。但股份制土地经营制度下,虽然土地依然为集体所有,但土地使用的模式、土地使用者的构成、土地资源的分配情况、土地收益的控制等,都发生了明显变化。这些变化很可能改变土地及其收益的平等分配原则。本书就将结合义村案例,对此进行分析。

(2) 农民生计模式

已有研究说明,集体土地资源平等分配的另一个前提条件是农民生计模式(Kung,1994、1995)。在快速的农村工业化和城市化过程中,非农就业机会大为增加。农民可能会减少土地利用,也降低了对农业产出的依赖。农民承包制集体下的生计方式决定了土地资源及其收益的平等分配延续下来,但笔者则讨论在集体股份合作制集体中,该平等分配原则是否能够继续延续下去。

(3) 权利平等的保障机制

之前研究(Po,2008)说明股份合作制集体经济能够维护土地及其收益的平等分配,但实现机制还不够清楚。只有进一步明确农民在当下时期的社会经济分化、村集体组织中村干部的问责等问题,才能更好地说明农民为何支持平等分配。笔者始终相信，农民在土地中的平等权利，与他们在村集体公共事务中的参与状况密切相关。如果他们很少参与，最终他们将很难保障这种平等分配。因此，笔者就关注股份合作社中的决策、执行和监控等组织过程。

第二节　田野地点的选择：位于珠江三角洲的义村

为了深入调研集体土地的分配，农民的生计模式以及他们在公共事务中的参与，笔者选择了位于珠三角的义村作为田野地点。义村拥有丰富的资料，完全能够满足笔者对于集体土地平等分配的分析需要。

义村位于广东珠三角地区，距离省会广州市只有40—60千米的距离，参见图1。义村在籍居民约为4 900人。此外，还有近7 000位外来人员在此工作和居住。

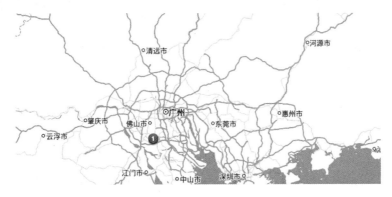

图1　义村在珠三角地区的位置(①为义村)

改革开放以来，义村致力于发展经济，至2011年其社会经济空间分布状况如图2。在毛泽东时期，当附近其他村庄主要生产粮食作物时，义村则集中种植经济作物如甘蔗，同时也建设了大量鱼塘进行淡水鱼的养殖。那时，珠三角地区村庄普遍没有工业产业。改革开放后，乡镇和村集体举办的工业企业出现，随后村民私营的工业企业也发展起来。例如，义村和附近村庄一样，也建立了一个村级工业区。在2011年，义村拥有160多个工厂，其中有110家较大企业入驻工业区，主要生产电气设备、工程器械、服装、塑料和其他一些制造业产品。

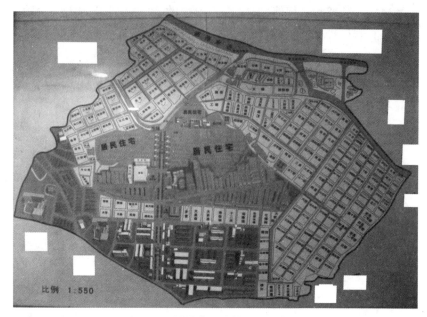

图 2 义村社会经济的空间分布图

说明：图中浅色格状区域为鱼塘，占地约 2 000 亩。鱼塘所环绕中部地区，以及鱼塘西南侧无高层建筑物区域，则为村民居住区。前者主要居住吴姓一族，后者主要居住着刘姓和阮姓两族。南部带高层建筑地区则是工业区。空白方格原为地名，此处按照学术伦理要求隐去。

义村目前由 9 个自然村组成。珠三角地区村庄的一个显著特点就是农民的宗族构成乡村基层的基本社会架构。根据弗里德曼的经典分析（Freedman, 1958：1-18），宗族是一种父系血缘集团或宗亲组织，由同一祖先的后代世人所组成，也包括男性的配偶和他们未婚的胞姐妹。宗族一般聚族而居，其生活区域界限分明。这些生活区域边界大多延续毛泽东时期乃至新中国成立以前的宗族边界。在毛泽东时期，尽管父系宗族的组织被解散，宗族的共有资产也都被剥夺，但它作为一种深层的社会结构，不仅继续存在于农民的精神之中，而且还因为社会主义合作组织的建立而得到了进一步强化（Potters, 1990：251-269）。到了改革时期，宗族居住区域的界限依然存在。义村的生活区域的空间分布就反映了这样根深蒂固的宗族关系结构。在毛泽东时期，T 义和 M 江两个村庄合并而成今天的义村。按照公社体制，义村分为 19 个生产队。之后生产队和村组等正式集体组织经历了多次合并重组等调整，但义村宗族的内外界限始终分明，生活区域也没有变化，具体见表 1。

表1　义村集体经济组织的演变

1949年新中国成立之前		1950—1978年公社制集体	1979—至今，承包制集体	1994—1996，股份合作制集体	1997年—至今
刘姓	T义村	1队、2队、3队、4队	T东组	T义社	义村土地股份合作社
阮姓		T西队	T西组		
吴姓	M江村	A东队、A西队、A中队	A龙组	A龙社	
杂姓		Z东队、Z西队	东西组		
		D窝沙队	D窝沙组		
吴姓		F田队、S社队	F联组	F联社	
		X庙队、N社队	X南组		
		SX街队、N街队	B南组	K东社	

说明：

(1) 宗族

无论是1949年之前，还是现在，当地宗族结构并没有发生太大变化。首先，当地大姓依然为吴姓和刘姓。两族曾分别居住在两个独立的村庄即M江和T义。M江吴姓一族人口最多，曾有13个宗族分支。而T义刘姓则声称，约从明朝开始就在这个地区生活。除了这两个大姓，阮姓作为第三个族姓在较晚时候迁入T义。因此，阮姓在义村公共生活中的影响始终较弱一些。最后，D窝沙村组的居民在村庄公共生活中的影响最小。此前，D窝沙仅仅是供渔民在恶劣天气中短暂落脚的一个临时港口。即便在今天，那里也没有成熟的宗族，依然是一块多姓杂居之地。

值得一提的是，一族居住地中也并不全部都是同姓，往往也存在几户不同姓氏的家庭在此居住。例如，刘姓一族的居住区域就有一些不同姓氏的家庭。据受访者介绍他们的人数在刘姓为主的本地总人口中不超过10%。

(2) 村庄正式集体组织

与非正式的宗族结构不同，1949年新中国成立以来，义村的正式集体组织发生了很大变化。毛泽东时期自上而下建立了公社制度。作为公社制最基层的单位，生产队的规模很小，而且其分布几乎就是与传统宗族及其分支结构重叠，因而再次体现出当地的宗族结构。当时，吴姓设立了13个生产队，与其内部的宗族分支结构一致。而刘姓所成立的4个生产队，也是沿着其8个宗族分支的结构而设置。

在改革时期,土地承包制对应的则是行政村制度。村民小组的设置除了考虑地理便利,也要考虑到其他因素,其中宗族结构仍然是主要因素之一。如表1所示,T东组主要由刘氏宗族构成,而T西组则由阮姓一族组成。而当吴姓一族分布于5个大的村组时,一群姓氏彼此迥异的农民则只能在D窝沙这块小区域内生活。将规模小的生产队转变为规模更大的村组,也便于自上而下的政府管理需要。村民小组的数量就反映了这一意图:毛泽东时期19个生产队,就被改革时期的9个村组所代替。

笔者的田野范围主要覆盖吴姓一族的B南组,以及刘姓一族的T东组。这两个组的社会和人口特点如下:

首先是B南组。该组共有153户居民。通过观察和访谈,笔者根据家庭资产和生计模式的差别,将其分为三类:其中大约有10户属于富裕。这些家庭拥有多达数百万元的资产,通常经营大型商贸企业或开办较大工厂。一些家庭则有中等规模的工厂或作坊,每年也可赚得数十万元。也有3—5户很贫穷,需要从国家或村庄那里领取经济救助。其余农民则大都类似,都需要在市场上出卖劳动力以换取工资收入。其中一半是在工厂里做工,另有20%—30%是自雇劳作,做着小生意。大多数工厂工人的月收入在2 000元上下。少数家庭月收入在3 000—5 000元,更少的家庭月收入超过1万元。另外也有17—18户农民承包鱼塘从事养殖。

另一个是T东组。刘姓一族约有3—4户是承包鱼塘从事养殖,另有3户家庭拥有自己的工厂。另外,还有7—8户是做较大规模的商贸生意。剩下的农民差不多都在本地或者邻村的工厂里工作。

(3)股份合作社

作为一个集体经济组织,义村股份合作社*是在1994年根据顺德市政府的文件而建立的。表1可以看到,义村最初建立了4个股份社。访谈中确认,之所以如此设置,更多是为了地理便利,与宗族结构关系较少。因此,T东和T西2个组从属于一个股份社,而D窝沙和几个吴姓村组也共同属于一个股份社。当时,股份社更多只是一个名义组织,影响不大。真正重要的是村组委员会。每个村组当时都独立地控制自己的土地资产和其他集体利

---

* 在广大农民那里,有多种说法,如"股权社""股份社""股权合作社"等。本书一体采用,以示尊重。

益。到了1997年,4个合作社合并起来后,才成为真正的股份式合作经营。

义村股份合作社的经营较为成功。与邻近或大或小的村庄相比,其股份社全村统一,而其他村庄的股份社则大多难以统一,往往多个并立。此外,与邻村股份合作社相比,义村利用股份社的资金以提供公共物品诸如基础设施、救助福利和社会保障等方面也做得更好。

总之,义村不仅在集体经济发展方面是个典型,而且宗族传统也保持完整。义村经历了新中国所有的集体经济类型,不管是已经过去的乡镇企业,还是正在进行的土地股份合作社。股份合作社在义村是如此发达,以至于它能够在行政村层次设置运转。类似的组织水平在当地很少见。义村股份合作社还特别致力于提供公共福利,这是它另一个显著特色。宗族丰富的活动也有助于研究农民与村干部的关系。面对正式的村庄组织,农民依然受到宗族社会结构的影响。通过义村农民和干部间的具体互动关系,义村平等的集体分配机制因此得以深入分析。

第三节 集体平等主义的分析框架:嵌入性

为了在股份合作制的组织环境中讨论平均分配机制,社会关系就是本书所援用的一个分析工具。以前研究通过制度分析发现农民选择平等分配是因为在农业生产之外,还有一些因素也有重要影响,农业生产和其他的土地利用都与农民的生计状态和土地产权设置息息相关(Kung,1994、1995、2000、2002b)。本书也同意这样的观点。非农就业机会匮乏时,农民只能依靠耕种土地为生,从而产生土地平等分配的诉求。同时,制度平等分配也涉及其他制度性、社会性或自然性因素,例如集体分配的交易成本,人口变化或土地质量等。它们都决定了土地资源的分配及其调整。这种制度分析反对新自由主义中那种功利化的效率至上观点。由于在集体经济组织中,平等分配优先于更高效率,那些经济理性的预设即原子化个人追求最大效用就应该结合更多社会关系因素。然而,这些制度路径的研究同样采用经济人理性的预设,与它所批评的那些观点相比其差别有限。农民被他的社会关系所约束这一点始终没有得到重视。

社会关系视角正是源于同自利个体的功利观的争论。根据格兰诺威特的研究(Granovetter,1992),变动不居的社会关系狭义上是指个人的社会网,而广义上则可指社会结构。社会关系可以塑造经济现象,因为经济活动往往与变动不居的社会关系结合,而不是发生于真空之中。这种机制就是"嵌入"(Granovetter,1985)。经济活动嵌入在社会关系中:经济目标必然与社会目标密切相连;经济现象必然拥有比个人动机更加广泛的基础,而且始终受到其所嵌入的社会关系的影响;即使是经济制度,也是社会化建构的,因为它们依赖于长期不变的复杂社会关系的规范。

基于社会关系视角和嵌入性概念,那种个人仅追求最大效用的功利主义理性观就不再适用,而集体土地及其收益的平均分配才可能得到更好的理解。首先,它有助于说明农民非经济性的目标。土地及其收益下农民生计模式等更加基础的问题就因此得以涉及。为了应对生计风险,农民就在集体经济中建立了独特的经济理性,尤其是集体组织保障平等分配这一点。相应的,他们针对集体利益分配的选择,也会随着具体社会和经济环境的变化而改变。沿着农民生存影响土地利益分配的思路,本书将会探讨农民新的生计方式,及其对集体土地分配的影响。

其次,本书将探讨变动不居的社会关系对集体土地分配的影响。产权是一类基础性的社会关系(Walder and Oi,1999),是指围绕特定财产所形成的利益相关者之间的关系。在改革时期,义村土地经营和流转中的产权一直在变化。从家庭承包制时代进入到股份合作制阶段后,义村土地承包期从国家规定的30年,缩短到3—4年,而且土地使用也集中到少数富户手中。而且,农民个人交易流转其承包地的权利也被村干部所取消,以进行集中经营。土地使用与流转中的这些不平等,都可以通过社会关系这个视角进行分析。因此,上述产权制度变化对集体土地平等分配的影响就将得到廓清。

最后,受到经济制度由社会构建这个观点的启发,这个研究要讨论农民为了维持集体平等分配所做的努力。面对集体土地及其收益平等所遭遇的各种挑战,本书假设农民会对此加以积极抵制。其中,一类冲突发生于农民和村干部之间。在正式的村组织中,村干部明确实施管理权。但是,村干部滥用职权侵占公共利益的现象时有发生,这是转型社会中公共资产私有化研究所发现的现象(Putterman,1995;Walder,2003)。如果农民还想维系集体土地的平等分配,就必须与这一现象作斗争。因此,农民如何通过正式组织如村民委员会来参与公众事务,就一定要进行论述。此外,这项研究也关注另一种参与方式,即通过传统宗族组织实现公众参与。以义村为例,农民致力于参加各种宗族集会或项目。他们通过宗族纽带,建立了各式各样的公共项目,例如龙舟赛或长者宴。虽然这些公众参与渠道是非正式的,但他们的确能影响到村干部以及集体土地的平等分配。

为了详尽阐述基于嵌入理论的集体土地平等分配机制,下面的章节共分为六个部分:

(第二章)文献回顾部分解释了嵌入性的研究框架,并将其适用到义村个案中。本书的研究问题是,改革时期,村民为何要在集体土地经济中坚持平等分配,而不是更高的经济效率。为了作出回答,社会关系视角就是本研究的分析工具。笔者建立了一个三层次的集体土地平均分配的嵌入性分析框架,将农民的生计、土地产权系统以及农民与干部互动其中的权力结构三个因素整合在了一起。

第三章则说明了个案研究方法论及其具体分析方法。作为一项个案研究,关于集体土地平等分配的已有结论,将在义村这个新的案例中进行重新检验。而且,按照社会关系视角,义村案例也有助于检验一项特定的内容,即农民与村干部的权力关系。义村完整的正式集体组织和丰富的传统宗族组织,都能满足本研究的方法需要。本书研究方法的核心目标是建立如下一组因果关系,即集体土地及其收益的平等分配是因变量,而农民生计、土地产权,以及村干部和村民在正式与非正式组织中的权力关系则是自变量。具体来看,它们分别对应着三个研究推论。通过提供丰富而可信的资料,义村可以满足上述研究方法的要求。

第四章论述了两个因素:在改革的几十年间,农民生计模式和集体土地产权都发生了很大变化。快速的农村工业化和城镇化让乡村社会发生巨变,珠江三角洲尤其如此。一方面,非农就业蓬勃发展,本书将论述农民如何适应从农业生产到非农就业的变迁。另一方面,农民生计方式的转型同时伴随着土地产权的变化。其中,国家和基层干部扮演了什么角色也将得到讨论。综合以上两个方面,在改革时期集体土地的平等分配如何转变将在最终得到阐述。

第五章说明了正式集体组织中的权力结构。它包括常见集体政治组织中的权力分布,也包括集体经济组织中的权力分布。通过上述组织,哪些人实际控制集体实际事务就明确可见。再加上对职位权力的分析,村干部在集体事务中的角色就得以展现。最后,这一章还会说明村干部—农民在正式集体部门中的权力关系对集体平等分配的影响。笔者认为,如果农民在集体事务中的参与不足,那么他们在集体土地平等分配中的利益,想要通过正式集体组织进行保障,就变得相当艰难。

第六章将会论证复建宗族在农村民众参与中的影响。在义村,尽管宗族不再拥有土地,但仍然与当地民众群体的生存有关。本书就是要考察宗族活动动员民众参与的具体原因和途径。另外,群体内部成员关系的平等状况,也是复建宗族中民众参与状况的第二个分析因素。笔者认为,如果成员的权利不平等,那么宗族项目就不可能长期维持下去。而且,定期举行的宗族活动确实能够反复教育农民如何以一种公平、合理的方式去处理集体利益。农民就可能由此改变村干部对正式集体组织的控制。

第七章就是结论部分。个案研究在方法上还有一项必须完成的任务,即拓展个案自身的结论,使其能够适用到更一般的范围,即个案结论的普遍化。先前已经在三个维度上对集体平等分配的嵌入机制进行了分析。然而,通过对其他几个村庄,尤其是那些围绕集体土地利益分配而存在公开或秘密的村民活动的进一步分析,复建宗族对村庄集体事务尤其是对土地集体分配的影响就变得更加清晰。在这个意义上,义村研究的结论将会得到更多间接性的证明。此外,通过对照国家—农民关系理论,农民也是塑造中国农村转型的重要力量就可以更加明确。农民的传统宗族组织所蕴含的文化力量,能够增加他们的公众参与和基层民主化。综上,义村研究中所得到的有限的结论,可以普遍化,从而具有更多理论意义。

第四节 本研究的贡献

通过对集体土地平等分配嵌入机制的研究,本书在经验和理论层面存在如下一些贡献。

首先,这项研究为变迁中的集体土地平等分配提出了新的见解。虽然集体平等分配早前已经有所研究,但结合土地股份合作社这种新的集体经济组织,本研究能够进一步推进相关的学术研究。第一个见解是指农民不断变化的集体土地利益偏好。在改革时期,义村村民已经几次调整了集体土地分配的内容。最初是土地资源在承包期内的再分配,然后是对集体社会福利的分配。义村的经验是可信的,类似变迁也就可以说明集体分配与农民生计水平息息相关。即使农民转向非农就业,并且不再依赖农田产出,他们也依然需要村庄集体来满足他们在新生计中的保障。

其次,本研究也致力于梳理集体土地分配制度所嵌入的社会关系及其变动所带来的影响。在改革时期,随着集体土地流转到工业化或商业化经营,可观的集体收益的平等分配问题在乡村社会中就变得很敏感。任何不平等的集体土地分配都可能引起民众的不满。通过分析正式集体政治和经济组织的权力分布,当前农民与村干部的权力关系就明确可见。研究发现不仅可以解释集体土地平等分配问题,也对学术界在基层政治转型或农村土地发展中的相关研究大有裨益。而且,它也有助于国家相关政策的制定。

最后,为了揭示集体土地及其收益分配制度的社会建构过程,本研究确认了传统社区组织在促进大众参与中的意义。因为农民在正式集体部门中的参与受挫,其相关利益也容易受到损害。在自利动机的驱使下,村干部可能在集体机构中滥用其职位权力。与正式的村庄集体机构不同,传统的宗族组织能够促进民众参与。为了本族群的生存,复建的宗族不仅与其他群体进行竞争或谈判,还需要保持成员间的公平。循此公平原则,则周期性举行的宗族集会活动就能够反复培养农民处理本群体集体事务的能力。虽然这个参与途径是非正式的,但它确实增加了村民的参与。结果,这些重复发生的活动也能阻止村干部对集体资产的垄断。因此,本研究就揭示了村干部与农民之间复杂的权力关系。通过分析正式和非正式组织中的民众参与,村干部对集体土地平等分配的威胁,以及农民对其支持都将得到澄清。

在社会关系理论之外,本研究也因为梳理村干部—农民的权力关系而与国家—社会关系理论进行对话。这个个案研究可以说明集体土地平等分配的嵌入机制,同时也有益于国家—社会关系的学术讨论。国家—社会关系研究存在一些难题,部分是因为国家和社会概念的界定笼统。分区域研究就有助于解决这个问题(Perry,1994)。作为珠江三角洲的一个例子,义村代表了宗族活动发达情况下的集体土地平等分配类型。相比正式的集体自治组织,传统宗族组织能够有效调动农民去参与群体内的集体事务,以最终维护集体土地的平等分配。因此,它能够补充那些国家中心取向的关于中国转型的解释。基于宗族组织这个文化维度,先前从政治或经济角度对农民力量的解释就将得到补充。此外,本研究也有助于基层民主问题的讨论(Perry and Goldman,2007)。在经济增长或自上而下的政治改革之外,宗族这种文化力量也会推动这种民主。它因此可以修正关于大众民主的经典叙述,即原子化个人基于法定权利通过投票来参与公共事务。但在中国的社会转型中,生活在宗族式亲属关系中的农民们除了集体正式组织以外,还通过复建宗族组织,以宗族成员的身份来影响集体土地及其收益中的平等。

第二章

文献综述

嵌入性视角下改革时期集体土地及其收益的平等分配

相对于经济效率问题,集体平等分配得以延续问题可以适用嵌入性概念进行解释。在集体经济组织平等分配现象的背后,农民生计、农村土地产权,村干部和村干部—农民间的互动关系都产生了重要影响。在土地股份合作社阶段,合作社的嵌入性就可以从上述三个方面加以验证。

第一节 经济嵌入的核心:社会关系问题

集体经济中的农民重视平等分配超过经济效率。这就提醒我们经济与非经济规范之间的关系相当深刻,需要加以讨论。后文将论证,不管是诉诸人性的功利主义的观点,还是文化塑造的功能主义观点,实际都认为人类的行为模式是机械性的,一旦形成就固定不变。作为第三种视角,嵌入性概念强调社会关系塑造行为,因而具有变化性和具体性。

一、以效率为指向的两类中国转型理论[1]

包括但远超过农村土地制度问题的是，整个中国的变迁都可以用两个相反的路径来界定：新自由主义式的经济效率，以及其反对意见。中国的改革在世界社会主义阵营中的影响非常特殊。社会主义政党统治下的显著经济成就让很多人吃惊。与前苏联和东欧地区流行的急遽私有化不同，中国在国有和集体所有制经济的基础上进行渐进改革，采用混合产权。激进而快速的私有化应该要达到所设想的经济增长，但实际上没有。与此同时，中国的半私有化却很好地促进了经济增长。根据国家统计局的公告，改革开放以来，中国年均 GDP 的增长达到 9.8%，是 20 世纪下半叶世界最快增速之一。

中国经济的意外成功招来很多关注，以此去探讨转型经济如何发展。在 20 世纪下半叶的新古典经济学和新制度经济学的影响下，中国转型研究的两派分别强调了市场和非市场的因素。当市场转型理论即关于社会主义转型期的效率问题更多遵从新古典经济学的市场观时，非市场的制度转型理论诸如地方国家法团主义理论更多受到新制度经济学的影响。

市场转型理论（Nee 1989, 1996; Nee and Cao 2002）通过比较社会主义分配和市场交换来分析中国改革时期的效率表现。这些研究以塞泽尼关于东欧转型的研究和波兰尼的研究成果为基础。一般来看，市场交换可以补充社会主义再分配；经济不平等也因此有一定程度的降低（Walder, 1996）。在分析中国的情况时，倪志伟不仅考察了自由市场交换如何增强了其对社会分层的影响，还预测了有一个转型关键点。到那个时候，市场交换将完全取代社会主义再分配。在这个意义上来说，这种对市场效率的强调已经超出了波兰尼的结论，甚至走向了他的反面。在自由市场中只有原子式个人的预设下，倪志伟乐观地相信一种由市场来决定经济地位，分配经济机会以及创造激励的未来社会。与此相反，波兰尼认为市场只是实现效率的手段之一而已。如果个体的经济理性脱离了社会约束，那么一个现代市场经济可能有灾难性的后果。尽管如此，根据亲市场的理论，社会主义再分配经济的任何调

---

[1] 一些其他理论也有影响，但在此忽略，例如中国式联邦主义（Montinola, et al., 1995; Zhang, 2006），中国成功进行改革的新政治基础被称为中国式联邦主义。在这个特殊版本中，联邦主义关键性地改变了中央政府和地方政府的关系，并说明了中央权力阻碍经济转型的一些基本束缚。中国的联邦主义与个体一国家关系的一般定义并不那么相符。但是，它也包括了西方对联邦主义和权力去中心化的很多界定。

整，哪怕是渐进的（如地方国家法团主义），最终还是必定会确立市场的决定性影响。

第二种分析路径，即一般性的制度分析，对亲市场的视角提出了批评。这个路径从经验出发，集中分析制度之间实质性的互动。例如，在关于乡村集体经济的模糊产权的论文中，这种路径阐述了公共产权如何于改革时期跨越不同时间或地区进行演化（Walder and Qi, 1999）。其经验研究部分并没有去否证产权或者社会主义转型理论，以彰显其适用的一般性。这些研究者更倾向于认为，所有理论都以清晰准确的认识现实为基础（grounded）。纯粹的经验能够发展出理论。

第一个争论点是市场交换是个模糊的概念。倪志伟的这个概念源于波兰尼，意思是"免于再分配"（the absence of redistributive power）。同时，他又认为干部权力下降是市场扩展的结果。这被看作是一种概念上的同义反复（Walder, 1996）。事实上，波兰尼很少论述再分配体制如何转型为市场体制。倪志伟填补了这个空白，但只是简单地把再分配权力的下降认定为市场崛起的必然后果，并没有充分的经验论证。

这种制度分析还发现倪志伟忽视了市场与其他制度因素之间的潜在冲突。乡镇企业的经济成果就是一个例子。亲市场理论认为市场的内在效应催生了这个经济结果。只要转型中市场重新开放，市场交换就可以决定交易成本，人们也会自动接纳市场交换。与之对比的是，一般的制度分析更聚焦于党政体制的具体调整，例如集体产权的渐进变革（Walder and Oi, 1999; Lin and Chen, 1999; Whiting, 1999; Vermeer, 1999），或者基层干部日益增长的利益（Oi, 1992）。他们都能推动乡村经济的发展。另外，亲市场者认为乡镇企业的发展只是一种例外，是一种转型未完成的状态。只有到了改革结束之时，干部群体的优势究竟衰落与否才能够加以检验。一般性的制度分析反对这种看法，认为市场转型理论从来没能给出一个能适用于整个转型期的解释。如若不然，它得从头修改自己的理论（Walder, 2002）。

总而言之，亲市场的视角与新古典经济学靠拢，遭到制度分析的强烈批评。但是，即便是后者，也没有否定原子化个体的功利主义理性。为了超越原子式个体通过市场进行交换这种流行但是狭隘的看法，本书采纳了社会关系这个替代性的维度，来研究其在经济行为和现象中的影响。

二、另一种视角：社会关系

社会关系这种新视角可以解决关于个体行动的两种流行假设

(Granovetter，1985)。首先，在低度社会化的视角中，人类行动无需高度社会化。古典和新古典经济学都假设社会行动者仅凭本能就会最大化其利益。亚当·斯密是较早提出自利个体基础上的市场交换问题。社会关系在经济学中被认为是经济交易中的阻碍。它们看上去是加重而不是减轻市场交换，因为它们会打乱个体的功利主义理性。与之不同的是，在高度社会化的视角中，文化元素得到强调，例如社会规范、民间习惯等。帕森斯和追随者都认定，个体是由社会规范塑造出来的。社会行动者经过内化社会规则而共聚在一起。不论其天生秉性如何，个体行为都按照发端于社会的各种规范来。因此，根据社会环境来就可以评价和预测个体的行为，例如所在的阶级位置。

格兰诺维特(Granovetter，1985、1992)认为上述两个流派本质上一样，因为他们都对人类行为持一种机械观。在他们看来，个体的自我反思是不可能的。看上去人们不受变动不居的社会关系的影响；历史和共时性的社会关系也好像不存在。所以，个体完全就是被内在的本能和外在的社会力量所决定。个体只是机械地根据自然本性或者社会文化设置好的模式与外在环境进行互动。

在经济社会学中，替代的视角出现了。作为社会行动的主要部分，经济行为嵌入在社会关系中。新制度经济学很多时候也采取类似的观点，但因此与自身的立场——功利主义的原子式个体——相矛盾。而帕森斯的功能主义走到文化决定的极端，也忽视了社会行动者的自我反思。与此相反，社会关系视角可以超越社会行动中的功利主义。具体来说，经济现象的嵌入性体现在三个层次(Granovetter，1992)：首先，实现经济目标时也会带入非经济目标；其次，经济现象并非只依赖个体的动机，因为它也受到持续变化的社会关系的影响；最后，经济制度一般会以一系列社会因素及其互动为基础。事实上，经济制度是在社会过程中建构起来的，而不是相反，社会制度通过经济过程得以形成。

为了超越基于个体功利主义理性所定义的经济效率，本书采取社会关系的分析视角，去考察个体功利主义动机之外决定经济行动的社会因素。例如，交易成本，个体的社会网络，或更客观的变量"制度关联"(Zhou，et al.，2003)。这些都挑战了个体的完美理性的假设。另外，新分析路径还超越了狭隘的经济效率概念。这是因为考虑到经济目标与非经济追求相互缠绕，新的分析也就认可经济效率之外的社会结果。

三、小农经济的嵌入性

一般来说，社会关系视角和嵌入性概念可以帮助澄清由来已久的关于小农经济的争论。这块争论主要围绕是否非资本主义社会存在不同于资本主义社会功利主义理性的行动模式。功利主义的立场在关于"变革传统农业"的经典研究中体现得很清楚（Shultz,1964:1-35）。与现代农业相比，传统农业的低效率更多源于传统的社会环境，而非农民本身。不管在前资本主义社会还是当下的不发达国家，农民看上去与资本主义社会里的人一样，也功利主义地进行农业生产经营。传统农业会长时间维持一个低水平的经济均衡，尽管在既定条件下已经是最好的均衡。农民的知识是实现更好的均衡的关键。落后的知识会妨碍技术进步，也就难以达成更高的效率。农民关于生产资料的搭配和组织的观念，而不是新类型的生产资料，才是经济结果的决定因素。因此，如果农民没有发展其知识，那么农业现代化的转型就不会成功。

农民的人力资本还揭示了另外一个主题：农民的知识涉及社会和政治关系。农民想要改变传统农业生产的技术并不容易。传统农业的长期均衡并不仅仅是基于自然条件，还因为超个体的利益也影响个人选择。劳动力和土地方面的农业技术进步很可能破坏农村社区的公共利益。换句话说，社会的或者政治的关系包围着个体农民的理性选择。在传统农业的长期延续的情况下，他们事实上能让农民的功利主义理性寸步难行。

这种功利主义的反对者针对农民的经济行动提出了截然不同的理论（Shanin,1986;Thorner,1986;Chayanov,1986）。资本主义经济以市场交易中信息完整为基础，例如土地地租、商品价格、资本利息等。所以，个体可以熟练地进行投入—回报的计算来最大化其利润。与之相比，在沙俄社会，非资本主义社会有一到多种交易信息无法在市场上获得，使得功利主义计算不可行。农民在家庭农场中并不按照功利主义理性进行操作，因为他们的劳动力不在市场交易当中。所以家庭农场中劳动力的供应更多是家庭而不是个体选择的结果。家庭同时也是一个消费单位。因此，家庭农场的最优选择就取决于消费和劳动力付出之间的平衡。为了增加总收入，并依据习惯的要求来改善生计，农民可能投入更多的劳动而不管边际效率产生的净利润。因为家庭既是生产单位，又是消费单位，农民就采取了这些特定经济行为。在家庭内部，投入和消费都是一起进行，而不考虑个体的偏好。他们的劳动更是不分你我。

更让人惊讶的是,家庭农场还可以与资本主义农场竞争。家庭农场的最优选择使其在竞争中具有弹性。黄宗智(Huang,1990:1-18)观察到糊口水平的小农经济之所以在中国长期存在,是因为家庭总收入最大化这种优先策略。黄宗智比较了经济内卷化与经济发展和停滞。前者指总产出的增长不是因为更高的效率,所以仅仅是经济增长而不是发展。人口膨胀迫使农民家庭选择商品化作物而不是普通的作物。这就解释了农业商品化和劳动投入都增加了,但农民依然只能糊口。但也因此,家庭农场可以只考虑总收入,而不顾效率损失和边际利润,而资本主义农场则不行。

总的来说,关于农业转型的研究证明农民的功利主义理性,而实质性的历史研究却指出了农民的特定最优策略的影响。经济学研究预设了农民不管在任何条件下都寻求利润最大化,只是农业效率的增长要取决于外在于农民的外部条件。与之相对照,第二个流派更多的发现农民经济选择的特质,而否定了功利主义理性普遍适用于不同时期的国家的农民。

另外,因为对农民的经济理性的看法不同,两者对社会关系在小农经济中的意义的界定也相冲突。采用功利主义立场的经济研究也确认了社会关系对农民经济理性的影响,但是更倾向于认为这是不可避免的阻碍。当社会的或政治的关系被考虑进来时,其影响应该减少到最低。为了实现农业现代化,农民应该重设这些非经济的关系。关键就在于革新农民的知识。与此不同,实质主义的分析视角几乎就是依靠社会关系去解释农民的行动:习俗勾勒出农民努力去实现的生活标准。例如,在沙俄时代,到处都是苦力,农民就通过家庭内部的合作来糊口维生。

但是,上述两个分析路径都忽视了农民间的分化。在他们的讨论中,农民被看作是同质的,行动也是雷同的。同时,乡村社会内部各组成部分之间也很少有冲突,因为它被看作是各同质性单位的集合。但是,一些研究展示了农民中间的政治和经济的分化。黄宗智(Huang,1985:3-9)发现不同阶层的农民着眼于净利润和总收入等不同的策略。在新中国成立之前的华北地区,富裕农户更倾向于打造资本主义农场,并且有限度地耕种经济作物。他们特地控制投资的风险以得到最大的利润。与此同时,贫穷的农户则把所有土地都用于种植经济作物,就他们的小块土地和众多受养人口来说,他们的决定是合理的。他们不得不把自有劳动力都投入到小块土地中以得到更多的产出。

社会关系在另外两支学派中得到了更多的分析:道德经济和政治经济。

关于功利主义理性的讨论在农民社会中变得更加清晰。地主—佃农关系和农民个体—村庄社区关系的研究也就更深入（Popkin,1979）。道德经济学派强调农民与权力拥有者如地主之间的庇护主义关系。在这两者关系中，庇护者的声望合情合理（Landé,1977）。他们让利给追随的人，使其能够维持基本生计。因为这种庇护关系与村庄的父权主义规范一致，所以提供庇护的人也就拥有了名望。就农民来说，他们需要富裕户和地主来资助公共活动如宗教庆典等，以及提供贷款、土地租期、农具等以维系其个人的生存。

道德经济学派还主张村庄不仅仅是文化和社会单位，而且也是一种经济制度，能保证村民的基本生存。村民间达成经济互助，穷人从中能够得到境况较好的农户的援助。每个村民至少都能糊口的社会传统也就是村庄的目标。村庄需要明确处理就业和均贫富等问题：也就是提供工作或土地给村民，以及把富裕户多余的财产重新分配以避免过大的贫富差距。另外，村庄还提供一些照顾全村利益的公共项目，例如灌溉和排水。

政治经济学派反对道德经济学派的这些见解。就村庄提供的物品来说，它指出广泛且内在于村庄的"搭便车"问题，个体利益与集体利益很难达成一致。在农民打算为村庄作贡献，或者为集体项目牺牲个体利益之前，他们进行投入—产出的盘算会遇到几个问题：（1）如果他参与其中，能否得到集体利益？（2）如果为村庄作贡献，其他人和村庄是否能认可他的自愿付出？（3）当他和其他村民志愿提供服务，给村庄以支持时，村庄的领导是否能做成集体项目？有些村庄的公共物品，农民可以直接分享而不用付出，例如公共安全。这样"搭便车"的问题就很容易出现。另外，当村民收入减少时，个体和村庄的公共利益的关系就可能更紧张。如果村庄的项目（如保险或者一些福利项目）因为低效率或者负责人无法问责而难以去信任，村民自然更愿意进行个人短期或者长期投资。事实上，集体项目实现起来并不容易，因为这涉及协调很多因素，例如过去的经验，现在的领导阶层，相关的经济环境、政治制度和社会规范等。总而言之，村庄公共物品很难克服个体利益而取得一些成就，尤其是村民间互相不信任时更难。

政治经济学派更发现庇护—追随的关系更有利于庇护者。跟道德经济学派不同，关系双方的利益交换并不平等。因为农民更需要庇护者的援助。对政治经济学派来说，地主等庇护者通过这种个人纽带去营造个人声望，以及减少佃农的不满。庇护主义关系的搭建非常依赖庇护者的个人能力。

与关于社会行动的性质的争论（功利主义还是非功利主义）相似，这两派对农民的特点的看法也大相径庭(Popkin,1979)。道德经济学派认为农民不愿冒风险的行为可以影响到乡村社会的变迁。与之相对的是,政治经济学派认为农民愿意投资和投机。农民避免风险的策略也不妨碍其投资以获得长期或者短期的利益。"安全第一"原则下面也有很多投资方法:培养子女、投资土地、生产工具等。投资的首要目标是养老。在不同的地区都可以发现,农民在儿女身上投资以建立互惠的关系。另外一种形式是父母控制着财富,因为子女的孝道有时并不可靠。除了养老,那些脱离了温饱线的农民,也可能会做一些投资,以换取更多收益。最后,如果村民能很快得到大量的回报,他们也会去投机,尽管会有较少的、在可接受范围内的损失。

关于小农经济的争论主要围绕功利主义及其反对意见渐渐展开。这两个学派实际争论的是农民的理性选择:其选择是功利主义的,还是别的?如果不是,农民可能有不同的经济诉求,例如生存逻辑驱动下的家庭总收入的最大化。总的来说,以社会关系理论和嵌入性概念为基础(Granovetter,1992),乡村社会的经济表现可以体现为三个方面:

首先,农民的经济目标经常与政治和社会目标紧密相连。不管是因为功利主义的追求,还是因为家庭的温饱,农民的最优选择都嵌入到社会当中。在实质主义分析看来(Humphreys,1969),任何社会中的市场交换都嵌入在社会关系中,只是趋向于脱离社会关系的制约,而变成由原子化个人组成的秉承功利主义的自我运行系统。嵌入性这一点在其他类型的经济中更加清楚。互惠或者再分配等经济都依赖于社会规范,也包含着非经济目标。在东南亚农村,道德经济学派强调"安全第一"的规范,保证了个体和集体之间的利益平衡,以及农民间超阶级的和谐。相反,政治经济学派强调个体与集体间的利益冲突。道德经济学派很少阐释各种社会规范和最低的糊口标准是如何生成的,因为实际上,社会规范本身往往既不固定,也不永远持续。在政治经济学派看来,农民只不过选择了与自己利益一致的规范,并且在矛盾的价值中不断去协调,从而最终使得规则清晰起来。

其次,除了个人动机,经济行动还在变动不居的社会关系中展开。不管糊口的诉求还是利润最大化,农民服从个人利益还是集体利益都依赖于社会关系。东南亚的华人社区中,成员间的经济行为要遵从亲属关系,变成互惠或者再分配。而在跟外人的交易中,就依据功利主义原则实现利润最大化(Granovetter,1992)。事实上,变动不居的社会关系既包含惩罚,也包含奖赏,由此去塑造身在其中的人的行动(Nee,1998;Granovetter,2005)。显然,社会关系越亲密,其中的好处就越多。而背离的人会被惩罚。而且,社会关系远不止天赋的那一部分,例如血缘亲属关系。人们可以通过有意经营去人为地建立社会联系。这里的社会关系可以包括友谊、顺从、服从等。这种紧密的个人社会网络有时候十分管用。19世纪美国电气工业化就是建立在发明家等精英的个人网络之上(Granovetter,1992)。

最后,小农社会的经济制度是社会建构起来的。政治经济学派的看法与此相反,他们认为在经济制度的形成过程中,与经济相关的道德规范其实是功利主义个体进行选择的结果。同时,道德经济学派又很少解释社会规范如何形成。格兰诺维特认为经济制度很少仅仅产生于"社会需要"(Granovetter,1992)。他用"建构主义"(constructivism)来描述经济制度建立的真正过程。他以三种具体的经济类型来说明建构主义:首先,东南亚的华人社区中,成员之间如何根据实质性的社会关系进行互惠交换。其次,资本主义世界中,核心家族之间的联合如何坚实地支撑商贸活动,以至于推动了地方乃至全国的工业化。最后,精英人物的强有力的个人网络如何在19世纪美国建立起电力工业。

四、中国小农经济的嵌入性

就经济制度的形成来说,中国长时段的小农经济有利于澄清道德经济学派和政治经济学派关于市场制度的争论。施坚雅(Skinner,1964,1971)阐述了中国传统小农社会中非同寻常的市场制度。据他研究,乡镇级别的标准市场实际上代替村庄成为农民最基本的社会单位。作为首要的社会单位,标准市场体系既带有经济任务,也有非经济任务。在这个细胞式的结构中,标准市场所在的位置也都是当地婚姻圈的中心,以及最低一级政府的所在地。在这个系统中,经济行为会因为社会关系的密实程度不同而变化。在农民与外人的交换中(例如赶集的工匠或商贩),农民就直接遵循功利主义原则。与此同时,村庄社区内部的产品或者利益的流动,依然是互惠和再分配等替代性原则优先。

这个市场系统的演变是一个村庄在开放与关闭之间不断循环的过程。在允许的情况下,农民通常会选择市场而不是自我依赖。如果外部的市场交换被打断,乡村社区也会从市场交换退回到社区内部的互惠和再分配。自我依赖的社区封闭就开始了,直到下一次市场活动复苏。经济中的这种封闭与开放的循环也同样在政治领域出现。

但是,施坚雅没有说明市场系统最初如何崛起。他的作品其实秉承了功能主义。首先,标准市场的范围由交通决定。每个市场的半径差不多就是农民轻松走到的范围。步行到市场的往返路程需要在一天内就能走完。其次,标准市场只有微薄的利润可赚。因为利润稀少,一个标准市场没法每天都运营。它可能在一个长时段里集中开两天,或者在集市圈中轮到它的那一天里只开几个小时。所以,赶集的商贩需要在几个市场间来回奔波,并且用不同的策略去最大化他们的利润。再次,一个市场圈的日期由传统的农历来决定。因为一个循环要么是一旬十天,要么是两周十四天。最后,在标准市场之上的各级间接市场虽然运营时间要长得多,但也采用类似的日期和循环。一个县的中心市场可能因面向数量众多的地方官员和乡绅而每天都开放。

上述四个方面的市场需要显然与功利主义个体的假设一致。普通农民要算他们到市场的实际步行距离,商人要计算市场上的利润。而且,不管哪种类型的市场,市场圈的安排都要方便所有参与的人。可以说,市场系统满足了农民的经济需要。地方上经济的生产和分化是当地市场体系得以形成和发展的主要动力,因为地方社会就是由多种多样的经济关系及其结果叠加而成(Siu,1990)。

施坚雅也丰富了对经济制度的形成和演化的主要动力的看法。后来,萧凤霞(Siu,1990)据此探究了一种周期性的仪式,及其所反映的国家和地方社会间的互动关系。根据她的研究,那种对经济的狭隘强调需要更包容的文化分析的补充。新的框架需要包括物质、政治权力和文化意义。另外,传统仪式反映了中央政府、地方社会和自利官僚之间的互动形态。

施坚雅那种对周期性过程的关注也被苏(Shue,1988:1-7)所吸收。由此,她更好地理解了中国政治和社会中的动力(dynamics)与结构,制度和行为。在改革开放前后的国家—社会关系转型中,国家的组织与地方社会之间永恒的互动是塑造政治制度的主要动力(Shue,1990)。

总的来说,本节说明,分析社会关系可以展示经济现象以及结果的嵌入性,并且也能摆脱纯粹指向功利主义效率的分析视角的缺陷。本书不是要泛泛地讨论区别于功利主义目标的其他替代性目标,而是仅关心如何应用新的研究路径来讨论小农经济及其社会。这包括经济和非经济的动机如何勾连到一起;经济如何浸于持续变化的社会关系中;以及经济制度如何发展和维持。特别是,中国的小农经济可以为理解经济制度背后的动力作贡献。这就涉及非经济的很多因素之间的复杂互动。

第二节　转型期集体平等主义研究的最新进展

分析社会关系能增进对变化中的农村土地制度的理解。一些经验研究已经解释了农民为什么以及如何在集体所有制的基础上建立起可信的产权。何彼得(Ho,2001)说明了可信的产权可以产生效率,而不管它是私有制与否。在他的研究中,他认为土地产权的私有化由列宁式党国来执行是危险的。中央政府可以决定土地私有化可以在农村走多远。尽管如此,没有社会关系的视角,就没有办法探索有效的农村产权如何才能维持。因为同样的原因,探查清楚集体土地制度为什么在新时期继续贯彻平等分配也很困难。

一、关于集体土地的平等主义的新进展

关于当代中国的农村土地改革,已经有很多研究去关注有效率的经济产出和可靠的产权制度。国家一般被认为是建立农村土地制度的关键。国家一边通过巩固土地承包期推进了土地使用的私有化(Ho,2001),一边又建立了土地市场(Lin and Ho,2005)。在这个市场中,这个强力国家内部的异质性、涣散和自相矛盾都暴露出来。因为与西方国家的同质、统一和协调不同,转型经济中的国家不能是唯一的解释因素。至于替代性的因素,一些研究已经展示了一系列的制度因素及其互动(Sargeson,2011)。通过城市里的个体业主或农村地区的村庄法团主义(corporatism)等,社会因素与国家的互动可以用来解释土地制度转型的过程和结果。

张静(2003)开创性地讨论了可靠的土地产权制度的形成。在她的研究中,土地的实际使用取决于多种政治力量的竞争。在可靠的土地使用中,政治权力已经介入其中。虽然有家庭承包责任制度,但是为了争取土地的具体使用,农民、村干部、地方和中央政府之间的争论从来没有停止。因为立法过程的限制,法律的规制本被看作是低效率的。在西方发达国家中,立法过程涵盖了各种不同的政治诉求。只有各种不同的利益都考虑到,通过之后的法律才是唯一的权威。与此相反,中国的立法只包括狭窄的利益,因此在法律执行中就面临诸多挑战。土地使用中就面临着很多与法律规定不符的利益的干扰。这个研究就解释了土地产权在法律之外的政治对抗中如何演进。

申静和王汉生(2005)对集体产权及其演变做了进一步的研究。他们认为模糊的集体产权可以通过土地的边界得到澄清。农民集体行使土地产权,

在边界之内,所有附着于土地之上的,以及土地的产出都归集体所有。一般情况下,土地所有权为当地村民排他性所有,并独立于国家、其他集体和外人。而且,本地村民还平等分配集体收益,依据就是社区成员权。

但是,集体成员内部的经济和政治不平等可能会损害平等分配。这些障碍可能是暴力、政治权力和财富所带来的强权,以及分配中的不合理规则、人情关系等。尽管如此,农民可能还是致力于维持平等分配。例如,农民可能通过公开集会来维护平等分配的原则。就因为支持与反对平等分配的力量一直在交锋,所以集体产权也在变动。其具体状况将取决于利益相关人之间如何妥协。

张小军(2007)也采用了嵌入性概念来探究农村公共资源(如水资源)中的产权问题。他的概念意味着政治、经济、文化和符号等多重关系中,每一类关系都是一种"资本",都可以产生相应的嵌入性。他认为这些不同的关系"资本"共同决定了产权的建构。它们既互相限制,也互相补充。熊万胜(2009)探讨了在一个长时段内农村土地产权的动态变迁过程。他说明在特定时间段内,如果一种社会关系相对其他社会关系占据主导地位,它就能决定那个时间内产权的发展。只要那个决定性关系是稳定的,农村土地产权也就不变。另外,决定社会关系的任何变更,都会体现在随后的土地产权类型的改变中。

综上所述,农村土地产权背后多种驱动力已经有所触及。张静(2003)辨认了很多政治因素,而申静和王汉生(2005)也描述了多种因素从"不均衡"状态到"均衡"状态的循环。张小军(2007)讨论了多种类型的关系"资本",及其嵌入性影响,而熊万胜(2009)也区分了社会关系中主导与非主导的类型,以及其对土地产权制度的稳定性的影响。上述这些政治或社会关系等启发了对集体平等主义影响因素的分析。但是,就分析视角而言,这些研究对社会关系的讨论有以下几个问题:

首先,这些研究中,农民经济行动的依据非常模糊,缺乏界定。例如研究只说明土地是利益当事人的"利益",但土地如何成为农民的利益,具体是什么样的利益,往往缺少讨论。如果把土地置换为任何其他物品,农民为利益而行动的解释相信也可以适用。这样,土地产权作为研究对象的特殊性,以及其与农民的实质关联并没有界定清楚。另外,在描述土地使用及其产出构成了农民的"利益"时,集体平等分配、土地界限等都是服务于这种利益。这里,农民实际被假定为自动为土地利益而斗争。第三,关于嵌入性的讨论,也有同样问题。虽然各种社会关系互相限制和补充,但它们都作为某种"资本"出现。因此成形的产权制度反映的是"资本"间的对比结果。换言之,形塑产权制度的依然是相关各方的力量对比。只不过,单一的政治力量被换成了文化、社会、政治、符号等多种力量。另外,研究对象"公共资源"的所指也非常笼统,远不止土地一项,往往还有水资源等。在不同类型的社会关系之间进行力量对比时,"胜者"主导某一时期的土地规则,使得土地制度变得稳定。土地产权也被认为是各方力量的对比的结果。虽然已有研究追求社会互动或历史过程的一般性的规律,但由于其研究对象过于宽泛,因而从可否证这一标准来看,其结论的科学性将大打折扣。

其次,已有研究低估了集体土地制度的延续性和嵌入性。集体土地制度的延续性其实很强,其嵌入性也很清晰。就集体土地制度的持续性来说,它之所以被低估是因为既有研究过于强调这个系统的动力方面。政治的力量的对比,不平等的扩张,以及社会关系或"资本"类型的变换,都好像可以任意塑造土地制度。但事实上,集体土地制度中应对的是强有力的党政一体国家、农民的低水平糊口生计、农村地区庞大的人口数量和不发达的市场。

最后,已有研究简化了农民针对土地的集体行动。似乎农民根据"利益"行动,因此农民的行动就被简化为利益是否一致。利益的差别及其冲突是其首要的关注,而利益背后的人群的组织就被省略了,并没有进行讨论。而集体行动的问题已被忽略。社会关系或者竞争性的土地规则的"力量"对比则成为关注焦点。另外,农民似乎能轻易地组织起来反对各种不平等,以保护其在集体平等分配中的利益,或者在反对外来的力量(国家、其他集体、外人)时能一致对外。但事实上,农民的集体行动非常少见。即使在征地中遭遇不合理赔偿,也只有少数几个非正式领导人和积极分子进行公开抗争,大部分人都是旁观的看客(Guo,2001)。在村庄社区中,农民的公众集会等至少要克服掌权者(地主或村干部)与农民的权力不对等(Popkin,1979;Li,2009:5-8;Peng,2010)。效忠主义网络可能会妨碍普通村民间的团结。

二、乡镇企业中的平等主义研究的新进展

平等分配并不只是在集体土地系统中运行,在乡镇企业中也很重要。众所周知,乡镇企业的瞩目表现至少有两方面的原因(Peng,2001):首先是制度性调整。1980年代的财政改革影响深远,基于新的财政激励,基层干部运用其企业家精神来发展本地的集体企业。这就是地方法团主义所指的现象

(Oi,1992、1995)。为了个人升迁或增加地方财政,乡镇企业中的干部更多去创造财富而不是寻租。其次,市场的作用。在市场中,企业需要相互竞争以赢取消费者,而不是相反。市场重新开放以后,乡镇企业得到了大量的经济机会。但是,市场竞争的压力也不可避免。乡镇企业只能采用较严格的预算制度,提高其效率。另外,还有第三个制度性因素,即国家银行系统在信用方面的支持。最后,一般的政治和经济环境也有利于公共所有制下的乡镇企业(Kung and Lin,2007)。

乡镇企业的衰落引起了新的思考。乡镇企业的兴起说明以公有制为基础的经济发展也是可能的。但是既然它是可行的,为什么在市场化过程中式微了呢?

一些研究者认为私有制是关键。他们认为转型中的公有制下的经济成功只是例外,私有制和市场经济最终会胜利(Kung and Lin,2007)。另外,他们认为西方国家经济发展中的制度性条件也会在转型经济中重现。例如,市场迫使企业为夺取消费者而展开竞争。另外,充足的信用也很关键(Fang and Smith,2008)。但是,最关键的是企业家所采用的最优目标。乡镇企业以出售为导向的选择实际是自相矛盾的(Kung and Lin,2007)。与利润最大化的策略不同,销售最大化可能引起效率低下甚至破产。最终,快速扩张的乡镇企业积累了大量的经济风险,并最终损害了他们在银行中的信用。同时,乡镇企业在效率上的停滞也打击了政治领导人,因为他们关心乡镇企业能否持续提供就业和赋税。后来,国家政策逐渐转向了私有企业,乡镇企业的私有化也于1990年代末启动。在乡镇企业全部转制之前,一些改革措施如引进职业经理人也应用到乡镇企业中。但在这些人看来,公有制再次导致监督代理人的问题,使得私人侵占公有财产难以制止。

与私有制的倡导者不同,一些研究关注到非市场的社会关系在乡镇企业中的作用(折晓叶等,2005;郑风田等,2011、2012)。以土地制度为基础的集体组织所设置的产权可能是模糊的,需要面临谁代表集体的问题:行政村、村民小组、一群农民,还是村干部?这个分析路径发现了乡镇企业的成功具备了独特的激励。这就是集体企业与村民之间的互惠关系。在新制度经济学看来,企业的模糊产权可能会吞噬其经济效率。但是,乡镇企业中的模糊之处是由社区互惠的社会规范来弥补。为了支持乡镇企业的发展,农民整体与乡镇企业之间存在非正式但是合情合理的契约关系。因为农民作为一个整体给集体企业提供土地等资源,分担其损失,投钱培养村干部的企业家能力,所以乡镇企业能够成功。与此同时,乡镇企业也需要回馈村民。这里涉及很多方面,例如支持村庄基础设施建设、非农就业和公共福利。在这个互惠关系中,农民很清楚乡镇企业带来的好处。

乡镇企业转制之后私营企业的发展也证实了农村社区与企业之间的互惠关系(郑风田等,2011、2012)。乡镇企业时期的企业与社区农民的互惠关系在其私有化之后继续存在,只不过给农民的好处少了,而且也不是直接提供(宋婧、杨善华,2005)。农民继续给特定的私营企业提供社区的一些资源,同时也要求一些回报。一般来说,这些回报由村民共同持有,并且平等分配给符合资格的农民。

总的来说,集体平等主义清晰地存在于企业领域。农民能适应公有制并在其基础上发展工业,而不是硬要私有制。如同上述倾向私有制者所分析的那样,在一个市场环境中,乡镇企业注定会衰亡。但无论如何,乡镇企业都嵌入在深刻的社会关系当中。就其社会关系基础来说,乡镇企业由此得到发展而不是限制。乡镇企业每一项重要的制度都有更宽广的社区在支持,比如企业家和工人的人力资源,信用的保证,资本的募集,等等。除了农民—企业的互惠关系,中央—地方政府关系也起了作用。乡镇企业中基层干部的最优策略是其衰败的根源。身处中央—地方的财政关系中,自利的官员只会要求不断扩大销售以获得个人政绩和物质回报。而这引发风险,也破坏了乡镇企业的效率。在这个意义上,集体企业是一项中央政府、基层干部和农民社区共同建立的一项制度。值得一提的是,干部可能因为破坏平等分配原则而抵消了乡镇企业的优势。在其权力缺乏监督的情况下,基层干部的个人利益最大化选择最终与乡镇企业的收益在社区平等分配相冲突。所以,尽管乡镇企业已经瓦解,但是他们依然可以例证集体经济制度如何嵌入在社会关系中,也可以提示泯灭其经济前景的有害社会关系。

第三节 研究框架：集体平等主义及其维持

在继承已有集体平等主义研究的基础之上,本书试图以义村为个案,去检验平等分配如何在股份合作社中继续运作。借助社会关系视角,以及嵌入性的概念,一直持续到当下的平等主义分配会得到细致的验证。农民与时俱进的生计模式可以反映出他们最新的优先选择,而变动中的土地产权制度也能说明变动不居的农民间关系和干部—农民关系的情况。最后,股份合作社中的平等分配的社会建构也可以通过农民如何参与到公共事务当中来说明，不管这种参与是否针对土地事宜。为了实现上述目的，平等主义的嵌入性之构成及其变化是本书研究的焦点，而农民如何维持平等权利也会有阐释。

一、土地产权的延续与变更

股份合作社体系涉及土地使用的转变，也包括耕地的非农流转。作为一种新的集体经济组织，股份合作社允许农民，更准确地说是村集体，从土地使用的流转中得到可观的地租。在这个制度创新之前，国家征地是土地非农流转的唯一合法途径。农民进行土地出租或者其他形式的转让除非是农业用途，否则是禁止的（Ho and Lin, 2003）。通过股份合作社，农民进行非农土地流转变得合法，因为这遵守了集体的原则（Fu and Davis, 1998；蒋省三，刘守英，2003、2004）。这里涉及位于村民小组或者其上的集体组织集中土地，并出租给工商业者。同时，平等主义也一如既往地延续：一般来说，农民共同拥有土地流转收入，并且在社员之间平等分红。另外，新的土地承包规则下，农民还是能自由地承租土地，与家庭承包责任制时期相似。作为股份合作社的主要特征，集体土地所有制、平等主义分配以及开放的土地使用都说明它与过去的集体土地制度相衔接。

而除了连续的部分，农民于土地产权中一些微小但是重要的变化也值得探究。过去农民于农业用途内可自主处置土地，可将其转让、抵押、出租和转包。在股份合作社里，这些权利都有可能被村干部剥夺。根据国家规定，农民可在农业用途和承包期内按自己的意愿处置土地。改革开放以来，农民广泛地、自发地实践对土地的处置权（Ho and Lin, 2003），尽管中央政府直到2008年才正式承认这一现象。这种个体处置权与股份合作社并不匹配，因为统一规划和管理土地是后者的任务。因为土地在流转之前必须集中，个体的土地处置权因此作废。在土地处置集中起来后，农民只剩下使用土地和从中受益的权利。

结果，村干部—农民以及农民之间可能因为平等的土地使用和利益分配被打乱而引发社会冲突。在农民失去土地处置权的同时，掌控股份合作社的村干部也得到了更多的处置土地资源的权力。更重要的是他们的自利行为，很可能损害农民在土地流转中的利益（Cai, 2003）。另外，就农民间关系来说，市场引导的土地使用分配只有很少的研究。本书将增添相关的分析。

围绕义村这个案例，本书将探究在股份合作社中村干部的经济权力和农民的土地使用情况,解答集体平等主义为何持续。

二、小农生计的变化

作为集体平等主义嵌入性的另外一项内容,农民的生计和他们人口策略在股份合作社时期也在演变。市场经济的繁荣引人注目,由此可以假设农民可以获得更多的非农就业,并减少他们对农业的依赖。前面(本章第一节)已经指出,毛泽东时代的集体首先满足农民的基本生存。其手段是工分制报酬体系和谷物的平等分配。农民低水准的糊口生存和他们对集体收入的高度依赖产生了对平等主义分配的牢固规范。这些规范在家庭承包责任制时期继续存在,其表现为农民频繁进行土地调整以解决家庭内的人口压力。

在新时期,农民生计模式的变迁可能会重新塑造集体平均主义。因为非农就业的快速扩张,很多农民离开农业去赚取更高收入。另类的生计模式可能让农民针对平等分配有不同的态度,或者产生新的策略。农民可能不再依赖土地调整,因为他们进入了非农就业。在一个多样性的经济中,他们可能重构家庭人口模式。比如,对新的生计模式而言,劳动力可能变成了第一重要的资源,那么农民可能就会重视对人力资本的投资。

就农民的生计变化和他们的最优选择来说,它们对集体收益的平等分配的影响还有待廓清。本书探讨的问题是:农民新的优先经济目标是什么?他们如今如何使用土地?这如何影响了他们对集体平等主义的态度?

三、反对集体分配中的不平等:农村地区的公众参与

尽管股份合作社体系由国家设计以提高土地流转的效率,村庄中的农民却在实践中贯彻了平等主义原则。股份合作社需要保证土地收益的平等分配,以及帮助克服生计中的风险。在这个体系中,农民如何反对不平等以保持集体平等主义还少有专门讨论。事实上,为更好地体察农民的反馈,可以检查他们在公共事务中的参与,不管针对的是一般的还是特殊的事务,通过正式或者非正式的途径,也不管这个过程是调和的还是冲突的。在公共产品和服务的提供中,非国家的参与通常被认为是补充国家供应的失败之处,或者是支持正式的供应以提高其数量或者弥补其缺口(Tsai,2011)。而且,非国家参与者在程序方面有优势。公共产品由国家和社区团体共同生产可以增强国家供应的能力,而且让国家供应收获更多信任。特殊之处在于,这种信任常常演变成大众对国家命令的服从(Tsai,2011)。

在更一般的意义上,村民通过正式渠道进行公众参与的效果还不明显。这涉及民众集会、村民选举、公众投票和信访等。虽然已有经济发展和政治改革,村民在公共事务中的参与很大程度上还是不明确(Oi and Rozelle,2000)。一般来说,去上级政府上访是农村地区参与公共事务的主要部分(Cai,2004)。与民主国家不同的是,由国家组建的请愿系统是中国大众参与的主要渠道。直接的投票和个人联系掌权的官员在中国很少有用。官方接访作用有限,是因为农民与官员之间矛盾激烈。官员的贪污是两者冲突的焦点。而且,在职干部和民间精英的小圈子也会妨碍公共参与(Yao,2009)。公共决策可能是这些精英之间相互竞争的结果,而与普通村民没有关系。最后,村庄选举受到多种力量的影响。这里所指的力量要比经济发展,或者干部—村民的互动要宽泛得多(Yao,2009)。村民选举确实可以给农民参与公共事务赋权,但是这种作用仅限于选举事务,而不涉及整个乡村的政治事务。

正式参与的效果有限,一些非正式的路径如宗族组织有效地鼓励信众参与公共事务。在华南地区,牵连到宗族组织的祖先崇拜深入人心(Freedman,1958、1966; Potters, 1990: 251 - 269; Siu, 1990; Zheng, 1995; Faure, 2007:1 - 14)。以父系亲属关系为基础,宗族组织曾经是自发组织起来为占有土地而激烈斗争的团体。这个地方的农民几百年来都生活于这种组织中。作为一种社会的和经济的组织,农民经常在固定的时间与地点组织一套紧密的公共集会来祭祀祖先,供奉神灵,或者操办一些公共项目。

就宗族活动来说,它们会给成员施加严格的道德约束。这种力量源于这样一个事实:农民是一群道德实践者(Madsen,1984:1 - 9)。他们不仅有正派的道理,而且还在日常生活中亲身实践他们认为是对的事情。他们会追问怎样是一个好人或者一种正确的生活,并加以践行,特别是在宗族组织中。实际上宗族代表了一种真正的共同体,而不是利益集团。当中,成员资格都是公平的。这意味着每一个成员所受的待遇都应该是公正而合理的。

一般来说,不管是关于祖先信仰还是宗教信仰,传统信仰是有利于展开大众行动的。它们给农民赋权,可建立更多信任和团结(古学斌,2007)。但是,如果考虑到宗族联合的复杂内容,那么在这方面的效果并不清晰。宗族组织的不同部分可能含有相左甚至是冲突的目标。例如,上百年来,珠三角地区有一种菊花会的传统(Siu,1990)。曾经的封建王朝、军阀政府,以及当代的地方政府都因为各自的利益而举办过类似的活动。

即便是相同的宗族活动,参与个体也会有不同的意见,更不用说包罗万象的传统背后各式各样不同的利益诉求。在四川一个乡镇重建的庙宇中,农民针对很多问题提出花样繁多的愿求,包括政府的素质、经济发展、社会变迁等(Flower and Leonard,1998)。在他们集体祈愿时,整个宗教活动既有农民与寻求经济增长和政治控制的政府干部之间的合作,也有他们之间的对抗。结果,信众的诉求总的看来是模糊不清的。

  作为一种志愿性的组织,宗族因为其复杂的内容而在推动乡村大众参与方面的效应非常有限。但是,宗族活动的过程迥然不同。每一个宗族活动的程序中,公平的成员资格都得到贯彻。因此,它能鼓励农民参与公众事务。以公平的标准委托专业人士进行管理,监督他们的执行,募集以及支配资金。

  在我看来,宗族这种志愿组织可以在大众参与方面弥补正式的村庄组织的缺憾。宗族在两个方面构成促进大众参与:与正式的大众参与渠道相比,它能动员族群成员,能较为容易地在参与者中间达成一致。据发现(Tsai,2011),扎根于社区的宗族的这个特点被政府所重视,并运用在共同生产公共产品的过程中,因为它能够让民众更多地服从政府。同时,宗族组织能教给民众公平公正处置公共事务。因为每个成员在宗族中都必须公平对待,周期性重复的传统仪式就是在规律地教化民众去处理公共事务。

  因此,基于集体正式组织与传统民族组织中的大众参与,本研究厘清了村干部与农民互动的轮廓。这就是除了土地产权与农民生计之外,集体平均主义的第三个层次的嵌入性。基于一些关于中国或者世界转型国家的研究观点(Putterman,1995;Walder,2003),笔者认为,如果没有农民参与,想要村干部施行有效的管理,或者是保证他们能被问责会相当困难。在转型经济中,不管在国有还是集体所有单位,公有财产的私有化都相当普遍。在集体所有制的基础上,股份合作社也面对着普通农民与掌权村干部之间的分裂对立。如果村民大量参与到集体事务中,他们可以通过紧密的监督来有力地约束村干部的决策和执行。

  经过正式与非正式的参与组织的检验,复兴的宗族组织很可能对大众参与的贡献最大。如果这个预测得到验证,那么农民的文化力量就得以揭示。与国家—社会关系理论中经济或者政治维度相比,本研究挖掘了文化的维度。

  综上所述,关于农民生计、土地产权和村干部—农民关系的分析都解释了村庄集体主义的嵌入性。之前笔者的问题是:为什么集体组织中的农民总是要求平等分配,有时甚至牺牲效率?为了解答这个问题,依据社会关系视角,我设计了三个层次的变量:不管个体、家庭还是集体组织,生计模式意味着改革时期农民经济目标的变化;其次,土地产权的转变是要分析国家—村干部—农民三者之间变动不居的社会关系如何影响了土地利益的分配(这里以股份合作社时期为主);最后,农民的参与说明了股份合作社制度背后的社会建构过程。通过这些分析,我想证实,中国农村的经济转型依托于一系列因素,特别是宗族组织。在广为人知的国家和市场之外,宗族的复兴展示了经济转型进程如何与文化因素紧密交织。

第三章

研究方法

改革后的集体平等分配:一项个案研究

为了进一步解释集体主义的延续性,笔者选择了义村的案例进行研究。[1] 在嵌入性理论的指导下,在第二章中,笔者提出了农村民生、土地产权以及农民—干部关系相关的三个推论。义村在这三个方面的独特之处,可以帮助我们理解为什么集体主义得以继续。下面的分析分为四个部分:第一,研究设计的定位;第二,义村的抽样;第三,本研究设计的主要假设;第四,数据收集的方法和程序。

---

[1] 关于定性与定量研究之间的认识论论战旷日持久。文奇(Winch,1958)认为个体对社会生活的主观理解应与社会事实的客观因果解释并行。这就涉及定性研究的关键所在,并且后来被学者反复提起,例如 Buroway, et al. (1991);Hunt and Colander(2004)。另外,马克思主义者在适用定性研究时,还进一步将方法论架构与坚决的历史目的结合起来。比如,布洛维的拓展个案研究方法以参与观察为方法基础,同时也以推动资本主义"程序化社会"中的民众运动为宗旨(Touraine,1984)。与诸种定性研究方法诉诸所谓"实质"不一样的是,笔者的研究更多寻求方法中形式的一面,这包括如何收集数据,建立因果关系,等等。

第一节 指向理论的个案研究[1]

笔者的研究试图进一步发展集体主义理论。通常来说，社会科学的研究设计从四个方面入手：研究理论的改进，新的研究问题，数据质量的提升，和已有数据的修正（King, et al., 1994: 12-23）。就推进研究问题而言，没有绝对的或科学的规则。一般来说，研究问题的重要性会被着重强调。重要性取决于其现实意义，即研究应直接或间接地解决对特定群体十分重要的现实问题。另外，重要性还取决于研究的理论意义，这包括在相似的问题上加入新视角，或者在探索未知领域时提出新的问题[2]。笔者的这项研究对于集体平等主义的理解是有所推进的，因为它提出了平等分配何以延续的新问题。当然，笔者的最终目的是让集体平等主义的延续性得以证伪，而不是仅仅停留于提出一个新问题或新研究视角。

笔者同时努力让田野工作过程变得更加开放，以提高数据质量。当笔者一到达义村，数据分析也就同时开始。在最初阶段，笔者聚焦于股份合作的现象。但是中途却被村干部所阻断，原因是他们怀疑笔者的目的在于调查他们的土地经济以及村庄行政情况。他们要么直接拒绝了笔者的访问，要么不让笔者参加村民会议，甚至阻止笔者拿到官方文件和统计资料。不久之后，笔者不得不转向普通农民，争取从他们那里获得资料。农民大规模的宗族聚会给笔者留下了深刻印象。笔者很好奇宗族聚会为什么能有效地动员农民，

---

[1] 定性研究是一个更宽泛的范畴：它包括很多方法，例如描述类方法如话语分析。与此相比，个案研究是较狭窄的范畴。比如，它允许描述，但很少使用特定的描述性研究方法。最后，相对于个案研究方法，比较研究是一个更加狭窄的范围。它可能通过描述来揭示案例之间的差异性或相似性。但是，它可以仅仅停留于纯粹的描述而不涉及任何理论。个案研究是指以一种或者多种方法，对个人、事件、决策、时期、项目、政策、制度或其他系统进行整体性的（holistically）研究。作为研究对象，案例意味着一个机会，某一类现象就有了一个分析框架，依此（框架）研究得以展开，案例也得以说明和解释。分析框架也是研究目标之一（Thomas, 2011）。http://en.wikipedia.org/wiki/Case_studies#cite_note-Thomas-3，最后阅读2013年5月25日。

[2] 考虑到这两个方向间的差异甚至冲突，同时达到是不可能的。理论结论很难直接作用于现实世界，经过一段时间后，才可能塑造出新社会现象。但有的时候，理论洞见很难获得社会实践证实，甚至与此相矛盾。为了在一个调查中缓和这两个方向之间的张力，研究问题可以通过三个路径推进：让问题更具有现实意义；或通过在同一个问题中提出新视角以使研究更具有理论意义；以及通过探索未知领域来提出新的研究问题。当然，在这两个方向之间寻求平衡就是研究问题质量得以提高的关键。

进行筹款、举办宴会等,以及这些宗族组织是否能够对村级股份合作社的运作产生影响。另外,为了获得令人信服而且充分的数据,笔者写下数万字的田野笔记,除此之外还有很多照片、录音资料和大量档案资料。再者,笔者收集到了其他村庄的资料,可以作为比较,使得义村数据变得更具说服力。笔者受邀到义村附近的一个村庄观察村民选举过程。这时笔者看到了与义村相反的情况:当地村民对村干部们十分不信任,以至于一众乡政府工作人员和警察需要到现场维持秩序。义村的土地股份合作社依然只允许村民成员使用土地,当然村民权利平等。与义村允许外村人使用土地相比,这似乎相当保守。当然,提高数据质量并非是笔者的最终目标。事实上,它始终服务于对集体平等主义的理论分析。

笔者的研究计划通过推理证伪来促进理论研究[1]。理论取向的个案研究主要有两个分支:第一支强调从数据到理论,这是理论建构的扎根过程(Eisenhardt,1989);与此相比,另一个分支则认识到定量研究与个案研究在认识论层次上的相似性。这两类研究方法都是将过去的推测与新的经验证据进行对照,从而完成一次新的证伪,尽管它们在各个方面都存在方法论上的差异(George and Bennett,2005)。可证伪性被公认为卡尔·波普尔理论的核心观点(King,et al.,1994:99-114)。如果理论通过了新数据的测试,它们便可以在更广的范围内得到普遍适用。无论如何,只要理论可能会被证伪,我们对世界的认识就能继续向前发展。否则,这些理论很难得到提升,或很难号称"科学知识"被加以应用,因为在经验层面无法说明它们到底是对还是错。笔者的研究遵从第二种路径,即通过具体的推论来证伪理论,而这属于后实证主义的范畴(Guba and Lincoln,2005)。

为了解释经济效率之外集体平等主义持久延续的原因,就需要在新的情况下对集体平等主义的嵌入性理论进行新的证伪[2]。这就是土地股份合作社的情况。具体而言,关于小农经济嵌入性的三个假设会根据其可观察到的经验证据进行检验。这包括村民的生计状况、土地产权状况和村干部—农民

---

〔1〕 "社会科学领域内的理论是针对一个研究问题的(可能)答案所进行的合理且精确的推测,包括就所假设的答案为何正确的一项陈述……某个研究问题的理论应与其既有证据保持一致。"(King,et al.,1994:19)。上述引言说明社会理论包含了某个研究问题的预设性答案。要求该预设一定要合理且明确地组织起来,而且与先前的证据一致。

〔2〕 需要说明的是,与一些普遍性理论如交易成本理论相比,理论取向的个案研究所生产出来的理论的普遍适用性程度有限,因为"个案研究允许多因一果,但在做到这一点时,它们结论的普遍性就有限得多,或者允许更大的偶然性"(George and Bennett,2005:22)。

的社会互动情况。

首先,农民的生计是指他们家庭收入的主要来源。一直以来,他们只能以农业为生,是因为很少有非农就业机会。因此,能够得到使用土地的机会对农民十分重要,尤其是在集体阶段土地尤其要平等分配。然而,土地使用模式已经迅速改变,非农就业成为农民的主要出路。因此,农民新的生计模式会改变过去集体平等主义下的土地使用方式。

其次,可以直接观察到土地产权制度在不断变革。股份合作社作为土地流转的集体化组织,可以反映土地分配模式如何变化,以及土地处置权的变更。

最后,一些研究说明,在股份合作社阶段,集体平等分配依然存在和延续(Po,2008)。但是农民的公众参与似乎成了问题。很多时候,集体平等分配会面临着村干部将公共资产私有化的问题。此时,宗族组织也将展现其特定功能:农民在宗族事务中进行了公众参与。

这三项推论表明了集体平等主义背后存在着并行的多重因果关系。它们都系统地而非随机地形塑着集体主义。在已有的相关研究中(Kung,1994,2000),农村民生模式和土地产权制度的问题已经得到较多的澄清。但第三个因素即公众参与问题却鲜有论述,事实上它也有系统性的影响,因为这涉及农民如何控制土地收益的分配问题。

第二节 抽样:作为个案的义村

个案研究引起很多关于其是否"科学"的争论。核心问题在于其所谓理论推论:由于同一个案例或数据集可以符合相互竞争的多个理论,所以其中某一个理论就需要证明为什么它的推论可以比其他理论推论在适用目标个案时更有优势。所谓统计的方法可以通过增加案例和变量的数量来增大其结论的自由度[1]。因此它可以在指定水平上,为因果关系提供确定的解释。由此,它的解释被认为不可能是随机的或逊色于其他解释(George and Bennett,2005:28-29)。

相比之下,个案研究中,相互替代的理论似乎在数量上太多或者没有限

---

〔1〕 就字面意思而言,"自由度"是指变量表中的变量数减去独立的参考系数和作为轴的那个变量而剩下的变量数(George and Bennett,2005)。

制,以至于无法进行测试。事实上,用事实加以检测变成了不可能完成的任务。一般情况下,对只有一个案例的研究的批评是变量的变化太少,以至于无法进行测量,因此导致其理论推论不够科学。这个观点似是而非,因为定性变量不同于定量研究中的变量。后者通过定量测量得到其在数量上的变化。但在定性研究中,变量之所以不同是因为其性质不同。该类差异可以通过不同的维度加以测量,而不需要通过数量进行检测。

尽管数量差异有限,个案研究仍可以在同一个案例或资料库中获得性质上的差异(George and Bennett,2005:32-33)。为了解决变量的测量问题,定性分析可以增加变量数量,或者揭示同一个变量的更多不同的维度(George and Bennett,2005:32-33)。最终,历史过程中的大量定性细节可以证伪目标理论的推论,并且确保针对目标问题的答案具有竞争力。

作为单一的案例,义村典型而丰富的细节有助于证明集体平等主义理论。虽然义村是笔者偶然碰到,但它成为研究对象是笔者有意选择的结果。基于作者在2009—2010年间的前期阅读和分析,笔者决定调查珠江三角洲地区的土地股份合作社。这里最早开展土地非农化流转,也是流转最成熟的地区。在该地区,不仅有发达的私有制市场经济,还有平等分配的集体经济,这让笔者为之好奇和着迷。在田野调查之初,笔者第一步去了顺德档案局。通过当地官员的引介,笔者才了解到该馆藏有义村从20世纪50年代到21世纪初的完整历史档案。集体经济的转型过程被详细记录下来,包括政策通知、一般统计数据、会议记录、官方信函、财政决算等。后来,在笔者进入村庄时,笔者获得了一些县级和乡镇干部的帮助。在与他们的接触中,笔者了解到更多记录之外的故事。

在农村生计、土地产权和社会互动的三个预设所体现的集体平等主义嵌入性,可以通过追溯集体平等分配的历史演变来获得证据。义村不仅在家庭承包制阶段实现了土地公平利用,而且在当下建立了一套繁荣的土地股份合作制度。在先前阶段里,平等的土地利用使得土地使用权和生产效率受到了损害。在土地流转的当下阶段,义村则有如下特殊性:

首先,义村在经济和政治方面的情况都非常适合去回答笔者的研究问题。它的集体经济非常繁荣。如第一章第二节所示,该村乡镇企业一度很发达。自1994年以后,股份合作社逐渐成为集体经济的主要形式。在政治方面,村干部高度集权,同时也十分高效地组织起集体经济,并积极提供公共产品。邻村情况不是这样:要么政治权力太过软弱无力,要么腐败太过昭彰,再或者无法顺利建立集体经济组织,或有效提供公共产品。因此,乡镇官员和邻村干部都十分肯定义村干部的出色成绩。

其次,义村的地理位置也很特殊。它所坐落的镇向北毗邻佛山南海区。南海区是国家最早发起股份合作制度实验的地方,其很多村庄被选为政策试点。由于这些位于南海区的村庄早已成为大量学术研究的焦点(Fu and Davis,1998;Po,2008),本研究转向附近的村庄比如义村,以此产生比较。

最后,与同镇的临近村庄相比,义村单独保留了其历史档案。这份档案记录详细,数量庞大。官方记录不仅仅涉及三十年来持续进行的改革,并且还包括了毛泽东时代三十年的情况。事实上档案始于1949年新中国成立,直到当下时间为止。另外,除了官方所叙述的正式村务,当地农民还记录了大量非官方的宗族组织及其集体活动。在刘姓宗族那里,笔者发现了一份珍贵档案,它记录了20世纪90年代中期开始到2011年为止——至少十五年的所有宗族活动。

正是由于拥有上述三种特点,义村成为一个非常合适的案例来证伪关于集体平等主义嵌入性的假设。通常情况下,我们有很多方法对个案进行研究:

(1)通过树立最不可能的案例去修改已有假设;
(2)用异常案例证伪旧有结论,不管案例是被推翻还是有待进一步证实;
(3)用最有可能的案例的验证失败来证明已有推论的错误

考虑到义村不同于其他村庄,其集体经济成就突出,同时又在村干部治理中存在不足,笔者研究采用最后一种方法路线。虽然义村股份合作社已代表了现实中最大可能的发展程度,其平等分配依然显得脆弱。太多的权力集中与村干部侵占导致村民有大量不满。这在农民私底下的牢骚中有所展露。

通过追溯历史过程的分析方法(George and Bennett,2005),集体平等主义嵌入性的假设可以得到更好的说明。这种方法可以让同一个变量展现出更加丰富的细节,从而更好完成证伪。为了实现这个测量,对应三个推论,义村都可以提供完备而宝贵的资料。

第三节 本个案研究的主要关注点

为了在个案中验证理论推论,需要确保实现若干社会科学研究的基本要求。作为定性研究的一个对比而不是一面棱镜,定量研究的若干标准需要加以讨论。在定量研究中，通过证伪实现样本结论的普遍化构成其根本任务（Bryman，2004）。鉴于理论推论的相似功能，在认识论层面上，个案研究与定量研究的统计方法或建模方法类似。它们都以可证伪性作为验证和推进理论的主要方式。因此，笔者也将遵循与定量研究相似的证伪标准。同时，定量研究和定性研究之间的主要区别即样本数量的差异也值得注意：定量研究总是追求大样本进行检测，而定性研究样本的数量通常有限（George and Bennett，2005）。

一、测量与推论

在定量方法中，测量概念的两个标准是信度和效度。因为概念是理论的基本构造，对概念的精确测量也就十分重要。测量是直接进行的评估，而指标则是间接评估的方法。测量的首要原则是信度，这意味着评估的一致性，即测量或指标的内部一致性。效度指的是衡量工具是否真正测量了概念。它还可以进一步分为表面效度、共变效度、会聚效度等。但是，尽管测量和指标有严格标准，却很少得到真正实行："大多数测量都是简单带过。只通过尽可能少的实用步骤保证测量的效度或信度即可"（Bryman，2004）。

在定性研究中，理论的推论也需要测量和评估。与定量研究中效度和信度这两个标准对应，定性研究也建立了两个标准：简约与细致。简约反映这样的看法，即世界是简单的（King, et al., 1994）。相比自然科学中的简约标准，简约在社会科学中并不是本质追求。假如现实真的很简单，它才可能成为目标。相反，定性研究在论证时需要大量细节描述。这是因为，首先，因果关系要求比较纵向历史变化中的诸多因素，所以细节描述对于解释复杂的因果关系是至关重要的。其次，在常见的因果性推论之外，社会科学还可以进一步建立描述性的理论推论。它们从随机因素中分离出系统性因素，并因此推进关于社会事实的解释，或增加理论推论的预测性（King, et al., 1994）。但是，过于详细的描述会产生过于臃肿的信息，会妨碍对推论的证伪。因此，为了更好地构造理论，个案研究需要在简约与细致之间实现恰到好处的平衡。

二、因果关系

建立因果关系是个案研究的另一个核心目标。首先，因果关系的方向在早期研究设计的阶段就能确定。与定量研究中通过测量或指标界定因果关系的方向不同,定性研究可能通过研究者在有限数量案例中的直觉或初步分析来确定。区分系统和随机原因的描述性推论可以明确地揭示因果关系的方向。

其次,个案研究中的因果关系往往不受重视(George and Bennett,2005)。在定量研究中,自变量与统计结果之间的线性因果关系是唯一目标。其中,自变量通过数量计算确定了其统计显著性或相关水平。与此相反,个案研究在确定因果效应及其机制时,会出现大量的偶然性。在线性因果关系之外,异因共果和一因多果说明存在复杂的非线性因果关系(George and Bennett,2005):不同的变量可能会导致相同的结果,或相同的变量可能会导致多个后果。总之,就个案研究中的因果机制而言,一个变量可能需要与其他若干因素联合起来作用,或者经过其他因素的中介传递,或者所有的因素共同作用,才能产生影响。因此,过程追溯方法在定性研究中广受欢迎,因为它能说明多个变量是如何(而不是在多大程度上)通过其复杂的因果机制导致了最终的历史结果。

三、普遍化问题

普遍性是证伪个案研究中的推论的另一个标准。它考量理论的推论的适用范围。定量研究利用统计工具或数学模型使其推论的适用性超越有限的样本。它们的解释往往首先严格限制在所使用的样本层次上(Bryman,2004)。但随后它们力图通过设定有限证据的统计显著性来建立结论的普遍性。

个案研究基于容纳偶然性的非线性因果关系而不是统计或建模下的线性因果关系来促使推论适用到更广的范围(George and Bennett,2005)。这意味着个案研究中,所有理论都有道理,不管它们是否已经证伪。只要其假设通过了新的经验检验,目标理论就可以在更加普遍的水平上加以应用。否则,理论适用就被证明是错误的。只是,失败的理论仍然是有价值的,因为它们会增加理论撬杆(King, et al.,1994):无论是证伪与否,理论都是充满洞见的撬杆,都增加了我们对模糊世界的认知。即使一些理论已经被证明是错误的,它们仍然影响人们的思想和实践,如理性选择理论。这些"理论"既非正确也非错误,却仍然作为理论性的科学知识发挥作用。

笔者也在义村这个最可能的案例中检查了集体平等主义嵌入性的推论。本研究发现嵌入性发生在三个层次,分别对应农民的生计、土地产权、集体参与中的村干部—农民关系。尽管集体平等分配表面上还在继续,但其嵌入性却在不断变化。换言之,这三个变化中的变量共同维系着集体平等分配的延续。另外,集体主义的嵌入性影响是如此深远,其第三个变量即农村大众参与可以进一步用来与国家—农民关系的相关理论进行对话。在本研究最后的讨论中,笔者将通过揭示农民力量来探讨国家—农民的新关系。

四、本个案研究的成果与不足

个案研究在方法论层面具有若干缺点,本研究需要努力克服这些不足。由于在数据准备阶段个案的选择非常重要,这就要求研究者克服偏见。个案研究中案例的选择是一个理论抽样的过程,这与定量研究的统计性抽样截然不同(Eisenhardt,1989:532-550)。定量研究依据避免特殊因素的概率来随机选择样本时,个案研究却仰仗特别的案例(George and Bennett,2005)。换言之,所选的案例一定包含特定因素以进行理论证伪。在这个过程中,最大的危险在于研究者的好恶和偏见主导了案例选择,并因此得到了不适用于案例内次级构成的虚假推论(George and Bennett,2005)。而本研究在样本选择时(本章第二节),基于四个原因,保证义村符合关于集体平等分配嵌入性的研究需要。因此,本研究在案例选择中的偏差被最大程度地减少了。

此外,在田野调查期间,笔者还采用了多种方法来降低数据收集中的偏差。个案研究通常涉及不同的"操作方法"(Eisenhardt,1989),如访谈以及档案材料。很多时候不同的研究工具需要同时使用来互相补充,并相互印证所得数据。在田野调查中尤其需要注重参与观察方法的运用。参与式观察可以通过观察获得数据中客观的信息,同时又从深度参与中获得数据的主观维度的信息(Buroway, et al.,1991)。笔者同意:如果是多个的研究者一起工作,尽管使用的分析工具不同,仍然可以更好地提高数据质量(Eisenhardt,1989)。他们的信息可以相互补充,对于信息的理解也可以相互印证。就笔者的数据收集而言,虽然是一个人单独进行田野调查,但为了保证数据的质量,笔者采用了不同的方法,而不仅仅是参与观察。如果来自不同渠道的信息重叠了,说明它具有更高的信度和效度。否则,笔者就谨慎使用该数据,因为单个数据很难进行检验。

一般来说,普遍性问题的危险在于研究者容易错误扩大具体结论的普遍性。在复杂的因果关系中,将一组案例中的共同结论套用于其他类似情况肯定是有风险的。因此,笔者必须承认本研究发现在普遍适用中存在局限性。

就义村这个具体案例来说,随着时间变化,集体平等分配的内容可能发生剧烈演变,但它在三个方面的嵌入性仍然保障它延续。首先,农民对村集体的经济依赖可能继续存在,虽然经济依赖的内容或数量变化很大。其次,在土地产权方面也有类似情况:尽管利用和处置土地的权力分别集中在富人和村干部手中,但集体所有制仍然保留着并不可分割。最后,农民的力量虽然很不明显,但他们还会继续采取行动并对土地利益产生影响。单以义村为证据,则上述这些具体的结论可能是值得怀疑的。与义村不同,邻近许多村庄中的集体平等状况可能相当糟糕,或集体平等分配在三个方面的嵌入性各有不同。由此,基于义村脆弱的平等主义,本研究通过"最可能案例"的方法,针对任何工业化了的或富裕的村庄中的集体平等分配的嵌入性问题作出如下普遍性结论:

如果农民不积极参与村庄集体事务,或者在任村干部难以问责,则尽管农民可能通过宗族建立起力量,集体平等分配都将难以继续存在。

考虑到因果关系的复杂性,本研究借助于嵌入性理论来阐述集体平等分配的持续。经济表现与其所嵌入的因素在三个方面的因果关系是明确的。经济和非经济目标的关系、变动不居的社会关系和社会化的制度建构这三个因素同时发挥作用,它们一起促成集体平均分配。尽管因果关系是借助嵌入型理论澄清的,本研究中义村的证据还是显得特殊而单薄。上述三方面的研究结论如果进一步推广则更暴露其单薄的一面。

还有,简约与细描之间的失衡也会损害个案研究的论述。信息太多会难以进行证明,但过于简约又恰恰不是个案研究的目标。实际上,简约服务于理论的推论需要。如果通过推论进行理论证伪是可行的,个案中的描述就可以根据简约标准进行。而本研究就是以理论推论为首要目标,将简约视为次要的目标。

第四节 数据收集方法

本研究中资料数据的收集使用了不同的工具。在田野调查过程中,数据收集和分析是同时进行的,是一个在数据收集和分析之间循环往复的过程。在这个过程中,笔者既以新数据拓展对已有数据的理解,又根据已有数据来辨析新数据的收集方向。笔者的田野调查主要受到以往聚焦于股份合作式集体经济及其分配的研究的启发。

本个案研究所应用的第一种数据收集方法是参与式观察。在当地,笔者关注了农民如何安排好农村土地的使用以及土地分配的利益。除了直接观察,笔者还在观察之后写下田野日志,以记录每天所观察到的东西。这使笔者能够近距离触及农民的生活,例如他们如何耕作种植,如何分配集体土地收益等。此外,同农业部门的观察相似,笔者也观察了非农业经济部门及其相关的农民活动。其次,农民的非经济性的集体事务也在观察范围内,例如当地提供诸如道路、电力和社保基金等公共产品和服务。义村农民还经常举办文化活动,如神诞日庆典。参与式观察法有利于收集农民团结协作举办集体活动方面的信息。最后,通过参与式观察,笔者也注意到义村的空间分布。地理空间的划分反映了农民对社会生活的安排。例如,地方神庙或祠堂往往建立在社区中心,而农民住家旁边往往是小块菜地。

但是,参与式观察也存在其局限性。首先是空间限制。在短期的田野调查中,要对一个较大的样本进行全方位观察并不现实。其次,随着时间的推移很多证据消失变化而难以重现。重要的信息员可能会搬家或死亡,社区面貌也可能发生变化等。当离开田野后,过去的信息就会发生各式各样的变化。这对每一个观察者来说是必然的,包括笔者在内,都会遇到以上问题。除此之外,在田野调查中,观察的第三个局限是村干部会对笔者隐藏一些重要信息。他们会隐瞒一些官方的统计数据,尤其是最近几年的财务记录。另外,他们拒绝了笔者加入其治安巡逻或列席正式会议的要求。

不过,访谈可以弥补参与式观察的一些不足。在深度访谈中,可以了解所观察到的数据的主观一面,并补上背景信息。笔者在研究中通过访谈收集了以下信息:对从事农业工作还是非农工作的抉择;当地亲属关系和邻里关系的状况;在私人或公共事务中与干部如何协商谈条件;土地承包权的安排以及土地收益的分配的情况;公共物品和服务的生产情况。

然而,通过访谈获得的数据非常主观,往往不够准确。作为其补充方法,档案资料提供了客观的数据,从而克服了参与观察和深入访谈的一些缺点。这包括:由于笔者讲的是普通话,而被访者说粤语,以及刚开始笔者对村子的不熟悉,一些访谈数据可能丢失或错误;此外,有些数据是无法验证的,譬如农民的情感取向。因此,档案材料非常有用。义村有两个档案资源可供笔者使用。一个来自顺德区档案局,它收藏有全区和义村的完整而关键的档案。二是农民所保存的非正式记录,这涉及农民的宗族集体活动以及村委会所下发的非正式文件。

总之,笔者综合运用了三种不同的数据采集方法。每种方法在针对特定类型数据的搜集中都有相应的作用。参与式观察让笔者熟悉了农民的生活模式,无论是农业还是非农生产活动,经济还是文化活动。访谈中得知的许多主观信息大部分是无法直接观察获得的,如家族辈分和乡村政治。此外,档案材料提供的是可信且可重复使用的数据,特别是其中精确的信息和统计数据对研究帮助甚大。此外,这三种研究手段也是相互补充的。参与式观察不能直接获得的数据可能在信息员访谈中提及。而当主观信息缺乏证据时,档案材料可以加以补充。鉴于这两个理由,笔者努力收集的那些数据可以支撑书中的分析。

第四章

改革时期的农村生计：
土地流转与新工人

义村当地有超过一半的农民在工厂中工作。与此同时,他们的土地则被村集体的股份合作社回收。该经济组织通过在市场上流转土地,每年可以获得几千万元的收入,并给每位社员分红。更重要的是,它还面向在籍村民建立了庞大的养老金项目,给教育、医疗等公共项目提供丰厚补贴,并大力建设水泥路、公园等基础设施。

第一节 农民的生计及其改革时代的变迁

作为集体平等分配嵌入性的内在构成部分,农民的生计问题及其演变将在本章加以探讨。以非农就业为方向的农业就业模式变迁是农村经济发展的主要内容(Song and Logan, 2010)。从20世纪70年代到2006年,中国从事农业工作的人数一直在下降,从起初超过70%降到了约45%。与此同时,第二产业(制造业)和第三产业(服务业)的工作人数则上升到约30%。此外,非农就业部门的工作收入也始终高于农业。2003至2006年,当农业部门劳动力的年薪仅有8 000元至1万元时,非农就业人员的年薪则在1.2万至2万元。其他的研究中也出现了类似结论。到1998年时,近40%的农村劳动力即2亿农民选择离开农村,到劳动力市场中赚取工资或自行创业。而更加严格的人口计算则显示,2008年总的非就业人口达到了2.34亿,这大约占到了农村总劳动力的44.96%。

农民在非农部门就业提高了其家庭收入。农民收入增长正是众多研究关注的主题之一(蔡昉、王美艳,2009;王春超,2011)。此外,一些研究还关注了农民就业中的其他问题。例如,在非农业就业率节节攀升的情况下,家庭劳动的性别分工的基本模式(Song and Logan,2010),以及非农就业的进展也表明了农村经济的发展模式,即就业模式演变就像是从最简单的传统农业向最复杂的制造业转变的爬梯过程(Mohapatra, et al.,2006)。

最后,就本研究主题而言,本章最重要的部分在于,蓬勃发展的非农就业也决定了农民在土地使用中的投资情况(钟甫宁,纪月清,2009)。当非农就业机会很少时,尽管通过调整土地产权延长和固化了土地使用权期限,也提高了农村土地市场化的程度,从而让更多农村集体土地得以出租或卖出,但是农民仍然很少增加对土地的投资或扩大生产规模。为了刺激农民扩大生产性投资,或增加土地使用规模,非农就业反而成为一个更有效的措施。它可以减少在农业中糊口的农民规模,空出土地用作他途以谋取更高利润,并最终提高土地价格。

而且,上述研究都基于相同的假设:农业收入比非农就业的收入要低很多。这确实是传统农业的现状。据舒尔茨(Schultz,1964)的研究,现代农业借助"技术"实现了较高的农业生产率,这就是传统农业与现代农业的显著差别。受到传统技术的限制,传统农业虽然实现了最大效率,但产出有限,导致农民只能在较低的生活水平下糊口。他们把大部分的支出都用在衣食住行等基本开支上,即恩格尔系数高。因此,他们很难再存有积蓄,以对农业进行再投资。此外,即便增加了生产资料和劳动力投入,但回报仍然十分低下,甚至边际回报率接近于零。与此相比,现代农业革新了生产方式,可以更合理地分配劳动力和资本。舒尔茨以日本和以色列的农业为例,发现现代农业生产率提高了几倍,可以与工业行业的增长速度相媲美。

据恰亚诺夫研究,沙俄时期作为非资本主义的家庭农场,农民寻求最大化整个家庭的收入而不是总利润。他们不断投入劳动力,直到生存需求获得满足为止(Thorner,1986;Shanin,1986)。这里,资本主义农场能合理分配土地、劳动力和资本,以最大限度获得利润。而中国农民长期以来只能实现温饱。在中国共产党领导的土地革命以前的华北地区,富农和普通农户在农业商业化浪潮下进行了迥然不同的选择(Huang,1985)。普通农户指望依靠相当局促的土地来养活全家众多人口。因此,他们选择将所有的家庭劳动力投入到有限面积的经济作物中,以实现其产出最大化,哪怕边际回报率趋近于零。与此同时,富户则依托其规模较大的农场,选择种植普通作物以获得高边际回报。在长三角地区,这一商业化现象则被更加明确地定义为"内卷化"(Huang,1990)[1]。它是指经济总量在增长,却以经济效率的停滞乃至下跌为代价。这种传统农业从明清时期一直延续到新中国改革开放开始时期。

但是,非农就业的吸引力也可能下降。当新农业比传统农业利润更大,耕地在要素市场中具有更高价格时,非农就业是否能持续地吸引农民,使其脱离农业部门呢?如果新的土地利用或流转模式的回报超过了非农就业,那么在非农业部门中的农民们是否能返回耕地或流转土地呢?

其实,这些问题关注的是村集体中的农民如何参与市场。自毛泽东时期以来,农民都依靠村集体维持收入。如第一章第一节所示,在毛泽东时期,农民几乎完全通过村集体得到生活资料。村集体实行工分制,在农民间实行平均化分配。包括最重要的粮食在内,日常生活资料如布匹和油品等都是平均分配。除了物资分配,农民也有现金收入。以浙江省北部为例,毛泽东时期劳动报酬在全部分配中属于次要,与生活资料相比,比例接近于1∶2(曹锦清等,2001)[2]。需要指出的是,改革开放以前的大多数时间中,村集体中每个成员的基本口粮是有所保障的。

在改革开放时期,非农就业的蓬勃发展导致农民在经济上不再那么依赖村集体。其重要标志之一就是村干部的经济权力衰落。基于家庭联产承包责任制度,村干部们不再安排农业生产计划,不再进行农民间再分配,也不再决定土地如何使用。他们的权威随着乡镇企业的市场化以及最终的私有化而进一步衰落(Vermeer, et al., 1998)。

尽管如此,市场引发的去集体化却没有根除农民对村集体的依赖。由于

---

[1] 恰亚诺夫(Chayanov,1986)认为俄国农民通常在自家土地上投入自己的劳动力和信用进行生产。他们计算的只是总产出,而劳动力的边际回报则往往模糊不清,在心里并不在意。这样,农民追求的最终经济目标是合适水平的生活质量,而不是利润最大化。所谓合适的生活质量往往是根据当地社会的一般状况来定义的。

[2] 现实当中,农民通过经营副业赚取现金。这通常意味着个体农户饲养家畜卖给国家赚取现金。家畜养殖利润十分微薄。但是,它有效利用了分散于日常生活琐碎事务中间的劳动时间,转化成了利润。毕竟,农民除了耕种之外,有较多剩余劳动力。它还将残渣剩饭用作猪的饲料,将动物的排泄物堆积成肥,来浇灌庄稼。这项收入实际上有力支撑了一个农户家庭中重大事项开支,例如盖新房,婚嫁等(曹锦清等,2001:179-185)。

非农就业不充分,大多数农民仍然需要土地,要求保持使用权。因此,通过周期性的再分配农户间维持着平等使用权说明了他们对村集体的持续依赖(详情见第一章第一节)。

随着非农就业的快速扩张,农民对集体的经济依赖进一步下降。虽然集体所有权保持不变,但在乡镇企业瓦解后,它也局限于土地方面。在农民从事非农就业为主的地方,他们对村集体的依赖程度也最低。笔者对这个最低程度的依赖问题很关注,因为它说明了村集体对单个农户的影响的最新变化。而此前很少有研究对此加以说明。笔者将分析已经进入非农就业的村民如何从村集体中享有这个最低程度的福利,并使之成为村集体和农民之间真正的纽带。

要回答上述研究问题,笔者的分析包括四个部分:

首先,描绘改革开放时期农村经济发展的一般趋势。在义村,随着国家去集体化与市场发展,农村经济逐渐多样化,工厂开始矗立其间。农民对从事农业还是非农就业可以进行选择。笔者特别阐述了村民特定的家庭营收策略。

其次,笔者将分析土地使用在村民间的分布。个体农民通过村集体获得土地使用权的情况将特别加以说明。在义村,村庄面积的一半用作高利润的渔业养殖。此外,工业和商业项目也占据越来越多的农田。因此富户和贫户之间的土地分布情况将得到讨论。

然后,经历了长时间非农雇佣之后,相当大一部分农民已经成为产业工人。在义村,很多农民已经习惯了工业这种非农业的生计模式。因此本书将揭示作为产业工人的村民的新生计模式的特征。

最后,笔者将就当下乡村地区非农就业的缺点,讨论村集体提供的福利对于村民的重要性。村民在非农就业中面临福利不足的问题,使得村集体所提供的福利具有了新的意义。集体企业如何履行这种福利责任将得到详细阐述。事实上,这可能说明了农民对村集体最后也是不可免除的依赖的根源。

第二节 1980 年代:农村经济多元化

在改革开放初期,根据国家政策规定,农村生产开始去集体化,而且土地制度也开始调整。作为对毛泽东时期社会主义集体制度的替代,家庭联产承包责任制度建立起来。其中,土地被平等地分配给农民使用。不过,村集体实现农户承包的策略并不一致。生产队一般与各个家庭签订平均化的承包合同,而广东顺德地区有些生产队则引入了招投标规则,来制定合同。前者意味着该生产队按照单个家庭的人口或劳动力的数量等额分配生产责任以及相应的土地。而后者则通过招标引入了一定的竞争,同时也遵循了平等分配的原则。以义村为例:鱼塘招标的原则为价高者得,但是本村鱼塘数量众多,面积大的鱼塘就将塘面分为几份。最终大部分家庭都可以投得一块或多块鱼塘[1]。而且合同招标带来了集体收入,让生产队能在队员中进行一些分红。

改革时期,义村村民基于新的经济机会和偏好,纷纷离开农业耕作,进入非农就业部门。旧的集体生产制废除后不久,他们就立马开始追求非农业收入。比如,1978年国家宣布实施家庭联产承包责任制的政策时,恒叔就租了一条船做起黄沙运输的生意。而他和他的合伙人合力将黄沙从广州郊区某镇运到市区的建筑工地。三十年后,随着经济高度工业化,农民更加依赖非农就业。在BN组153户家庭中,有一半的人家在当地或者附近村庄的工厂中工作,而另外有20%—30%的人做着各种生意。只有17或18户人家承包了集体鱼塘,养殖淡水鱼。

一、追求更高利润的农业

改革初期的义村,村民继续种田。多数村民承包了若干块小鱼塘或者甘蔗地。其农业一般包括三块构成:养蚕、甘蔗种植和鱼塘养殖[2]。尽管大多数男性外出寻找非农部门的工作,但他们的妻子则留在家中务农。例如,大队鱼塘由农户私人承包后,作为大队兽医的逑叔和垣叔向这些家庭提供兽药和防治等个人服务并收费。他们俩还一起去本地邻村、附近乡镇,售卖鱼药、提供防治服务来赚钱。他们的生意甚至超出了本市,扩展到了另一个地级市,最远到了广州市郊的芳村镇。与此同时,这两个人在村里也都承包了几块鱼塘。其中,垣叔只承包了一块3—4亩大的小鱼塘。每天在他外出回家前,都是他的妻子打理鱼塘。

---

[1] 根据垣叔、培哥等村队干部和鱼塘养殖户的访谈以及村集体墙上所挂毛泽东时期和21世纪初期的两张鱼塘分布图综合而成。

[2] 义村村民传统上都以种植经济作物和鱼塘养殖为生,甚至在毛泽东时期,以及新中国成立以前都是如此。

因为特定的气候地理等自然禀赋,以及市场需要,珠三角地区的农业逐渐集中到鱼塘养殖。这一地区的养蚕业受环境污染影响,很快衰落。20世纪80年代初,砖窑快速发展污染了土地和空气,使得对环境要求很高的蚕不再吐丝。结果,当地的养蚕业难以维持,很快从平原地区退出,最终在三角洲边缘的山区存活下来。

同时,当地农民也慢慢放弃甘蔗种植,因为当地的糖料市场不断缩小。作为当地主要的经济作物,甘蔗在收获后送往糖厂加工成糖,以此赚钱。到了改革开放时期,甘蔗需求减少。20世纪80年代初期,国家就取消了甘蔗统购统销计划[1]。因此,顺德地区的国有炼糖厂全部停工。义村的甘蔗收购站也就是村一级的官方收购渠道也在1986年被取消。另外,甘蔗售卖并没有给农民带来多大收益。20世纪80年代后半期,珠三角地区的农民就很少再种甘蔗。90年代初期,义村的甘蔗种植完全消失。同养蚕业和甘蔗种植的衰败相比,鱼塘养殖在义村的发展却愈来愈好。基于其优越的自然禀赋和技术积累,义村的鱼塘养殖非常有竞争力。首先,义村养殖鱼类所用的河水水质要好于周边村落。其次,在毛泽东时代,义村的鱼塘养殖技术就非常出众。义村下属的几个主要生产队的产量很高,提高了整个镇的塘鱼总产量,并因此在顺德地区闻名遐迩。最后,在改革开放时期,淡水鱼市场复苏并催动了养殖行业。邻近村庄和义村的大多数家庭都承包了鱼塘进行养殖,使卖鱼换钱成为现金的主要来源,以应付一家人一整年的衣食等日常开销。

二、非农就业涌现

在义村,农民们为了多挣钱,也从事各类非农就业。大多数农民在家里承包鱼塘以应付家用,但是,许多人(尤其是男性)也会到村外寻觅进工厂做工或自己做生意的机会。不像正式就业中签订劳动合同,1980年代的大多数非农就业很少签劳动合同。在此十年中,非农业就业主要集中在工业制造之外的部门,例如,建筑、销售、兽医和织绣工等。此时,随着人民公社解体,农村土地、劳动力和商品得以解放,乡村工业也迅速萌发。下面就说明当时农民的经济活动若干模式:

---

[1] 统购统销计划是为了适应城市地区重工业和城市化的消费需求而建立的,而且这种计划经济借鉴了苏联经济模式。城市地区的粮食短缺,以及不那么稳定的粮食市场都是中共中央采用该计划的理由(杨继绳,2008)。

(1) 拿工资的劳动者

有薪酬的非农岗位需要的是有技术的农民。没有技术的农民只能当苦力,尤其是作为建筑工地中的苦力。建筑业可以大量吸收农村剩余劳动力。义村的一些农民早在1978年改革开放之前,就去建筑工地打工。建筑工人都是按天(以天为单位来计算工时)计酬:1980年每天1.5元;2011年则是每天120元。另外,虽然有技术的农民可以相对顺利地找到非农付薪职位,但体面的非农就业机会依然十分稀少。例如,笔者的一个信息员荣叔在1975年毕业于顺德最好的公立高中,但只能在本村小学寻到一份编外教师的职位。此前他和义村其他农民一样,下地干活15年。直到1982年,他才有机会在邻村一所高中谋得正式教职,成为一名编内老师。又例如,由于之前在生产队做过出纳,有两个农民受聘于正式注册的企业,负责出纳和其他相关财务工作。

(2) 自雇

与拿工资的非农职位相比,农民更喜欢自雇,因为他们可以在无专业技术特长的情况下,有赚得大钱的机会。私人生意在某些方面依赖于个人技术,但更多需要信息、供销渠道、人脉等方面的市场联系。1981年前后,当义村大队的鱼苗组被个人承包后,包括垣叔、述叔等在内的三名兽医从该生产组织离职,开始自己做生意。这三个人合伙,向承包鱼塘的农户提供市场化服务。他们的顾客很多,囊括了本村和当地邻近村庄的众多家庭。他们最远到达广州市的城郊——芳村。他们向同村人每条鱼收取4分钱,向外村人则每条收取5分钱。

但是,更多没有一技之长的农民,选择去做买卖,当小商贩。义村传统上就有一些个人买卖,例如贩鱼卖鱼。又例如,在1949年以前,有些村民从分散的农民家庭那里收购蚕茧,而后将其卖给缫丝厂,由此过上殷实生活。同蚕丝相比,水稻种植和鱼塘养殖所需资本投入小,销售市场宽广,尽管利润也相对微薄得多。因此水稻和淡水鱼成为农村中最常见的交易商品,并且关乎当地大多数农民。以义村一个1949年之前有七八个孩子但没有土地的贫苦农户为例,该农户租佃了几块宗族祠堂的公共土地来种田,同时也做小商贩,贩卖稻米和塘鱼以维持生计。到了改革开放时期,上述传统商业贸易重新出现,依然成为身无一技之长的普通农民的主要非农就业方式。许多农民尤其是年轻农民通过贩鱼来实现经济自立。他们或者以个体商贩的方式从农户鱼塘那里收鱼而后在当地农贸市场上售卖,或者几人合伙,收了鱼以后驾木船将其运送到番禺。番禺的水产品批发市场规模巨大,是整个珠江三角洲地区的交易中心。

与淡水鱼相似的是,其他商品如牛肉、服装、鞋子以及沙石等,都在改革开放时期繁荣起来。通过各种各样的自雇经营,农民可以获得比农业更高的收入。在1980年代初,当一般职位的工资收入在每月50元左右时,做黄沙生意的农民每月可以赚取700—1 000元。

最后,自雇经营中存在着明显的性别差异。男性村民更多选择走出村庄以建立市场联系来做生意,大多数女性村民则待在家中,以手工刺绣作为其主要的非农就业。虽然1980年代义村的桑树和蚕茧逐渐消失[1],但刺绣工作却一直持续。女人们从当地中间商那里获得生丝,织成后再把成品卖给中间商。中间商再把织品交给工厂,以完成订单。工厂收购价和商人收购价的价差就是他们的利润。从一块需要耗时一周的复杂刺绣产品中,一位织工可以赚38—39元,这样每月可获得近160元的副业收入。或者,他们每天完成5—6件简单的绣品,每件赚2元,一个月的收入可以高达300元至360元。

三、工厂迅速崛起

直到20世纪80年代中期,顺德地区的农村就没有什么现代工厂。即便义村所在乡镇的镇驻地也不过七八家工厂。但随着越来越多的农民加入工业制造,开创其自己的事业,工厂数量随之迅速增加。

由于缺乏市场联系,又或者不熟悉国家的政策,许多农民在创办自己的工厂中都失败了。例如,义村某位前生产队长在1986年退休后,先后创办了一个小酒厂和香厂。他和几个合作伙伴自己组织生产和销售。但由于工厂产量低,销量也不好,所以都失败了。又例如,义村一位年轻农民从广州返乡居住,带有良好的市场联系。他与广州市的本田汽车的零部件分公司相熟悉,可以从那里购买零部件。义村当地还没有汽车修理厂,他就投资兴建了一个。但当修理厂在1989年竣工落成时,发生了政治风波,公司注册停滞。当年夏天过后,中央政府决定压缩经济规模。他最后不得不放弃自己的计划,把汽修厂卖掉。义村某个体砖窑也发生了类似的事情。袁叔与人合伙开办的小窑炉运转了十几年,到1993年不得不关闭,因为当时省政府下令所有

---

[1] 刺绣业兴起于1940年代,而纺织在此之前就已经广为流行。在毛泽东时期,很多妇女在集体劳动之外抽时间进行刺绣,并将产品卖给当地国有刺绣品工厂以赚取外快。她们在改革开放时期继续这种副业,尽管国营的刺绣厂已经承包给了个体经营者。

的小砖窑必须关停。

然而，仍然有一些民营工厂存活并壮大起来。这些工厂主既寻求市场联系，也建立政治庇护。这些企业家从建厂伊始，就充分利用个人与政府、集体企业之间的关系。以义村最成功的企业家强老板为例，他的汽车零部件公司的实力在整个亚洲位于前列。他出身于贫寒的农民家庭。1980年代早期，他在义村大队部给村干部跑腿。他善于交际，并有一位在政府中任职的亲戚，于是协助大队干部创办数家集体工厂，并经营其他集体生意。后来村干部运营的村集体船厂因为不景气，就卖给他。他的个人事业就由此起步。他将整个船厂全盘接手，包括各类资产、组织架构和市场联系。

而另一个工厂主在起步阶段也类似地建立了市场和政治纽带。据其家女主人讲，她的丈夫最初经营的是一间规模很小的校办企业，而其公公当时是这所职业学校的校长。1983年这家集体工厂改制后为该家庭所有，而她两年之后嫁入这个家庭。此后，他们付出巨大努力，通过各种"闯"，建立了良好的市场联系，产品很有竞争力。目前拥有3—4个电子器件厂。

概言之，这一节全面描述了改革第一个十年农村经济的发展情况。准确而言，是农村经济转型的初始萌芽过程。几项关键的制度变革，例如家庭联产承包责任制，奠定了经济进一步多样化的基础。

第三节　1990年代：土地有利可图，农民无地可用

自1990年代以来，由于富裕农民建立私人工厂和经营高附加值鱼塘养殖需要更多土地，土地价格不断上涨，由此可以说明农村经济的发展。市场化的经济发展改变了义村土地的配置。包括私营工厂主、鱼塘养殖户、做生意的老板和村干部在内，富裕农民使用了绝大部分的土地。1990年代末，义村在其西南角兴建了一个相当规模的村级工业区。与此同时，其农业方面也经历了追求更高利润的革命，继续使用大量土地。义村大多数普通农民都不再务农，而是从事各类非农就业。虽然土地名义上还维持着集体所有，但村里一半以上的农民为了更好的生计都已经放弃务农，大多数人都无缘分享新农业中的高利润。

一、农民企业家占据村庄工业区

乡村工厂的工业用地来自农田的转化。把各个工厂的空间面积叠加起

来,就能直观地看到工厂对田地的消耗。在1978—1997年间,义村村委会共兴办了15家集体企业,其位置是比较分散的。其中至少有3家工厂邻近村委会办公楼,这里是整个义村的中心地带。它们分别加工木材,生产塑料和服装。还有两家工厂就坐落在义村河道边上。严格而言,它们靠近义村通向顺德大河的水闸。唯一的例外是建于1994年的陶瓷厂,它是T东工业区第一块耕地流转而来的工业用地。义村的工业区计划已经不算早,邻村早在1980年代就开始兴建工业园区。扩建后义村的工业园目前入驻有超过160家的工厂。就其面积而言,整个开发区占有约1 000亩,占整个村庄面积的25%。

2011年义村的工业用地情况如下:

(1) 工业区兴旺发达,富裕的农民企业家不仅使用了约25%的村庄土地,而且雇用了大半已经不再务农的村民。企业虽然来来往往,但土地依旧是集体所有。而普通农民今后则会继续离开农业耕作,很少再使用土地。

(2) 义村工业园区的农民企业家不仅有本地人,也有外来人口。一些本地农民企业家也去外地做生意。不仅资本家的构成多样,其租赁村集体土地的合同也不一样,从15到50年租期不等。

义村的土地租期长,土地租金高,这样就将普通农民排除在工业用地使用者的范围之外。义村土地租赁合同有两类:一是1997年前签订的,其租期为15年。第二种土地合同租约期限长得多,通常又称为"土地买卖"。1997年后,土地租期至少为20年,最长50年。即便在1997—2005年间,地租的价格也相当昂贵,具体如下表所示(见表2):

表2 义村工业用地价格:义村工业用土地的价格

1997、2000和2005年的情况	<3亩	120 000元/亩
	3—10亩	100 000元/亩
	≥10亩	80 000元/亩
最新租约[1]	已经很少有空地供出租	150 000—200 000元/亩

数据来源:笔者访谈。

二、富农经营村庄鱼塘和宅基地

义村的工业发展让农民企业家占用大量集体土地,而同时,高附加值淡

---

[1] 2011年之前义村已经没有土地作为工业用地出租。据该村支书昌叔解释,工业园区的一块新土地已经空置多年,需要政府的审批才能开发使用。

水鱼养殖业的兴起，也让富裕农户占用了相当的耕地。高价淡水鱼是一个新兴市场，却导致义村附近的农业用地向富裕农户集中。这个新市场始于1990年，当时义村的主要养殖品种为鳗鱼和鲈鱼。高价鱼主要出口日本或销售到东北三省。在1990年代，一个鱼塘的鲈鱼和鳗鱼养殖，一年的利润通常超过1万元（见表3），而普通家鱼如淡水鱼的养殖则一年利润不过几千元。在随后的二十年里，淡水鱼养殖业发展迅速，带来了倍增的利润，同时养殖成本也飙升。产业技术和鱼饲料产业都在快速升级。根据表3可以看出，2000年代与1990年代相比，淡水鱼养殖的收益增加了8—10倍，但投资也翻了10倍。土地承包费与工资的比率从大约2上涨到2.5。

表3 义村一个十亩鱼塘的养殖费用

单位：万元

费用 \ 年代	1990年代	2000年代
土地租金	1	6
鱼苗	10*；0.2**	40*；0.8**
员工工资	0.04/月—0.045/月（0.48/年—0.54/年）	约0.2/月（2.4/年）
饲料、电力和兽药		
总费用	约2**	20—30**
净利润	约2	15—20

说明：* 为鳗鱼养殖；** 为鲈鱼养殖情况
数据来源：笔者访谈。

1990年代初，新式鱼塘养殖的高收益引发了第一波富农圈用塘田的浪潮。一些有竞争力的农民就私下向本村或邻村农民购买其承包权。义村AL组一位能干的农民在义村及邻村一共购买了70亩鱼塘的使用权，并雇用了4位外地农民工进行养殖。当时该地区一般一个家庭承包两到三个小鱼塘。

鱼塘养殖的继续升级，再次导致大规模的土地集中。义村约2 000亩的塘田，整理后划分为280个鱼塘，并出租给约110个养殖户。他们中有本地村民、工厂主和外来人员。由于义村鱼塘出租对外来投资开放，一些村外投资者也得以租用部分农田进行养殖。只是，根据义村不成文的"潜规则"，他们必须找义村农民作为合作伙伴，经由后者参加投标和签订合同。另外，义村工业区的许多工厂主同时也投资鱼塘。由于这项生意的利润仍然可观，工厂主往往在承租鱼塘后，雇佣本地或外来熟练农民进行日常的养殖工作。义村村民大约1 300户,其中有8.5%的居民相对富裕[1],使用了村集体的塘田,其规模为村庄土地总面积50%。

由于土地价值在最近几年迅速增加,当地村民也投资房地产。投标中的激烈竞争和不菲的先期垫资,导致地产投资也被富户所把持。这种投资的首要目标是房屋。以前房屋只是用来自住,本地工业的发展带来相当数量的外来工人,因此当地农民就是通过投资不动产来进行财富增值。首先,购买原集体物业构成了第一类投资。直到1997年,像写字楼、仓库、学校等集体建筑还多由村集体或村民小组控制。但2000年后,集体物业经公开拍卖,都出售给村民个人。唯一例外的是毛泽东时期村委会没收的祠堂。在义村,祠堂被普遍认为是"公产"。

第二类物业投资是通过改造老房,或建造新的住房,直接形成私人房产。土地和住房建造总是花费巨大。过去的二十年中,土地和住宅的成本迅速增长(见表4)。在1980年代,"万元户"(一家年收入一万元)要积攒几年的钱来建房,而在1990年代,类似花销约等于经营一到两个鳗鱼塘那么多。尽管花费巨大,富裕农户仍然对建造住房乐此不疲。在义村南部的商业区,除了数十家自住的豪宅,还有若干栋私人投资的公寓楼专门用于出租。村委会规定每户只能分到一块宅基地,其平面面积不超过110 m²。考虑到高昂的土地租赁和房屋建设费用(见表4),普通农民无力去竞争公开拍卖的额外的宅基地。

表4 不同时期住宅建造成本

	土地的价格/(元/m²)	建筑的价格/(元/m²)	房子总成本/(万元)
1980年代末	250		两层楼房:不超过3
1999—2002			三层楼房:17-38 两层半楼房:至少8
2007	1 000(商业用地)		五层楼:500
2011	3 000(商业用地)	约1 000	四层楼:300

数据来源:来源于笔者针对义村村干部、房主、建筑队包工头等人的访谈

---

[1] 富裕与非富裕的区分标准在于是否使用塘田从事养殖。根据访谈和档案统计材料,塘主数之和除以工厂主的户数就得到了近似比例。

三、集体土地所有制中的市场化圈用

义村土地分布的改变,与改革开放以来市场主导的农村经济转型有关。为了说明这一过程,这里以农业为例。相比土地产权,土地的经济剩余是一个受关注不多但很重要的问题。[1] 土地经济剩余是新的技术和组织进步的最大动力。与土地产权制度一起,土地经济剩余也决定了农业的劳动力投入(Arrigo,1986)。

传统农业(如普通淡水鱼养殖)的产出比基本生活所需多不了多少,远低于非农产出的数量。1984年,义村邻村一位农民用了两年时间辛苦耕作才积攒了1万元,成为当地务农村民中最早的"万元户"[2]。与之相比,当时一个贩卖黄沙的生意人每月可赚700-1000元,一年就能成为万元户。况且,农民要想富裕,需要较大的土地规模,远远超出了当地的人均土地面积。当时,该万元户承包了15亩土地,其中10亩为鱼塘,另外5亩为甘蔗地、桑叶地。与此相比,在家庭联产承包责任制度约束下,义村的正常土地分配是人均0.5-0.8亩或每户3-4亩土地。一般农民所承包的鱼塘的产出只够应付家庭一年的日常开支。传统的鱼塘养殖利润非常有限。这有两个方面的原因:一是鱼种寻常,难以卖一个好价格。那时,义村鱼塘养的只是中国到处都有的"四大家鱼":青鱼、草鱼、鲢鱼、鳙鱼。二是鱼塘产量低。传统的养殖工具和饲料都很普通。青草是主要的饲料,而利用工具辅助手工作业。直到1990年代初,割草用的干草刀还很普遍。因此,男性农民通常更愿意从事非农就业,而不是养鱼这类生计。

到了1990年代,土地带来了前所未有的高额利润。鱼塘养殖经历了两个阶段的工业化:1990年代初鱼种从普通鱼变为高价鱼;到2000年代初,鱼塘改造变得集中。由于这些变革,1990年代一个鱼塘的年利润是普通工人工资的五倍。接下来的二十年里,该比率愈来愈大(见表4)。如今鱼塘的年度净利润已达到数十万元。

只是,农业的升级也使得集体土地的使用集中到少数富人手里,普通农

---

[1] 见 Arrigo(1986)关于革命前期中国土地生产率和土地所有制中集中度之间的量化关系研究。该作者优先强调土地生产率。黄宗智(2009)也强调有限的土地剩余和人口压力一起构成了过去和当代中国乡村发展的基础。

[2] 在1970年代末至1980年代,家有万元标志着经济成功。当时地方小学的老师每月工资只有30—50元,年收入是万元户的4.8%—6%。

民难以染指。仅在1990年代的十年里,土地承包价格飙升和鱼塘养殖的高风险,迅速使普通农民放弃了鱼塘养殖,并让土地集中到少数富人手中。作为一个成功的生意人,恒叔在1978年改革以后,以贩卖黄沙起家,15年里积累了约30万元的财富。到了1995年,他把所有的钱都投到鱼塘养殖中。1997年淡水鱼市场严重衰退,导致他投资失败并破产。之后的15年里,他干过各种各样的工作,或者受雇于他人,或者做小买卖。他曾给一个朋友打工,月薪3 000元。这个工资比他预期的低得多,所以他很快就回到村庄,买了一辆摩托车当摩的司机。他也试图在其他人的黄沙生意中做帮手,但月入只有2 200元。他也在义村工业区当修理工。如今他是义村最大集贸市场的管理人员之一,每月工资约2 000元。与他境遇相似的是,TD组元叔在1997—1999年的市场衰退中也赔了钱,成为一个领取月工资的普通村干部。之前他是一家砖窑的合伙人,1986年时就赚下10万元,并曾雄心勃勃地投资了另一个工厂。鱼塘养殖的失败对他影响很大:他目前不仅操心日常家庭开支,还得负担自己老母亲的医疗费用。事实上,淡水鱼市场的每一次萧条,都让自雇农家庭难以承受。元叔需要努力偿还之前两个鱼塘50万至70万元投资的亏空。

总之,1997年前后的市场萧条让大多数农民都退出了利润可观的鱼塘养殖行业,让塘田被那些有实力进行大笔投资并能抵御巨大市场风险的富裕农户以及拥有高超养殖技术的农民所圈用。一个被当地人称为伯父的普通农民就是例子。他虽然已经79岁,但还在一家私人出租公寓当门卫。他出生于1933年,目前与妻子一起生活,没有与儿子或女儿同住。到1990年代初,他一生中的大部分时间都花在鱼塘养殖上。在新中国成立之前,他家租赁宗族公地过活。新中国成立后,他在生产队的集体鱼塘继续劳作。1980年代,他承包了几个小鱼塘继续养殖。到1990年代初,他才不再养鱼,现如今是一名夜里看门的门卫。而他的儿子们则都在当地的工厂里工作,都不再"耕鱼塘"。

第四节　农民变为工人:劳动透支的延续

随着集体所有制土地使用权的市场化改革,农民逐渐成为工人,从新的非农部门中获得收入。尽管如此,农民仍然选择透支自身的劳动力,正如他们之前在农业时代做的一样。为了解释这种非农业增收的困境,这里需要讨论至今仍十分脆弱的非农就业现象。

一、新工人群体的构成

当代农村土地使用已经集中到乡镇企业家和富裕农户手中,没有能力用到土地的普通农民不得不努力在非农就业中获取收入。首先,大多数女性以及部分年轻男性都在工厂里工作,根本没接触过农业劳作。早在1990年代初工厂数量开始增加时,工厂的工资已经超越了女性所从事的其他劳动的报酬。在1980年代,普通工人一个月通常可以得到200-300元的工资,到1993年时略微超过了300元,如果算上加班工资,则有400-500元。到1998年时,工人工资已经增长到了800-900元,在2000年后更是达到了1 000元。与此相比,女性做刺绣的收入从1980年代到1990年代一直维持在120-260元之间。TD组一位刺绣品中间商在2001年不得不放弃她三十多年来的生意,去亲戚家的电子厂谋生计。很多男青年也去工厂做工。出生于1970年代的年轻农民一代以及那些20岁左右刚刚从初中或高中毕业的年轻人,也同样进入了工厂工作。尽管他们的工资增加到了每个月1 500-3 000元,但他们的工作看起来并没有什么上升空间。在义村的五金厂中,普通工人的升职通道就是成为一名技师以得到更高的薪水。然而,由于没有学历证书,也没有钱创立自己的工厂,他们很难从生产线上的工人升职为办公室管理人员。

建筑工地、饭馆与村委会劳务用工集中了当地农民放弃农作挣取非农收入的第二类路径。1990年代以来,义村建筑工人的工资一直在增长,2011年已经达到3 000元/月。他们中的普通工人每天能拿到100—120元,而技能熟练的工人每天能赚到150元。餐馆的厨师、普通的白领职员和村委会的巡防员,也能拿到2 000-3 000元/月的工资。另外,这些职业中有着明确的成长空间,使得农民们能够发展他们自己的生意。比如,当地有一个从小工做起的升哥,现在经营着义村70%-80%的建筑工地,甚至在邻村也有一些工地。另外,一位曾经干过厨师的农民,现在已经是义村最大餐馆的两位股东之一。

个体经营代表着第三类非农就业方式。20世纪90年代兴起的大排档生意就是一个例子。许多农民在街边搭起一个简易棚子,就开始创业了。二十年后,简易棚子不见了,到处是商店或餐馆门面房,供做生意的人(租赁)使用。2006年,义村村委会兴建了一个大型集贸市场,周围三面环绕各类商店。集贸市场中的生意类型和租金层次,如表5所示。与老集贸市场实行露天自由摊点不同,新集贸市场提供更丰富的买卖,包括自产蔬菜的临时买卖。

表5 集贸市场中的集体物业租金(2011年9月)

常规摊位	租金(元/月)	特殊商店或摊位	租金(元/月)
猪肉	2 500—500	临时摊位	110—30
鸡肉	2 500—400	手工工艺品区	
鱼肉	2 000—400	西部杂货区	1 200—400
蔬菜	1 200—200	东部夜市区	4 500
水果	3 500—300	北部商店区	1 500—790
烧烤	1 800—350	南部餐馆区	1 200—800
豆制品	600—400	超市	300 000元/年
鱼粮油	1 700—900		
冷冻食品	600—350		

数据来源:明确数字来自市场管理办公室的文件,而范围数字来自与管理人员和摊主的交流。

二、农民空前重视劳动力

传统小农经济中土地是头号问题。而在一个以非农就业为主的时代,无论贫富,农民最关心的经济问题集中于劳动力。这一观点不只在普通农民那里非常普遍,在农民企业家群体那里也根深蒂固。

在市场所催生的土地使用权的圈占中,义村的普通农民要么以雇佣劳动获得薪酬,要么自雇取得收入。当下他们倾向于精确配置自身的劳动力,以最大化工作中的酬劳。相比于传统农民家庭中盲目而无规划的劳动力配置,现代工业部门中的劳动力是精确设置的[1]。在乡村工厂中,农民习惯了计算投入—产出比例,并追求最大化的收入,由此实现自身劳动力的价值。现实中,除了工厂的工人以外,自雇农民的收入也是通过月收入加以估算。例

---

[1] 就资本主义经济的界定而言,其本质在于利润如何最大化。作为最为理性的生产系统,资本主义生产明确包含了投入—产出比例计算中的四个因素:货币、土地、劳动力和信用。与资本主义经济相比,小农经济无法计算劳动力,因为其家庭组织的逻辑非常特殊,无法与利润最大化的目标兼容。后者贯彻的是总收入的最大化。资本主义与非资本主义生产两相比较的话,小农家庭远不如资本主义公司有效率,但是它还是可能比后者更有竞争力,因为它在总收入最大化的前提下能够承担效率的损失。具体见黄宗智(Huang,1990)的研究。

如，B南组一个卖鱼的小贩就把自己做生意的情况与他哥哥之前所做的工作进行对比。其兄培哥在描述弟弟的经济成就时说："他每个月能挣3 000元。"

收入观出现的第一个表现就是在工厂工作的农民开始精确计算他们的工作时长。家中承包了鱼塘养殖的妻子描述了她工作的厂子如何每周都因为电力短缺而强制关闭一到两天，这让她的薪水也因此受到损失。在当地，工人工资通常是以他们在工厂工作的天数计算的。之前她一个月休息两天，但现在她起码有四天或更多时间因为断电停工而无法工作[1]。对此，她也表达了自己的焦虑："只有工作我才会有工资，不干活的话一分钱都没有。"她抱怨说，2011年6月的前半个月里，算上端午节在内，自己已经在家待了四天。比起在家过节，她宁愿在工厂工作赚更多的钱。

另一个现象是，由于要实现劳动力的经济价值，性别关系变得更加实用化。在义村，家庭分工就根据新的非农就业的需要而调整。如果妻子白天去工厂工作，有空闲时间的丈夫就会担负起家务。阿军的妻子全天在工厂工作，而阿军作为村委会的普通办事职员，相比妻子有着更多自由时间，于是他就担负起大部分的家务劳动。为了获得更多报酬，阿军的妻子还常常在工厂加班到晚上九点。所以从1994年开始，家里就一直是阿军在做饭烧菜。相似的情况也发生在另外一个家庭中，即元叔家。他们家有五个做工的人。元叔是村委会的一名普通委员，他在家里也负责买菜做饭。他的妻子、女儿、儿子和儿媳妇都在工厂工作。通常，几位做工的人中午会回家，快速地吃完元叔做好的饭菜，再到楼上短暂地午休一下，然后准时回到工厂继续工作。这种生活方式看起来并不像传统家庭那样，妻子待在家里照顾其他家庭成员。以前，比如1980年代，妇女们只能留在家里做做刺绣，因为那时她们难得有外出就业获得非农收入的机会。

第三个现象是，农民通过频繁的跳槽来为自己的劳动付出谋取更高的报酬。阿军的妻子在大概15年的时间里换了不下10家工厂工作。大多数工作地点都是五金厂，其中她也曾在一家制衣厂工作过。因为各种原因，通常是嫌工资太少，她经常在一个工厂工作几个月或一年多点就跳槽到其他工厂。

另外，仔细计算劳动力的投入—产出的做法在其他日常家庭事务中也普遍存在。转变为工厂工人的农民以未来的回报来衡量当前教育投资是否划

---

[1] 根据访谈，当地相当一段时间内电力紧张。等到用电高峰期时，工厂用电就每周停一天。

算。垣叔的女儿曾经为了一份报酬可观的工厂工作而放弃了高校学习的机会。大概在1990年代,她通过了高考并收到一家高校的录取通知书。同时,她也在一家寻呼机传呼公司找到了一份工作。为了每月一千多元的薪水,她放弃了大学求学。她说:"既然我毕业之后还是要找工作,为什么不抓住现在这个呢?"述叔在2000年代供养自己的孩子接受高等教育。他也认为,真正的当务之急是要尽快找到机会挣现钱,而读完大学(大专)拿到毕业证就是教育投资的极限了。

当农民们在日常生活中习惯于审慎配置劳动力以增加收入时,乡村企业家更加强调雇佣劳动的工作效率。德叔是一名退休的乡村医生,现在他经常去儿子的工厂给工人们看病。他解释说,他的医疗工作能够减少工人们病假或伤退,这对于家庭生意是有好处的。随着这一地区工厂劳动力普遍短缺[1],工人的病假伤退可能会妨碍日常生产进度,尤其是他们家工厂已经采用流水线作业。德叔定时的看病治病有效地保证了伤病工人能够恢复并继续工作,因此是对自家工厂的一个助力。

三、农村地区非农就业的困境

尽管较发达地区传统农业可能会消逝,但农民的一些习惯性生计选择仍然在工业时代保存下来。其中之一是收入最大化。无论有无土地,耕种与否,农民都尽可能地投入尽可能多的劳动来追求收入最大化。与传统农业中模糊的劳动投入相比,非农业部门中的劳动投入和回报更加精确,工厂工作尤其如此。在计时薪酬制下,无论日常工作还是加班劳动,工人都会获得相应的报酬。但是,农民们还是希望用尽所有劳动以赚取最大化的收入。结果,农村工厂主利用了这种情形,通过安排超时工作以榨取劳动力。而为了获得尽可能多的收入,农民也接受这样的安排。由此,工厂主们在工人们的超时工作中得到更多利润。

首先,自雇农民普遍采用超时劳动策略。在义村,许多农民通过夫妻合作的方式经营摊位或者小餐馆生意。每天清晨,在义村菜市场经营一个猪肉摊位的摊主——外来人员小陈——就会去屠宰场买回猪肉,然后让他的妻子进行售卖。中午的时候,他的妻子回家做饭,小陈就看管摊位。晚饭时候这

---

[1] "广东农民荒背后的真问题",《羊城晚报》,2007年3月2日。http://www.southcn.com/opinion/gd/200703020631.htm。

种轮班又再次发生。这对年轻夫妇仔细地计算着他们的收支,不知疲倦地进行劳作。根据他们的经验,他们每天要至少卖掉一整只猪才能保证生计。在这个生意中,他们每天都要竭尽全力,为得到最大化的收入而努力。

其次,乡镇工厂中普遍存在工人超时工作的现象。义村及其附近村庄就是如此。工人们大都希望工作中加班加点,甚至公共假期也能开工上班以赚取额外收入。为了赚取更多加班费,阿军的妻子宁愿连续好几年都是每天工作到晚上九点。她不喜欢工厂到周末就关门停工。相比较而言,培哥的妻子比她更加焦虑。因为电力短缺,培哥妻子所在的工厂到了夏季每周都会关停一到两天。为此,她牢骚满腹,因为这减少了她的收入。在电力短缺之前,她每个月一般只休息两天。

而劳动力超时使用最极端的例子体现在加工制造业工厂的承包生产式之中。当地的加工制造工厂很多这样运行:有技术的师傅跟工厂主签订生产承包合同,工厂主只需要根据达标商品的产量支付相应的承包费用即可。承包收入就是包工师傅的收入。后者负责制订生产计划,组织生产,以及招募下属工人并向其发放工资。这种通过批量化的快速生产获取利润的承包式生产在该地区五金加工厂中非常流行。依据合同,订单生产中的每单位产量的利润非常微薄,以至于包工头总是倾向于雇佣最少的下级工人以减少劳动力成本。结果就是,包工头通常带上妻子,就两个人工作,并且只有在两人忙不过来的时候才会雇用第三个人。例如,义村工业园区有一个技术师傅和他的妻子承包了某螺丝钉工厂的一个车间。他们俩需要同时操作大约20架机器,并且在一个月内持续长时间工作,以生产出2 000万至3 000万个螺丝钉。生产出的螺丝钉越多,他们的报酬就越多。由此,他们俩每个月大约能赚6 000元。尽管它比一般的工厂工作增加了1 000元至2 000元的收入,然而当地村民都知道,这样的工作实际上是个苦差。当地夏天炎热,车间温度高得吓人,哪怕装上六个大电风扇对着吹都无济于事。

农民们选择超负荷劳动的状况意味着非农就业中的一些困境。大多数的农民在从事非农部门的工作时收入有限,一般来说会低于从事高附加值农业的收入。基于高风险和高投入的市场化竞争,新型农业中的土地使用被富裕农户所圈占。因为普通农民依赖非农就业获得收入,所以他们重视自身劳动力的安排合乎理性。他们超负荷劳动的策略也是根植于非农收入的不稳定。

首先,乡村社会中的非农部门收入非常不稳定。除了自雇的个体户的收入不稳定之外,乡镇工厂中的工人的薪酬也频繁变动。这在加工制造业的承包式生产中显而易见。工厂里的包工师傅和普通工人大部分是外省来打工的农民工。在上述情况下,他们的收入与生产绩效挂钩。如果没有达到合同标准,包工师傅和他的下属工人就只能辞职,并去其他工厂找活干,且不论他们是否承担其他方面的经济损失。在当地加工制造行业,顾客在向众多小工厂下订单时,要求愈来愈严苛。比如阿军的妻子钟太所在的加工厂的产品就经常因为质量不合格而被退回。事实上,承包师傅和他的团队时常会为了更高的报酬而主动跳槽。据她所言,一般普通工人在经过几年的学习,技能变得熟练后,往往会为了更好的报酬跳槽到其他工厂工作。

其次,即便一个工作单位中的正式工人,工资也不稳定。许多正式工人是在一个单位工作了多年的本地村民。他们对生产停工的关心其实是源于收入水平。因为他们拿的是计时工资。只有上班他们才能有工资收入,而缺勤是没有报酬或补贴的。只要工厂开门,哪怕订单很少,工人们无所事事,也可领取相应的工资收入。作为一名仓库管理员,钟太就有过很多次这样的经历。

最后,相当多的行业中,工人的雇用情况也很不稳定。除了各类加工制造工厂,餐饮业与建筑业通常也在雇主与工人间引入承包制度。在餐饮行业,一个技能熟练、人脉丰富的主厨可以承包下餐馆的整个后厨。他自己招募帮厨,组建自己的团队。建筑行业也是一样。包工头组织自己的团队,并向其成员支付工资,同时还需要寻找客户争取建筑项目。然而,承包式就业和收入本质上十分不稳定。宋师傅是一名有着 15 年以上从业经验的厨师。他告诉笔者:一个厨师被辞退通常是因为厨艺糟糕,但有时也可能是因为厨艺太好。这是因为每间餐馆都需要持续地更新自己的菜单,而主厨和他的团队如果不能够持续推出新菜式的话就会被辞退。因此,厨师一般每隔几年就要变换工作单位。同时,包工头升哥告诉笔者,因为项目不够,他手下的工人每个月至少有五天在休息。作为义村最大的包工头,哪怕工作再苦再累,他也希望一个月有 30 天都在干活挣钱。

非农就业确实改善了农民们的生活。他们不再依靠传统的农业来维持基本生计。义村超过半数的农民都已经进入了工厂,凭借劳动力获取收入。然而,非农就业部门似乎在促进农民脱离传统农业并转变为工人方面做得还很不够。农民们在继续超负荷劳动,正如他们在传统农业中所做的那样。这种持久存在的经济现象源于非农收入不稳定,还不足以倚仗。为了应对变动不居的薪资与工作单位,农民们只能在变动发生之前尽量获取更多的报酬。

由此可见,他们在非农行业的处境一如之前在传统农业一般,收入始终不稳定。

收入最大化的经济理性贯穿整个农村。在义村,即使是处于第二富裕集团的、从事高附加值淡水鱼养殖的农民也是采取相似的经济策略。很多农民以自雇方式从事鱼塘养殖。除了要求巨大的经济投入外,养殖也是一项特别辛苦的工作。有些养殖场老板会雇用工人干活,也有很多塘主选择自己干活。农业中的雇佣现象最早始于20世纪90年代,工人多是内地省份来的农民工。同时,还是有很多当地农民选择自己单干或者跟朋友合作一起干。他们的合伙多基于资本或劳动力投入。例如,几个人合伙承包一块以上的鱼塘(义村承包最多的有7—8块),然后在劳动中也分工合作。渔业养殖的日常工作非常繁重:鱼苗繁殖、渔场维护、水质控制等等。一名成年男性农民可能需要非常努力才能照管好一块鱼塘,但是如两个成年男性合作的话,照管两块鱼塘也会相对轻松。有些较为特殊的例子,例如培哥,他一个人照管了两块鱼塘,这无疑是非常辛苦的劳作。晚上,他就在鱼塘边上的一间小棚子里睡觉,而白天的工作安排如下(图3)。

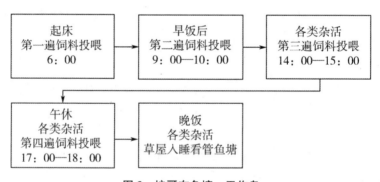

图3　培哥在鱼塘一天作息

培哥一天要投喂四次饲料。中间有所间隔时,他也总是争分夺秒地完成一些杂务,例如修补工具、撒防疫药、铺设电线、修补鱼塘周边栅栏以及割杂草等,所有这些工作都是他一个人完成。他说,为了家庭他才如此拼命挣钱。他的独子就要退伍回乡,不仅想进村委会发展,也要成家,都需要他提前做准备。

第五节　农民对集体经济组织的持续依赖

一、义村农民的社会保障制度

因为村集体提供一些关键的福利和社会保险,村民们继续依赖于村集体部门。在改革时期,国家不再提供社会保障,反而将福利责任转移给了市场、地方政府和家庭,由后者来提供(Saich,2008)。某些村集体一如毛泽东时期那样,继续向农户提供大部分社会保障及其他集体福利(Hu and Saich,2012;Tsai,2002)。与村集体的福利相比,过去三十年间,义村的工人们鲜少从市场中获得经济救助。义村当地企业很少提供社会保险,在工伤及医疗方面尤其如此。工厂主们常常只会购买最低额度的保险供员工共同使用。任何一个人发生紧急事故时,就都可以用。笔者从一位被访者处得知,如果一间工厂有 100 名工人,老板仅仅购买十人份的工伤保险,这样任何一个工人受伤都可以使用。

更有甚者,当工厂里的工人受重伤时,老板们还逃避责任。2010 年,一名来自四川的女工人在工作时一根手指受重伤。老板只为她支付了急救的费用,之后却拒绝支付其他补偿金。后来,经过义村村干部调解,这名女工才获得了 1 200 元作为最后补偿,而这远远低于国家法律所规定的补偿金额[1]。就工厂主而言,他们不愿意工人生病或受伤。正如在儿子工厂中帮忙的退休医生德叔所说,生病的工人因为停工对老板造成的损失远大于他自己受到伤害的赔偿。因为义村大部分工厂都采取流水线生产,工人的缺席必然会对整个生产造成不利影响。因此,作为一项预防措施,德叔会及时到工厂里,为工人看诊治疗,防止他们因伤病而离岗。为了吸引工人到他那里看病,他通常采用最便宜的诊疗措施。

在义村农民的养老保险方面,地方工厂也是贡献寥寥。缴纳养老保险的数量比工伤和医疗保险还要少。即使工厂主能给手下工人购买养老保险,那也仅限于几个能干的工人。不仅是工厂工人没有养老保险,就连在村集体组织工作的村干部很长时间内也没有养老保险。直到 2003 或 2004 年后,这个

---

〔1〕 参考《工伤保险条例》第 37 条"职工因工致残鉴定"中的赔偿金数额及条目。村委会与工厂老板合谋,削减了受伤工人的合法赔偿。

情况才有所改观。

因此,农民特别重视政府设立的保险项目,以应对疾病或养老问题。在顺德地区最有影响的保险项目是由顺德市政府设立的养老金。该项目允许市所有在籍的60岁以下居民参加,不论农民还是工人,不论被雇就业还是自谋生路[1]。保险缴纳期限为十五年,或者参保人一次性缴纳五万元进行投保。保险支付额度略高于每月900元。义村有位老人因为超龄而失去了顺德政府养老金的购买资格,为此一直懊恼后悔。现在他只好指望两套房产投资,靠房屋租金过活。

另一项养老金计划则完全由义村村委会创建。从2001年开始,义村集体为所有55岁以上的村民提供养老金,每人每月可以得到60元补助。这项补助前后涨了6次,最终在2011年达到了300元。这项集体养老金帮助当地的农民解决了养老问题。譬如,一个因为超龄而错过县政府养老金计划的老太太,就因为本村的养老金计划而大大缓解了她的养老问题。

在医疗保障方面,农民鲜少能够享受到相关的保险或福利项目。即使村集体在这方面有所涉及,其保障水平也很低。事实上,义村建立了集体医疗系统。该村诊所先是依赖于生产大队后来依托村委会供给资金。2006年以后,情况发生了变化。该村集体诊所被纳入城镇医院系统之中,成为其在农村的一个支点。至于医疗保险,义村村民直到2000年代才进入若干公共医疗保障计划之中。

(1)新农村合作医疗是国家于2003年实施的一项医疗社会保险计划。

新型农村合作医疗项目主要支持农民的住院花销:从2003年开始,中央政府每年每个居民补贴20元,而居民每人缴纳10元。到2011年,中央政府的标准提高到了200元,且住院病人的报销比例预计可达到近70%。

(2)顺德市政府于2007年设立了一项医疗保险计划,报销所有本地居民的门诊费用。

市政府的保险项目也在覆盖本地居民门诊费用的基础上,进一步补贴住院费用部分。2011年,该保险计划将个人缴纳的费用提高到了256元/年。但同时,不论住院开支多大,门诊报销的比例都达到80%。

(3)义村也为本村居民提供医疗津贴。凡医疗费用超过1 000元的就可

---

[1] 这与中央政府设立养老保险计划时按照户籍分为城乡二元划分,以及按照就业与否再分为职工和居民养老的做法相比,先进很多。

以享受一些补贴。虽然有中央政府和市政府的医疗保险制度支持,义村的一些家庭还是因某些特重大疾病而为高昂的住院费用发愁。此时,来自村集体的医疗补贴就显示出来其特有的重要性。譬如,笔者曾在T东自然村的村中心附近看见一个中年男子带着他生病的妻子向村主任元叔询问村集体推迟发放医疗补助的事情。

义村还成立了其他多个资金补贴计划,并对本村基础设施进行大量投资建设。村里设立了一个教育基金,以嘉奖那些在高考中取得好成绩的学生。2010年,被大专院校录取的学生能够获得600元的奖励,而考上本科院校的学生则能够获得800元。村里还在其他方面提供专项补助,涉及重病、死亡、贫困、入伍等。2010年,该村公共基金为本村陷入贫困或有患病情况的家庭提供了共计1 089 222元的补助。村里还向本村入伍新兵支付了共计198 000元的"工资"。除此之外,村委会还为9个村小组投资新建配有篮球架的一个中心广场,并沿着中心河流兴建了许多小公园。

二、义村土地股份合作社的产权制度及其变迁

农民对集体保险计划的经济依赖,其前提条件是集体股份社的经济状况良好。目前义村集体经济的主要收入来自转让土地使用权获得的收益。正如柏兰芝(Po,2008)所揭示的那样,基于土地的集体所有原则,土地股份合作社这类组织的创立就是为了进行土地使用权转让。

土地使用权转让的结果之一就是富人圈用了大部分的土地。基于个人职业差别,农村人口出现了分层。粗略来看,义村耕地被20%最富裕的家庭所使用(表6)。

表6 义村农村家庭的社会分层

	T东村	B南村	义村总计
开工厂	3—4户	至少10户	约160户
有雇佣的生意	7—8户		
承包鱼塘	3户	17—18户	约110户
受雇或自雇		共153户,其中50%是受雇,20%-30%做小生意,3-5家拿低保	约1 300户
普通农户使用耕地比例		约20%,不包括自留地和宅基地使用情况	约20%

数据来源:所用数据来源于笔者访谈和参与观察。

不论是村集体的经济繁荣,还是富户圈用土地,他们都源于土地使用权的顺利流转。它要求对土地资源进行精准配置,而这正是集体土地工作的核心问题。

20世纪80年代农地使用权流转多发生于个人之间。与此相比,当下的农地流转的处置逐渐集中到村干部手中。事实上,1984年后,农村改革就使得农民拥有在15年的承包期内转让其土地使用权的权利[1]。在承包期内,他们可以自主安排如何使用土地。农民们不仅自主安排农业生产,如种植什么、怎么耕种等,而且对农地使用本身也可自由处置。每个家庭独立决定是否保留农地并进行农业生产,抑或是将农地私下里转让给他人,只要符合农业用途就可以。

自从改革开放以来,私人土地转让在义村及其周围村落已经司空见惯。出生在义村旁边镇上的一位妇女介绍说,早在1980年代的时候她的父母就不再养鱼了,因为生产队开始采用公开竞价的方式将鱼塘承包出去以增加鱼塘租金。在那个时候,如果有人不想再务农,就可以将鱼塘使用权转让给同村人,然后从后者那里定期收取租金。另一种农民间的自主转让是土地互换。1982年,义村邻近一个村子里的农民用他的8亩地与另一家的10亩地交换。在他的村子里,土地调整按照家庭人口平均分配。这位农民想多耕种一些土地,同时另一个稍大的家庭则不想要那么多的土地,因此两家进行了交换。这种潮流在家庭鱼塘养殖兴起的1990年代早期表现得很明显。义村中很多像述哥一样的富裕农民从同村人那里私人购买鱼塘以扩大养殖规模。

中央和地方政府在农民自主处理土地使用权的问题上面并不一致。中央政府通常希望巩固农民在农地使用中的权利。1993年,中央政府再一次将农地使用期限从十五年延长为三十年[2]。2008年,又规定农民明确成为土地转让中的第一主体[3]。他们可以签订转包合同,转让、出租、交换及合作经营土地。更为重要的是,这些都是基于他们个人的自由意志。但是,地方政府并不一定维持农民在土地使用中的处置权利。1993年开始,通过成

---

[1] 中国共产党中央委员会《关于1984年农村工作的通知》,1985年1月1日。

[2] 中国共产党中央委员会及国务院《关于当前农业和农村经济发展若干政策措施》,1993年11月5日。

[3] 中国共产党中央委员会《关于推进农村改革发展若干问题的决定》,2008年10月12日。

立股份合作社,义村农民转让土地的自主决定权就此被取消。根据村干部的计划,在原生产队的基础上成立了九个合作社,将农地从农民那里收回实行统一开发。从1993年到1996年,通过农地的非农转让,村委会的收益开始增加。例如,T东村将本村南边和北边的几块土地卖作住房用地。这些交易带来了很多收益,本村组农民也得到了一些分红。与此同时,T西村和A龙村分别建立了两个工业区以容纳新的工厂,由此得到更多收益。更有甚者,集体合作社通过缩短土地租期来加快土地出租的频率以获取更多收入。义村干部将国家的30年土地承包期分割为3年一轮的土地租期,由此实现对土地的自主调度。为了将土地供应给那些能够提供更高价钱的有竞争力的农户,村干部对土地租期做了三处调整:通过快速转让变固定使用为流动使用;在签订承包合同时采用公开竞价;改长承包期为短租期。综上,基层干部的所作所为与巩固土地租期的国家政策相背离。

  村干部土地处置权衍生于土地集体所有制,却容易与村民们的自留地及墓地所有权发生冲突。自毛泽东时代的集体公社制度以来,农民完全拥有和支配自留地,以种植蔬菜等来改善生活。它与一般耕地不同,为农民私有。农民对这部分土地有完全的自行决定权,而且不用缴纳相应的农业税、强制性的国家公粮(主要是谷物)以及政府或地方行政费用。这部分土地很少受村集体控制,其一年的租金从每年10元到100元不等。但到了1990年代,义村的部分自留地地块被用于工业区项目。作为补偿,村委会将位置偏远的一块土地分给了T东队。T东人对此一直愤愤不平。通常自留地都分布在生产队或村组居住地的周边,距离较近方便耕种。由于T东村的新自留地路途遥远,本村人只好闲置这块土地。同时,他们将怒火洒在T东生产队长元叔头上。他们公开指责元叔丢掉了他们的自留地。土地产权争议在1994年村里建设第一个工业区的时候再次发生。原有的墓地区域在工厂用地规划之内,原有家族坟墓被迁移到一个位于相邻乡镇的大型公墓当中。如今村民们去祭祖需要一到两小时的车程。当时每个迁移的坟墓补偿了200元,但有传言说当时相关村民们对这种安排并不满意。

  1997年股份合作社的合并体现了村干部对土地处置权的进一步掌控。之前九个各自独立的股份合作社及它们独立的集体财产都合并起来,并交由行政村干部集中管理集体土地。如今所有土地都由同一个股份合作社全权运作。事实上,成立新股份合作社最初仅仅是几位村干部中的领导者的提议。在后来的执行过程中,行政村的村干部只与九个村组的干部协商以得到其支持。与他们相比,普通村民几乎没有参与此次村集体经济的调整。正如T东队队长介绍的那样:"合作社的合并就是几个行政村干部的主意。九个村组队长同意后就实行了。村民们对这件事情知道得不多,所以也几乎没有什么反对。"

村干部和普通村民之间在土地处置权上的绝对悬殊在村股份合作社重组后继续存在。像党支部书记这样起领导作用的村干部有能力在土地开发过程中发起并落实他们自己的工业计划,而普通农民却很难再有自由处置土地的机会。例如,这些村干部在1997年制订了一个长远规划:他们决定大规模投资铺设水泥路,建立工业区,兴建各种不动产如冷库、工人宿舍楼等,"外工楼"即为外地工人建的宿舍楼。义村书记和村主任找到几个本地商人并借到二百五十万元。经由这几个村干部和商人的操作,如今这个合作投资项目的利润已经十分可观。但在一开始的时候,这个项目曾一度遭到大部分村民的质疑。

通过股份合作社,由于村干部从普通村民手中剥夺了其对土地使用的自由决定权,村干部不恰当配置集体土地资源看起来也就不可避免。例如,土地非农使用的转让价格决定权就落在村干部手中。对此有时候他们还会对普通村民有所隐瞒。据义村中一些工厂主和普通村民所说,工业用地的价格大部分都是按照几个村领导的个人意见定下的。在这些小范围干部会议上,如果其中一位村负责人提议某一价格而没有人反对的话,这个价格就这么决定下来。可怕的是,没有一位受访者确切知晓本村工业用地的总面积。近些年来,一些村干部通过暗箱操作,将许多工业用地以外人无从得知的价格和面积转让给了商人。同时,他们又从商人那里获得礼品和其他贿赂。正如一位正在迅速发达的工厂主所说,一到节假日或其他吉庆日子,去村干部家里送礼或送钱的商人都络绎不绝。

总而言之,村集体组织缓解了农民在非农就业方面的一些困境。由于农民们某种程度上获得了村集体合作社所提供的社会保障和福利,减少了劳动中的风险,因此他们对于村集体经济的依赖也就一直在继续。但是,村集体经济在村干部问责方面也面临着一些问题。在这个意义上,除非村干部能够进行更严格的问责,否则村集体经济也会面临风险。

第六节 小 结

农村经济的多样化发展显著地促进了农民们的非农就业。在这样一个市场主导的经济转型期,农民们的收入增加了。他们不再务农,转而成为工厂工人。这就是当代农村经济最主要的趋势。

就土地使用而言,普通农民很难获得高利润的土地开发机会。通过公开招投标等市场竞争,同一个村庄的农民也产生了分化,最富裕的农户圈占了利润最大的土地开发机会。那些通过非农就业的普通农民想要得到一块工业用地或有利可图的鱼塘非常困难。尽管土地还是集体所有,但传统农业时期平等的土地使用却不复存在了。此后,普通农民只能完全靠他们的劳动力为生了。

同时,依托发达的非农产业,农村经济虽然日趋繁荣,但依然有农民陷入窘迫境地。由于非农经济依然不够稳定,农民们倾向于过度使用自己的劳力。在最终收入可以预期的时候,农民们情愿最大限度地付出劳动以获取最多的收入。因此,在当地工业生产中,农民们渴望每天加班工作、每月全勤工作乃至按照包工制度工作。与过去传统的农业耕作的"牢笼"相似,如今的他们仍然很少有自由活动的空间。

村集体经济有助于农民解决一些经济困境。农民对集体组织的这一依赖源于工业生产中社会保障的短缺。农民异常珍视其劳动力,但他们从雇主及地方政府那里获得的社会保护和福利太少。乡村工厂主应该承担工人在社会保障方面的直接责任,政府相关部门也应该对工人在工伤、疾病、养老等方面的风险给予一定保障。在义村,集体组织对其成员作出了有限的但又很关键的贡献。村集体在养老、医疗等方面补助项目为村民提供了社会保障的底线。

笔者发现,当农民进入非农就业并由此解除了对于农地的依赖之后,他们对于集体组织的最后一点经济依赖便显露出来。村干部们通过剥夺农民的土地处置权实现了对非农用地流转的集中控制。但在集体组织中,村干部排他性地控制公共事务的同时也存在一定程度的腐败。他们甚至故意向村民隐瞒一些公共议题。而这些所以能够实现,正是因为农村土地的集体所有权容易导致干涉土地使用权,尤其在前者难以明确界定的情况下。

总的来说,考虑到不稳定的非农就业和参与性低的集体组织状况,目前的农村经济还存在相当风险。农民们为获取更高收入而离开农地的同时,也需要对村干部的权力加以约束以确保集体组织的稳定运行。

第五章

村庄机构中农民的公共参与：
脆弱的集体平等主义

农民们能否在股份合作社中保持平等主义相当值得怀疑。在股份合作社阶段，集体平等主义一直得以延续。尽管如此，农民逐渐不再依赖土地生产，其个人的土地处置权也集中到少数村干部手中，使得这种平等主义分配变得不可持续。在改革开放早期，农户强烈要求土地平等使用，并且促使土地周期性再分配以维护土地使用权的平等。在当下的情境下，大部分村民不再直接使用土地，也不再处理集体土地。而且，土地出让的收益也是由村干部直接控制。

实际上，农民们不得不面临这样一个现实：转型经济中集体及国家部门的公共财产私有化现象到处弥漫（Putterman，1995；Walder，2003）。在原则上，村干部作为集体代表在村中政治及行政组织中处理公共事务，尤其是涉及集体组织中的财产和收益处置方面。农民们委托村干部管理和维护公共利益，但结果可能相反：有些村干部没有执行村民们的意志，反而将集体财产据为己有。

村干部对集体经济的控制在乡镇企业这个领域中清晰地展现出来。村干部们全力地促进乡镇企业的发展（Oi，1992、1995）。除了有利的国家政策和更充分的市场竞争，地方政府和基层干部被认为是乡镇企业发展过程中的另一个关键因素。受本地税收和个人利益的激励，村干部往往全力促进集体企业的发展。

但是,很少有英语文献研究村干部对于农村土地经济的影响。过去对村干部如何影响土地收益的研究中(Ho,2001;Hsing,2010;Li and Ho,2005;Sargeson,2011),学者们大多集中关注基层和中央政府之间的互动。与国家相比,在土地议题上,村干部的角色在地方—中央政府的关系中似乎边缘化而显得模糊。另外,其他一些研究认为,由于1990年代末期乡镇企业的衰落(邱泽奇,1999),或乡村土地制度的去集体化(古学斌,2007),村干部在村庄公共事务中的权威已经衰退。但是,义村却是一个相反的情况。接下来,本章将展示义村的村干部依然大权在握并有意地操纵集体土地经济。

到了土地股份合作社阶段,为了防止村干部侵犯公共土地利益,义村的农民们亟须控制村庄公共事务,以分享由土地流转而来的公共收益。这一现象可以通过对大众参与的评估来进行。在第二章第三节讨论过,农村公共参与意味着农民在公共事务上"表达意见及施加影响"。本章将特别聚焦于农民们是否真正实现了土地收益的平等分配。

具体来说,农村公共参与涉及三个方面的问题:

第一,在改革时代,村民们是否真正参与到村庄政治及行政事务中来?这个问题关系到农村社区中政治和行政权力的分配。通过考察农民在村庄政治和行政事务中的参与,便能清晰地阐释他们在维护平等主义原则上所拥有的力量。

第二,即使村民们参与到了农村政治及行政事务中,他们的这种参与能够保持下去吗?本章将详细阐释政治经济转型对村民权力的影响。

第三,分析农民在股份合作社和其他集体组织中的参与和决定权。笔者将进一步检验,过去改革开放四十年间,农民是否对股份合作社和乡镇企业有所控制。

为了阐释村庄自治中的权力分配,本章首先分析一般的村庄组织,然后介绍村民参与其中的主要政治程序,最后考察村庄行政组织的经济基础。第一个方面是指乡村中政治及行政权力的来源,这是对静态的乡村组织的分析。第二个方面是详细解释大众政治以考察农民及村干部的力量强弱,它是指村级组织之外普通村民进行公众参与的场合。最后将讨论村庄事务背后潜在的动力机制,主要指经济方面。

通过这些分析,笔者认为在改革时代农村转型的几十年间,村干部依然继续紧紧掌握着村公共机构和集体企业。由于一些村干部有意地将公共收益据为己有并限制村民们在公共事务中的参与,集体平等主义在股份合作社阶段变得十分脆弱。

第一节 村干部控制村庄正式组织

一、村庄政治和行政权力的分配

农村政治组织主要由两部分组成:承担行政功能的村民委员会和党支部。依据法律[1],村民委员会是大众自治组织。它通过当地村民的直接选举而成立,作为一个行政实体来执行国家政策。与此同时,党支部代表了另一种政治权力,按照中国共产党章程,每个村庄都有一个党支部。它名义上是当地自己成立的,但实际上是需要上级党组织自上而下批准的[2]。二者之间的关系是村民委员会接受党支部的领导。有些地方,村支部书记同时担任村委会主任,副书记则承担副主任的工作。

就村委会而言,它名义上处于政府系统之外,但事实上它承担了许多公共行政功能,成为公共行政组织的最底层单位。正式的政府组织是由人民代表大会这个立法机关选举成立,而村委会则是通过村民大会或村民代表大会这些非立法性的自治机构选举出来的。尽管它的运作是自治性的,它依然承担着国家所委托的公共责任:国家授予它"协助镇政府履行职责"[3]的责任。在毛泽东时代,村委会的前身生产大队就已经作为公社政府的基层行政单位在运作了。从 1983 年开始,村委会继续履行这方面的行政职能。

同时,村级党支部具有自身的权力,同时服从上级党组织的命令。由于中国共产党掌握着国家权力,它的基层党支部也掌握着农村社区的公共权力。因此,虽然村委会并不属于政府组织,但村党支部直接从属于国家权力系统。而且,党支部有几个常设职位,以便领导其他党员。几个履行不同职

---

[1]《中华人民共和国村民委员会组织法》,1987 年 11 月 25 日(2010 年 10 月 28 日修订)。

[2] 至少三名党员先提交申请,之后由上级组织审核。

[3] 中国共产党中央委员会和国务院《关于政社分开建立乡政府的通知》第 5 条,1983 年 10 月 12 日;《中华人民共和国村民委员会组织法》,1987 年 11 月 25 日发布,2010 年 10 月 28 日最新修订。

责的常设职位组成了一个权力等级体系,这就构成了党支部的核心。

与国家政治机构一致,义村的正式组织完全受党的领导。村委会有三名核心领导,即主任、副主任和妇女主任,这三人也是党支部排名前三位领导成员。其他几位委员主要负责具体的行政事务:集体财产办公室一人、治安委员一人、会计一人、出纳一人。但是,最后这四个人不会在党支部中担任职务。同时,党支部的常设职务有五个:书记、副书记和另三名成员。尽管前三位会一直占据村委会的最高职位,后两位则分别负责一般的行政事务。也就是说,他们领导自己职权范围内的相关行政事务的村委会普通委员。例如,龙哥作为党支部的第四名成员,负责公共治安、民兵组织和公共基础设施等,而第五名成员则负责村庄工业的相关事宜。

总的来说,改革时期的农村政治权力既来自党也来自自治组织(见图4)。其中,政府部门会要求和委托村级自治组织承担相当多的公共行政职能。另外,上级党组织下达命令给村级党支部,五位主要领导也主要由上级培养和选拔。党组织通过其成员任职主导着村委会。至于党和人民群众的关系,党作为"工人阶级的先锋队",党集中代表和反映人民的利益,并领导人民进行各方面建设。根据党的章程,党是由工人阶级中最先进的要素组成,代表最先进的生产力。在村庄中,虽然与村民保持着密切联系,接受村民和普通党员的监督,但党支部首先致力于发挥自己在村庄中的领导地位。

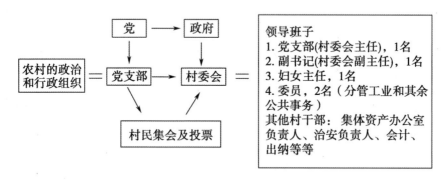

图4 义村目前的正式组织结构及构成

二、农民的大众政治

在大众政治领域,通常村民对村庄公共事务的作用是模糊不清的。其中,村庄首要的大众政治是村民选举。村民选举从1987年开始,长期来看它的作用始终不确定而模糊不清。它甚至导致一些较悲观的研究结论,如公众参与并没有随着自治性民主选举或市场主导的经济增长同步发展（Oi and Rozelle,2000）。

在义村,大众选举对村干部的影响是很微弱的。1970年以后至2011年,四十年间义村只有两任村支部书记,而且他们两人都兼任村委会主任。第一任支书兼村主任在任时间是1970—1994年。从那时起到2011年,第二任村支书兼村主任也已经在任18年。按照3年一个法定任期计算,后者在任共计6个任期。两位村支书的职权都十分稳定。在2011年3月举行的第23届村民委员会选举上,义村第二任村支书获得了99%的支持率,再次当选村主任。

第二个大众政治领域是村民大会或村民代表大会。这个组织在决策过程中的作用常常不甚明显。甚至有人怀疑,村民大会几乎不对提案进行讨论就会批准村干部做出的相关决定（Oi and Rozelle,2000）。与每天进行决策的村干部相比,由于村民大会等公共机构的规模太大、间隔太长或是村干部在其中的优势地位等困境,这些名义上拥有村庄最高权力的机构的实际作用受到了限制。在义村,就其决策的质量和数量而言,这些机构只是发挥次要功能。义村有三类主要的民众决策机制:

（1）村民代表大会

该会议每年召开5—6次,主要讨论和决定一些攸关全村的重大事务。村民代表分别在九个村小组中独立选出,每个村小组有6—9名代表。该村民会议总共由69名代表组成。

（2）股份合作社代表大会

从1997年开始,股东代表也由村民选出。但这个选举3年后就不再举行。若要召开会议的话,都是由村民代表和党员参加。

（3）党员大会

该会议每年召开两次,其中一次于每年7月1日召开,即中国共产党建党纪念日;另一次在春节期间召开。在这些会议期间,党员们一起旅游或聚餐。义村有超过100名的党员。

最后,义村两任村支书的任职经历也可以说明农村大众政治过程的特征。作为跨越了毛泽东时代和改革开放时期四十年里的村一把手,他们的任职特点能够反映出义村政治过程的核心特征之一,即农民在村庄机构中的权力十分有限（见表7）。

表7 两任村支书任职情况

	刘叔(1970—1994)	昌叔(1994至今)
与上级政府的关系	绝对服从且严格执行,很少考虑本村村民的损失	与上级政府中的个人及组织广泛交游;积极但有选择地执行
	上级庇护,信任很稳固	上级广泛庇护,但背后有些不信任
集体层面的职责和政绩	集中于乡镇企业发展;经济发展上的政绩普通	集中于土地出让;有突出的企业家精神
	不贪污;裙带关系	被质疑有违规违纪;裙带关系
	较少与私人工厂主有个人联系	与富裕企业家有密切的盟约关系
与村民的关系	与所有村民都有一定距离	对本地人很热情
	受到村民的公开敌对或冷对	私下里受到很多质疑,但也有村民公开有力的支持

资料来源:笔者的访谈。

从表7来看:义村的连续两任一把手都重视对上级政府的服从,但他们的执行风格则有所不同。前一任村支书严格地贯彻上级的精神,不惜得罪大多数村民。而第二任支书则采取一种实用主义的方式:他的执行方式看起来既柔和又有些含糊。同时,上级政府的态度也很值得玩味:上级政府对刘书记完全支持,对后一任吴书记(昌叔)也支持,但却也因为他与一位不把镇政府和市政府放在眼里的富裕商人的私交过密而对他有所疑虑。

虽然在个人行政风格上截然不同,但是两人的任期都很长。上一任村支书刘叔得到了其他村干部的追随,主要是因为上级政府明确庇护他,而不是因为其他诸原因如个人品质之类。事实上,他并没有做出什么出色政绩。相反,因为他缺乏企业家精神,导致本村乡镇企业损失惨重。相比较而言,现任支书昌叔则凭借其商业方面的个人才能,以及与乡村资本家及上级政府官员的私人关系网,成功推动本村的经济和社会发展。他得到了强老板的有力支持。强老板的公司在亚洲也位列前茅,并且和省里的干部有密切联系。在1980年代早期,强老板曾经在刘叔手下做事。1980年代中期,当他开始发展自己的事业的时候,却与刘叔产生了矛盾。迫于刘叔在用地和其他问题上的打压,他带着生意去了邻村H连村。但是在搬走之前他和昌叔已经是朋友了,当时昌叔是一个生产队的队长。1994年,当昌叔赢得党支书的选举后,强老板又搬了回来。从此以后,两人在很多地方建立了紧密的合作,这对昌叔的事业的帮助极为关键。

最后但最重要的一点是两任村支书都不太顾及同村村民的观点。据一位受访者所言,前任支书刘叔虽说有上级的支持庇护,但他面对来自广大村民的怨恨和冷对。他执行国家政策的时候特别粗暴,对他家族的成员都不讲人情世故,更别说是其他家族的村民了。他甚至在执行政策的时候无视当地禁忌。有一次在执行计划生育政策时,他让手下干部将一户人家的床砸成了两半。这对当地人是很大的冒犯,因为只有死者的床才会砸断。因此,他受到村民的孤立,尽管除此之外村民也没有更多办法来反对他。除了村委会里面的一些下属,很少有村民会听取刘叔的话。在街上遇到他,人们也不会跟他打招呼。人们尽管知道他很廉洁,但还是对他很怨恨。1994年刘叔退休以后,他和家人搬去了市区,一直到今天都远离当地的村民。考虑到那里的人们依然聚族而居,他最终离群索居显得有点悲剧。值得注意的是,尽管上述细节说明刘叔面临村民普遍的不满,民意极差,但他依然稳固住了权力。

相比之下,昌叔则在全村之中建立了非常好的声望,他的提议总是受到广大村民的支持。虽然他从集体利益中得了好处众所周知,但是他对本地经济的推动、对公共事务的良好举措以及与上级政府的出色协调都得到了很多赞许。因此,尽管他有时明目张胆地滥用行政权力以谋取私利,但依然在位将近二十年。就笔者所知,虽然村民会传言他可能违规违纪,但由于他对政府遵照服从,上级对他还是予以容忍。2011年义村养老基金十周年纪念庆典上,很多政府官员也到场祝贺。

简言之,这两任村支书的长期任职都说明不论腐败与否,也不论村民是支持还是反对,村干部的权力都可以稳固、持续。不论村干部的政治权力建立在哪些重要因素之上,上级政府的支持肯定是其中最重要的因素之一。换言之,无论毛泽东时期,还是改革开放时期,农民在正式村庄机构中的权力始终是有限的。

总的来说,农民在村庄政治过程中的力量即使不是完全微弱,也是不确定的。他们在村民选举、村民大会和党员会议中的作用模糊不清,因为他们的意志多大程度上得到遵循值得怀疑。他们不能控制村组织或村公共事务,而常常只能接受上级政府或村干部的决定,不论对这些决定是否满意。最为确凿的例子莫过于在四十年内,他们只选出了两任村支书,其中一任支书缺乏企业家能力并且作风武断,而另一任则虽然能干但有违规迹象。虽然村民们对此要么冷漠疏离,要么满腹牢骚,但他们实际上都容忍了。在笔者看来,村民的这种容忍根源在于他们在公共政治中的参与模糊、软弱。

三、村庄权力的经济性基础

除了村干部所在的政治机构外,村集体经济也形塑着农村的权力结构。随着农村工业化及其与外部世界交换关系的发展,经济的增长影响着农村的政治(Oi and Rozelle,2000)。村集体的收入一般由三部分构成:上级政府拨款;集体经济的营利;向农民征收的费用。村干部依赖于上级政府,以获取财政拨款和政策补贴。中央和地方政府在农业发展、解决农村贫困、基础设施建设等方面提供了数目可观的资助。义村在2001—2004年从上级政府那里获得了鱼塘整修的资助。政府资助额有限,并非所有村庄都能竞争到该项基金。鱼塘修整的费用是每亩2500元,其中市政府每亩拨款400元,镇政府每亩补贴500元。义村修缮鱼塘一共花费五百万元,其中上级政府的补贴就达到36%。事实上,政府在拨款资助时总会设置一些门槛条件供下辖村庄来竞争。在该类资助中,往往需要村干部先完成整个项目,拨款才开始下发到位。义村的干部花了四年来做这件事,但在经过上级政府的检查和验收,几年之后才收到这项资助。

除了上级拨款,义村干部还通过经营集体经济来获得收入,以此为村庄公共项目的实施提供经济支持。在这个过程中,他们有时也会需要民营企业家的帮助。在制度层面,集体土地和乡镇企业都是村庄集体经济的主要源泉。国家规定农村土地实行集体所有,并从1950年代后期开始将其与国有土地并置(Lin and Ho,2005;裴小林,1999)。尽管家庭承包责任制改革将农村土地使用权分散到每户家庭,但是集体所有权依然稳定不变[1]。而乡镇企业实际上也是起源于集体土地:村庄将从土地中获得的农业生产收益累积起来,转而投资到工业行业中(裴小林,1999)。在农村,乡镇企业和土地使用权转让的收益不仅提供了预算收入,而且还产生了数目庞大的非预算资金。据统计,村庄土地流转中产生的收入一般占到集体非预算基金的60%-80%,而乡镇、县和市级政府通过农村土地征收和转让所获得的收入也占到了其财政预算收入的30%(周飞舟,2007)。义村的集体收入也相当依赖土地

---

[1] 1998年顺德市政府对土地的规定也遵照这个基本结构,见《顺德市国有、集体土地所有权约定的规定》,1998年4月17日。

的流转和非农化使用。通过对集体收入来源的粗略估算，大概就可以勾勒出村庄公共机构在多大程度上依赖土地的开发(见表8)。

表8　1997—2011年义村集体的年财政收入(千元)

	鱼塘	工业区	工业用房地产	比例及总数
1997	4 000 - 6 000	10 000	低于1000	5∶10∶1;16 000
1998	4 000 - 6 000	10 000		
1999	4 000 - 6 000	10 000		
2000	4 000 - 6 000	10 000		5∶10∶1;16 000
2001	4 000 - 6 000	10 000		
2002	4 000 - 6 000	10 000		
2003	4 000 - 6 000	10 000		
2004	4 000 - 6 000	10 000		
2005	8 000 - 12 000	10 000	约1 000	10∶10∶1;21 000
2006	8 000 - 12 000			
2007	8 000 - 12 000			
2008	8 000 - 12 000			
2009	8 000 - 12 000			
2010	8 000 - 12 000			
2011	超过10 000	超过100	超过1 000	100∶1∶10;11 100

数据来源：根据义村不同时段内工业区的土地出租费用、鱼塘租金和物业租金的增长估算而成。

为了方便估算义村的年财政收入，工业区的总收入被有意地分配到十五年的时间跨度中。由于得不到义村整体上的完整数据，这个表格里的数据是基于现实的估计。总而言之，它说明了村干部从土地中获得的巨大财政收入，不论是短租期还是长租期[1]。乡镇企业的最高收入在1994年达到了352万元。但是，从1997年起，这项收入就达到了1994年的3-6倍。另外，关于工业区和房地产的计算不包括企业管理费和卫生费，而这两项每年能够带来超过400万的收入。这些收费是依据工厂所占据的土地面积或建筑体

---

[1] 少部分工业用地、物业和不动产的出租较为短期，但大部分工业区的土地租期为15年至50年的长租期。后者的出租方式在当地广泛称为"出售"，因为按照目前的国家规定，农村土地最终都归集体所有，而最长的租期已经达到了私人使用权的极限了。

中的房间数量,所以实际上构成了土地收入。但是,它们被村委会归类为行政费用,名义上不属于土地租金[1]。另外一个例子是,义村的养老基金实际上也建立于集体土地的基础上。其原始启动资金来自于本村土地股份合作社的拨款,有时还要加上政府财政部门的一些拨款。

另外,村干部为完成公共计划,有时也需要联合私人企业家[2]。有钱的盟友或追随者能够提供经济支持,这对缺乏集体经济收入的村干部来说十分重要。事实上,义村的上一任和现任支书都与私人企业家建立了联盟关系。1980年代早期的乡镇企业和2000年代的非农土地转换等计划都要求数目庞大的投资。这两任支书以私人社会网关系为基础,都较好地解决了公共计划实施中的资金不足问题。

还有,虽然改革开放时期农民逐渐富裕起来,但义村的村干部对村民的经济依赖在衰减。原因之一是与毛泽东时期的人民公社制度相比,新近的家庭联产承包责任制和开放的市场让农村土地和劳动力从集体的控制中解放出来。因此,除了一些公共福利和经济计划[3],村集体机构从村民那里获得的收入减少了。有两项村庄项目直接从村民那里筹资:第一项是村庄集体企业的筹建资金。村水厂于1992年成立时,每户农民平均分摊700元,其中各村组贴补300元,村委会补贴100元。最终村民筹集资金超过80万元。另一项合法的收费是三类"提留",即村庄积累、村庄福利和村干部工资。该项费用一直收取到2006年。按照国家法律,村干部可以从使用土地和其他集体资源的农民那里收取这些费用。由于义村早在1985年就在土地分包中实施竞标制,那些放弃土地的村民就极少再承担该项费用。再后来,大部分普通农民在1997—1999年间的经济危机中损失惨重乃至破产,不得不离开

---

〔1〕 该村养老基金的成立有很多报道,但基于学术伦理中不干涉当地人现在生活的考虑,这里去掉了新闻链接。

〔2〕 很多早期研究已经阐明了个人社会网在权力运作中的一般作用(Schmidt, et al., 1977),以及其在中国政府官员、国家机构和村干部的作用案例(Oi, 1989)。他们说明了在不利的制度性环境中,庇护主义或派系等私人关系实际上是为了维护个人利益。

〔3〕 一些学者认为村干部和村民之间的庇护主义关系在后改革时期依然存在,因为前者在农业投入、市场和销售机会以及就业机会等方面获得了新的权力(Oi, 1989);但是,一些反对意见(古学斌,2007)则认为毛泽东时期土地和财政收入制度的瓦解已经取消了村干部的经济基础,并导致他们几乎失去了过去的权力。但是,笔者研究发现,村委会先是通过乡镇企业建立了新的经济基础,后来又转向了土地开发,继续在农村社会中掌握权力。除此之外,在市场导向的环境中农民确实大多自主掌控着自己的劳动力和资金,自由获得信用及土地使用的机会。只不过像医疗卫生、基础设施、社会福利等一些关键性公共项目就不在他们的控制范围之内。

鱼塘养殖,剩下少数继续养殖的富户才需要向村委会支付较高的土地租金。事实上,与工厂主、商人和鱼塘养殖户不一样,一多半的义村农民变成了产业工人,对于村委会只承担非常有限的责任。

简单来说,在改革开放时期,义村的权力结构对村干部更加有利:村庄公共机构和村干部更多遵照国家而非村民的意志。国家需要仰仗村干部在基层落实其政治和行政目标。相比较村干部而言,普通村民就很难控制村庄机构。因此,当村干部违背其意愿的时候,他们也很难约束村干部的行为。

第二节　村干部职位权力的滥用

在市场取向的农村工业化外,国家也在土地开发和土地产权的变更中起到关键作用。取消对商业、工业和贸易自由的限制是一个渐进改革的过程(杜润生,1985)。在改革开放初期,中央政府的农村改革目标仅仅为去集体化。改革寻求将农村土地使用、经济生产以及商业交换等领域的集体组织用家庭单位加以替换,扩展农民的经济自由。1978年开始推出的家庭土地承包制度就是新创立的土地使用制度。到1982年,绝大部分农民们都已经和生产队或生产大队签订了土地使用和相应的生产任务的承包合同[1]。同时,尽管集体所有权没有变更,土地生产资料已经重新分配,每个家庭都有平等的使用权。另外,社会主义公社也加以解散,让劳动力获得自由[2]。由此,农民们重建了以家庭为单位的私人经济。在改革开放阶段,虽然集体经济长期存在,但单个家庭才是最基本的经济单位。最后,这种去集体化的实现还伴随着自由贸易市场的回归。1978年12月,国家首先承认了农村集市、副业及配给土地为社会主义公有制经济的重要补充[3]。作为市场发展的标志,国家的统购统销制度于1985年取消(杨继绳,2008),而这曾是农村社会主义计划体制最主要的制度之一。

不论是村庄机构还是在集体企业方面,去集体化确实重塑了村干部的权力。正如之前的研究所揭示的(古学斌,2007;Oi,1989),家庭联产承包制的

---

[1] 中国共产党中央委员会《全国农村工作纪要》,1982年。

[2] "三级所有,队为基础"(公社是拥有三级集体经济合作社的联合);公社—大队—生产队,其中生产队是最基础的。这些集体生产队通常拥有生产资料,如土地,且通常控制着其成员的劳动力。

[3] 中国共产党第十一届中央委员会《第三次全体会议公报》,1978年12月22日。

建立否定了村干部对农业生产、土地产品交易及其他村庄事务的控制,从而削弱了他们的权力。但是,义村村干部对村庄公共事务的控制权依然得以延续。接下来,笔者将从村干部政治权力延续的制度条件,以及对集体利益的篡夺两个方面来剖析其对集体事务的把控。

一、村干部权力延续的政治和行政条件:新激励机制

在经济改革之外,国家还在行政过程中设置了新的激励措施(Cai, et al., 2007)。西方有学者称之为是能够促进经济发展的中国特色的联邦主义(Montinola, et al., 1995)。具体来说,国家的政治实体看起来与毛泽东时代无异,但微小且关键性的变化体现在中央与地方政府的激励机制上。伴随着新的财政激励,政府全力投入到经济发展中。在财政和行政权方面,地方政府被赋予了相当多的自由裁决权。如此务实的而非意识形态上的改革导致目标导向责任制度的产生[1],在行政部门尤其如此(王汉生、王一鸽,2009)。上级政府用这种方式来激励下级政府。在政策执行中设置了与责任相连的物质奖励或惩罚。不论何时需要执行一项政策计划或公共项目,物质激励——不论奖励或惩罚——经常依据责任的检查考核而确定。财政拨款、职位晋升及政策优待都是常用的激励措施。此类责任合同的衍生效应之一,就是上下政府间的互利互惠是允许的甚至受到了鼓励。这意味着,为了完成任务,上下级政府可以讨价还价加以协商,甚至下级政府一些不太符合法律或打破现有制度的行为也可以被上级所容忍[2]。另外,目标责任制度是一个极其普遍的做法。地方政府或官员个人之间为了本地财政收入、个人晋升和政策优惠展开了极其激烈的竞争。

和其他村子一样,义村也是总体政治及行政改革的一部分。在农村地

---

[1] 目标责任制(Target Responsibility System)是经济管理中的一种方法,在改革开放时期被地方官员首先采用。上级政府与下级政府的主要负责人签订一份总的任务合同,其中的政策目标涵盖方方面面而且满足数量化的具体指标。下级政府按照合同约定来完成行政任务。其领导据此向所属各个部门以及每个岗位上的人分配工作,并相应设立清晰的奖励或惩罚。这一方法根据明确的合同来确认最终的工作绩效,从而为上级政府控制和评估下级政府的政策执行提供了量化的方法。

[2] 这一控制模型有效地解释了地方国家机构的工作中的正式交换关系及非正式的效忠——庇护关系的广泛存在(王汉生,王一鸽,2009)。例如,为了完成约定的目标,上级政府容忍甚至鼓励下级政府做一些不完全符合中央政府规定的事情。这种特殊的共谋对相关的地区经济发展产生了重要影响,也引起了学术界的关注,如Huang(2010)。

区,村庄机构的组织差异极大。1983年,毛泽东时期依附于人民公社的大队和生产队正式被村民自治组织所取代。村庄自治组织不再像毛泽东时代那样需要按照政府的直接指挥行事。在人民公社时期,公社政府将生产队作为它的下属分支,而公社全体又被认为是国家的基层单位。体制改革之后,镇政府不再直接指挥村庄,更别说村庄下面的村组。但是,按照国家法律,镇政府可以指导村组织的工作,而后者则应协助前者的工作。

要特别指出的是,目标责任系统在村一级也一样适用。村干部需要执行来自上级政府的各种行政任务,虽然村组织在法律上是自治的。充满明确量化目标的责任考核检查也用于乡镇政府和村庄之间。例如,2011年3—4月份,义村所有干部都忙于县政府指派下来的一个任务,即迎接"全国卫生文明城市"的考评[1]。该项工作在卫生、公共安全等众多领域设置了琐碎而具体的指标,并且全部是量化考核。为了应付上级政府的检查,村干部花了超过半年的时间准备大量的文档、数据材料,并举办项目工程等。村民们认为参与市政府的此次评比实际缺乏竞争力,而且认为村干部的工作最终并没有什么意义。但是,村干部还是需要不顾村民抱怨去执行上级政府的命令。为了完成不可能的任务,达到不合理的标准,他们承认很多记录和数据有人为编造的成分,而且很多工作都只是表面糊弄。最为讽刺的是,这些弄虚作假的情况是政府所默认的,因为它们本身就是目标责任系统的内在构成部分。

村干部也采用这种目标责任系统来实现村庄治理。2011年,为了迎接"全国卫生文明城市"评比这个头号任务,村干部们将工作要求进一步细分,并为每一个在岗办公人员制订了详细的责任考核计划(图5和图6)。首先村干部和各部门的负责人中要仔细划分工作,然后各负责人再将其所领责任进一步分解,对每个下属都做责任分工和考核。最后,基于在日常监督检查的基础上,行政人员在政策执行中的表现将得到相应的物质奖励或惩罚。

---

〔1〕这个项目是由中国共产党中央的一个分支机构组织的。该机构负责意识形态、道德和公民教育,从2002年开始实施"精神"建设。该机构为评估大众的思想观念、智力及道德等水平设置了包括119项指标的复杂体系。见:http://unn.people.com.cn/GB/22220/53479/53480/3712338.html。

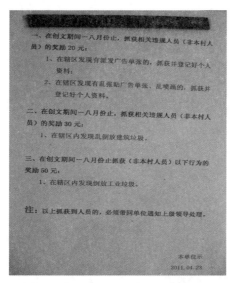

图 5　创建"卫生文明城市"的市级任务中奖励安保人员的具体规定

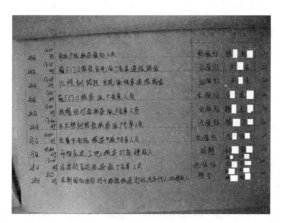

图 6　2011 年 5 月,案件奖励记录

图 5 许诺了四种现金形式的奖励,包括禁止乱贴乱画、禁止乱倒建筑和工业垃圾。每个村巡查员在上述四种情况下可以获得 20、20、30 和 50 元的奖励。另外,图 6 展示了上述规定的实际执行情况。这四个方面涉及了广泛的公共事务,例如抓获犯罪嫌疑人。但同时,如果他们没有组织或者发现嫌疑人,对于巡查员也有类似的惩罚。例如,每丢一辆摩托车,在岗的执勤人员就要受罚 15 元钱。

事实上,村干部愿意听从上级政府部门的安排。第一,作为国家和农民之间的基层媒介,政府自上而下的经济拨款对于村干部来说不可或缺。同时,他们的政治权力很大程度上也取决于上级政府的认可。第二,对上级政府的服从是获取额外的、自上而下的资源拨付的关键条件。村干部需要努力争取额外的物质奖励和政策支持,这些通常只会在特殊情况下才会得到。按照目标责任机制的互惠交换要求,对上级政府最有帮助的人才可能获得最多的物质与政策支持。作为上级政府的积极追随者,义村也获得了足够的利益。像昌叔一样的村领导以擅于运作这种交换关系而名声在外。例如,在2001年,义村建立了一所新的中学供本村及周边学生使用。由于这个项目涉及镇政府数目可观的财政拨款及其他经济利益,从而引发了村庄之间的激烈竞争。尽管在地理位置、经济表现或人口方面没有竞争优势,义村还是因其与上级组织的良好关系而胜出。除了镇政府,义村还与市政府搞好了关系。它被选为保存传统农村风貌的市级"模范村"之一,并因此获得了300万元-400万元的政府拨款以整修公共基础设施,最终支持本村旅游产业发展。

总的来说,在基层政治改革过程中,村干部的政治和行政权力很少有削弱的情况。尽管他们法律上为自治组织工作,但他们的行政责任依然保留着。除了党的隶属关系部分,就是为了村庄经济发展或个人利益,他们也愿意服从上级政府的需要。目标责任制就是村干部和上级国家机构合作的一种主要机制。在物质和政策的激励下,通过引入协商和互惠等机制,二者形成了紧密的联盟。在义村,村干部与上级机构之间的互惠和特殊优待等情况都非常显著。总之,虽然乡村政治改革很大,村干部依旧维持着他们的权力。

二、村干部对集体利益的私有化

村干部对集体利益的侵占之所以频繁发生,起因之一是模糊的集体产权及其管理。在现代企业中,分散的股东依赖代理人来开展经济活动,因此他们也需要对代理人有所控制,以保证代理人能够按照他们的意志行事(Walder,2011)。除了一般的策略如经理人严格选拔、有效的监督等,股东还有另外两个保障其所有权的工具:收益权及责任外决定权(Putterman,1995)[1]。收益权是指获得财产及其使用收益,责任外决定权是指代理合同约定之外的事件发生时有决定权。所有者在一些重大事务中保有最终处理的权利,如机构重组、长期或短期计划的交替、更换管理者等。同时,现代经

---

[1] 这里需要澄清财产权的概念。财产的所有权一般包括且不限于财产的使用权、从使用中获取收益的获益权,以及将这些收益转让给其他人的让渡权(Putterman,1995)。

济单位需要防止企业财产或收益被经理人私有化。实际上,代理人在集体财产上或多或少有一些自行处置企业财产或分配收益的自由。他们可能会公开地通过奖金、股票等方式,或秘密地通过腐败贪污等方式增加个人收益。

从1950年代早期开始,村干部对村庄机构和财产的影响,就与集体所有权密切相关。因为集体所有权不如个人产权那么明晰,它始终面临着谁有资格代表集体控制共同财产,以及集体中的哪些人如何获得共同财产收益的问题(Ho,2001)。集体财产的产权特点从1950年代的农村集体化历史中就已经形成[1]。在国家的支持下,村干部逐步建立了对集体财产和收益的控制权。正如研究说明(葛玲,2012;Shue,1980;吴毅,吴帆,2011),不论通过自由参股或是强制合并,私人土地最初只是加入集体合作社,而且依旧可以分配给合作社成员。到了毛泽东式社会主义发展的第二阶段,合作社进一步集中。农民的经济合作社直接归属政府管理,而土地等集体财产不允许再分配到个体农户那里。

义村的集体化进程与此类似。在新中国成立之前,土地为私人所有或宗族共同所有。宗族或族支建立起公共土地用以出租。本地贫困家庭可以低于市场价的价格租种土地。这种传统的公共土地被称为太公田,即名义上土地为神圣的共同祖先所拥有[2]。新中国成立后,集体化作为一项自上而下实行的国策,自由退出集体组织的权利在国策推行后不久就被取消了。出生于1939年的受访者文叔告诉笔者,集体化时期几个T东村村民曾经试图从合作社中退出来。但上级政府不但没有接受他们的申请,而且以"故意阻挠革命"的罪名对他们加以惩罚。此外,合作社的互惠承诺也落空了。文叔的家庭曾经将价值2 000元的私有财产投入到合作社中,包括鱼塘和养鱼设备等。尽管他的家庭因此被树立为积极参加集体合作社的模范,但他们捐献财产时连一张简单的收条也没有收到。

总之,集体所有权不是指村干部具有排他性占有集体财产及其利润的收益权,或者超出职权的集体事务决定权。但是,作为国家在基层的代理人,以

---

〔1〕 有两个阶段:集体化(从互助组到不同水平的合作社)和人民公社。与之前的研究相比,最新的争论围绕在这二者之间的相关性(连续性)(葛玲,2012;吴毅,吴帆,2011)。由于公共所有权的社会主义意识形态和工业化的实用主义需求,1958年之后,合作社逐步向人民公社转变。

〔2〕 一般地,地主与农民之间的租赁类型可见于魏安国(1982)、傅衣凌(1982)和杨国振(1988)的研究。刘克祥(2001)描写了1927—1937年间,农民经济全国范围的恶化以及土地关系中的两极分化。农村社会的崩溃导致了中国学术界激烈的争论和深深的担忧,还伴随着后来中国共产党农民起义的主要历史背景。

及集体事务的代理人,村干部基于其职权又有私人占有集体财产及其收益的机会。事实上,在毛泽东时代,国家直接指挥安排农民的经济活动。国家权力在基层的代表就是生产大队和生产队的干部[1]。凭借其所处的职位,生产大队和生产队的干部就负责安排农业生产,完成国家统购统销任务以及维持社员的生计(Oi,1989)。农民因此依赖村干部来增加集体收入,保障个人及家庭生计,以及发展社区福利(Oi,1989:134)。在毛泽东时代的集体合作社中,村干部和村民之间的庇护主义关系已经建立起来,干部的私人利益夹杂其中,多有显现,即便当时集体所有权十分明确,国家也对此大加打压(Oi,1989:131-152)。

到了改革开放时期,家庭承包制的土地改革让村干部失去了对集体财产的控制权,村民自治制度的成立也减弱了其行政权力。但是,干部依然在多个方面承担集体责任:村干部依然负责集体土地的再调整,以及分配集体物业的使用权,甚至分配本地乡镇企业中的非农就业机会,又或者把控分配政府所掌握的重要经济资料的机会(Oi,1989:183-192)。在集体土地承包中,与朋友、亲属随意签订合同,根据庇护主义关系来安排非农就业机会,以及在公共资源分配中给予偏袒和例外,都说明集体事务始终容易受到村干部个人利益影响。

总的来说,村干部继续控制着村庄机构,并以其职权为基础对集体公共利益实行私人侵夺。只要他们继续担任国家和农民之间的纽带,他们的政治和行政权力就会维持下去。更棘手的是,只要担任市场和集体合作社间的中间人,村干部就很可能滥用职权,并侵占集体利益。在整个农村社会,村干部从未停止染指公共利益。乂村也不例外。相应的,农民们在集体合作社中的公共利益就一直面临着被侵占的危险。

第三节 村干部对集体经济组织的垄断性控制

如果垄断控制村庄机构与集体企业,村干部有可能滥用其职位权力并侵害公共收益。这种滥用在集体企业和集体土地流转中都有表现。作为乡村经济转型的早期成果之一,乡镇企业清楚地说明村庄机构控制在基层干部的手中。而最新阶段的集体企业即土地股份合作社通过土地非农流转产生巨

---

[1] 顺德大事(1956—1958),http://www.shunde.gov.cn/zjsd/? id=3.

额收益(蒋省三,刘守英,2004;Lin and Ho,2005)[1],也可以说明村干部在土地运作中所建立起来的控制权,下面将分别加以说明。

一、村干部控制乡镇企业

首先,改革时期的乡镇企业发展与毛泽东时期存在历史联系。农村集体企业早在改革开放之前就已经出现,并在改革开放后进一步繁荣起来。无论在毛泽东时期还是改革开放时期,集体企业都是农民为了发展经济不懈努力的产物。农村工业化最早开始于"大跃进"时期的大炼钢铁运动(1958—1960),这也与后来的三年困难时期有所关联。那时候,炼钢成为全村甚至整个镇子都从事的事业(杜润生,1985)[2]。第二阶段的工业化运动发生于1970—1977年间。人民公社与生产队在此阶段取得了一些成绩。最后一次社会主义式的农村工业化运动发生于1978年。当时中央政府寻求推动农村集体企业大发展。相应的,一大批机械与配件工厂在全国各地兴建,以支持农村工业发展(杜润生,1985)。与此同时,公社和生产队的集体企业都源于农业生产中的积累(裴小林,1999)。他们也试图利用手边的一切资源,自行生产肥料、机器以及电力等其他地方经济发展所必需的材料,以减轻对国家供应的依赖(Shue,1990)。中央政府因此对乡镇企业存有疑虑:乡镇企业的真实利润不明、重复投资的风险、经济资源的浪费以及与国有企业的竞争等(杜润生,1985:180-187)。中央政府把之前两次农村工业化的失败归于它的模式:过去的农村工业化主要依靠群众动员,而没有遵循工业化本身的规律。作为新版的农村工业化,此次中央政府强调经济利润、地方需求以及农村市场是社队企业发展的衡量标准。1978年也是一个特殊的时间点。从此以后,中国特色市场经济就开始发展,取代了毛泽东时代的乡村工业化。

而到了改革开放时期,国家对财政制度进行改革,给予基层干部以新的激励,也导致乡镇企业的繁荣。研究发现(Oi,1992;周飞舟,2006),财政同税

---

[1] 到1998年,集体组织所流转的土地大约占到全国农地面积的67%(Lin and Ho,2005)。

[2] "大跃进"时期工业化最早出现于1958年左右,用的是小钢炉,燃料和生铁来源于乡村,以及动员群众投入生产。将近28%的钢和30%的生铁白白浪费(杜润生,1985:180-187)。同时,这场炼钢运动造成了大约50亿元的赤字,因此消耗掉国家大量财政补贴(杜润生,1985)。在接下来的1959—1960两年里,大多数只有小钢炉的小型炼钢厂都加以关停。只有少数规模较大、效率较高的炼钢厂能够继续生产。在1978年最后那次社会主义式的农村工业化运动中,许多集体企业由于效益不好,渐渐也就闲置浪费(杜润生,1985)。其他参考见:http://wiki.mbalib.com/wiki/%E4%B9%A1%E9%95%87%E4%BC%81%E4%B8%9A#_note-0。

务一样在经济层面左右着地方政府的活动。在乡镇企业中,国家允许地方政府在完成上缴额定税收后支配其他的经济剩余[1]。地方政府得到激励,于是致力于发展乡镇企业。在接下来的几十年中,乡镇企业不只为地方政府提供了预算内收入,还为其产生了巨额预算外收入。但是,当中央政府于1994启动分税制改革以提高中央财政收入占比时,地方政府就更多选择放弃乡镇企业。新的税制让村干部冒着最大的风险却获取最少的收益。

其次,除了国家政策的显著影响,村庄集体财产和公共机构中的管治所有权也塑造了村干部发展乡镇企业的行为。基于其职位权力,村干部就可以继续控制集体资产,乡镇企业也就在他们的控制之下。这就是管治权力对公共物品配置的影响。改革开放初期,集体农业生产制度废除时,土地使用权分配到农民家庭,而村干部则保留了对乡镇企业等集体资产的处置权。基于家庭联产承包责任制,国家、集体和农民在农业生产中的关系被重新界定(裴小林,1999):新制度允许国家和集体收取额定数量的粮食,也允许农民使用和转让土地(仅限于农业用途),并获得土地收益。相对而言,村干部仅仅保留了在农户间进行土地再分配的权力。然而,在农用土地之外,村干部仍然掌握着诸如乡镇企业等集体资产。例如,义村附近的一个村庄就在分配土地给农户时,留下了相当大一大片土地没有分配,而是准备将来投入到工业领域。在那个时候,除了集体企业,村干部通常还掌握着一批公共资产,如村诊所、小学、电站、仓库和办公室等。

在市场和财政的刺激下,义村的村干部利用毛泽东时期和改革开放以来的集体收入,发展起各式各样的工商业。1980年代中期,他们从东北长途贩运黄豆饼回南方进行售卖。当时市政府的粮油局也在东北做生意,并在中国北方主要海港城市之一大连设立了办事机构。义村的货物就通过该办事机构运回来[2]。义村在广州黄埔港也拥有一个仓库,用于钢铁等商品的贸易。与此同时,义村还创办乡镇企业进行工业生产。在1978到1997的二十年间,义村先后创办近15家企业,产品有木材、塑料泡沫、服装、打火机、布料、玻璃、轮船等。

在义村,村干部主导乡镇企业众所周知。根据义村官方文件《1994义村

---

[1] 国家税务系统去中心化放权也是改革开放政策的一部分,目的是修正毛泽东时代过度集权的税收政策。

[2] 该大连办事机构就是负责采购和运输市场上的稀缺原料,比如把中国东北的黄豆饼通过海运和火车运回广东。

工农业总体规划》显示,村委会为下辖每一个集体企业都设立了详细的责任考核和激励机制。这个机制面向所有企业主管和核心技术人员。通常来说,干部对集体企业的控制权体现在三个方面:第一,村委会任命在职的干部为乡镇企业的负责人。比如,昌叔就是在1980年代被村支书指派去管理某个塑料厂。那时村干部把自己当作"救火员",即只要工作需要,一个干部就直接到任何一个集体企业就任上岗。第二,村干部掌控集体企业的核心职位。例如,他们大多负责企业采购或销售。在1980年代,柏叔几乎走遍全国进行采购和销售。那时他只是一名村委会普通的办公人员,还不是一名干部。第三,村干部有强大的个人社会网,让他们较容易地获得贷款或技术。义村在成立造船厂时,义村干部通过非正式个人社会关系从国内三大造船厂之一的广州新中国造船厂邀请了几位经验丰富的技术员来给本地农民工人做培训。

最后,也是最重要的一点是,村委会设立了"企业管理办公室"这一特定机构来统筹管理乡镇企业。这是顺德本地十分流行的一种管理措施。不只是村委会,镇政府乃至县政府都成立了企业管理办公室。在镇一级层面,下辖村庄在从国家银行获得贷款之前需要经过这个机构的批准。而且,当国家于1990年代后期要求乡镇企业进行私有化时[1],义村的企业管理办公室在1997—2000年的主要工作就是执行这个国策。在2000年,为了处理乡镇企业私有化后的剩余资产与债务,本地镇政府将企业管理办公室改名为资产管理办公室。作为一个下辖村庄,义村进行了类似的变革。其他乡镇可能有不同做法,例如有的乡镇直接将该办公室转型为"公司"。在义村,资产管理办公室后来主要负责管理工业区,并对入驻的工厂企业收取管理费[2]。

总而言之,乡镇企业代表了这样一类集体事务,其中村干部的绝对控制权由兴到衰。村干部推动了乡镇企业的发展,同时也从中获取了相当的个人利益。如义村村民所言,村干部在管理中也存在着违规现象。在乡镇企业中,农民显而易见并无多少力量参与其中。当乡镇企业因为个别违规或能力欠缺的村干部而产生亏损时,村民们很难对此加以干预。村民们既缺少专门

---

〔1〕 到1990年代末期,随着国家改革方向的变化,村庄集体企业也进行了彻底的私有化,在义村,这一过程被称为"改制",巧妙说明它既是企业产权的变革,更是集体经济制度的变革。革除乡镇企业是中央和地方政府的共同选择,意在通过多种形式的私有化明确产权,并提升集体企业的效率。在1997—1999年,义村干部面向本村和外地投资者通过拍卖、出租和申请破产等方式将本村所有的乡镇企业都进行了改制。

〔2〕 这个费用是以私人公司的占地面积计算的。

的账目审计,也缺乏参与集体决策的渠道,更没有监督乡镇企业利益分配的机制。而村民们唯一做的就是乡镇企业关停倒闭时他们要求赔偿。特别是那些曾向村民筹集过资金的乡镇企业,在转制时需要把钱还给农民。否则,村民会紧追在相关责任人和村干部后面加以追讨。义村村干部的做法首先都是清偿村民债款,而对其他债务例如国家银行的贷款则可以拖上很多年。

二、村干部控制股份合作社

随着1990年代后期乡镇企业的衰落,义村的干部们转而通过设立土地股份合作社收取地租。事实上,早在1994年,他们就根据本地市政府的想法创立了土地股份合作社。那时候,乡镇企业正好处于巅峰阶段。不出意料,股份合作社依然是一项国家创立的制度。在1992年,中央政府在顺德市的邻近地区南海对这项制度进行试验。相比之前的家庭责任制,土地股份合作制可以满足不断增加的非农土地使用需求,并获取更高的土地收入。在1993年末,顺德市也学习了这套制度,并在其辖区内加以推广。

土地股份合作社为村干部创造了新的收入机制。在义村,村干部推动了一系列土地开发项目,在1996年股份合作社调整之后土地项目尤其多。村里铺设一条南北向的水泥路,或者建一片工业区,或者要翻新整片鱼塘等。在土地收入日益增加的基础上,义村干部在股份合作社之外还成立了另外三个集体经济组织以更精细地经营和分配土地收益(见图7)

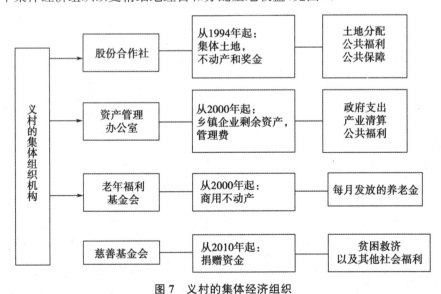

图7 义村的集体经济组织

如图 7 所示，四个功能各异的部门都或多或少依赖地租。资产管理办公室是政府的一个分支部门，一方面接收了乡镇企业的剩余资产，另一方面收取工业用地和商业区的管理费用。与此相比，股份合作社由原本四个独立的股份合作社合并而成。它最终包括九个生产队的资产，包括土地、不动产和资金等。老年福利基金会也来自土地收入，它从某些商用的集体不动产中得到收入，例如出租式公寓或者当地的集贸市场。这个基金会的资产从最初的 360 万元发展到了现在的 2 012 万元，并且把养老金从每月 60 元提升到了 2011 年的每月 300 元。慈善基金会成立于 2010 年，主要依靠捐款运营。捐款来自村委会、入驻工业区的工厂、村民家庭和个人等。第一年里这个基金会就募集到了超过两百万元。根据市政府的指导意见，类似的基金会主要负责扶贫，并补充其他方面的社会保障支出。

除了资产管理办公室是村委会的下属机构以外，其他的部门看起来是独立而非附属于村委会。但是，另外三个部门实际上也处于村干部的控制之下，因为这些机构也要与村集体以及上级政府部门的利益保持一致。养老基金会隶属于资产管理办公室，二者共用会计和出纳人员。2011 年的时候，笔者看见村里的一个会计和一个出纳共两名女性，在村委会办公室的一个走廊里给老人们分发当月养老金。老人们过来领取现金，领完就走。与此相比，慈善基金的任何开销都需要村领导签字。

最后，村干部对于股份合作社的控制详细分析如下：

（1）股份合作社的成立

义村股份合作社的成立是由地方政府决策，村干部着手完成的。在 1993 年到 1994 年间，这项政策的实施和普通村民并没有什么关联。况且，这只是村干部的次要职责，被排在很多年度计划之后。按照《义村 1994 年工农业总体方案》，村干部的首要工作是推动经济发展，实现当年的工农业产值目标，之后才是办好股份合作社。有村干部告诉笔者说，成立这个机构主要是为了应付上级政府的。另外也有被访者提到，他都没有见到这个机构成立的章程。另外，九个生产队脱离股份合作社进行独立核算也从侧面证明了村干部对股份合作社的事并没有很上心。股份合作社成立后，集体财产仍然是按照土地分别核算的。例如 D 西村共 303 人计 532 股，每股 221.65 元；A 龙村共 359 人计 627 股，每股 405.97 元。

四个股份合作社在 1996 年合并为一个，所有自然村的大多数集体资产由此逐渐被集中起来。村支书昌叔对此次合并投入很大热情。凭借企业间的私人交情,他成功和生产队的干部协商,说服他们支持自己的设想。于是,之前九个生产队的资产,包括土地资源都集中在了村干部的手里。T东组的组长说,村民们很少参与到这类重组活动中:"合作社的合并是村内领导干部的主意",只需要九个生产队的队长统一就能顺利执行。在这个过程中,普通村民几乎一无所知。即使知道的人,也很少表达出异议。

在股份合作社的成立与合并重组事件里,村干部证明了他们对集体机构事无巨细的控制,甚至精细地分配集体土地。尽管地方政府大力倡导新型集体经济,但却在村干部这一草根阶层的执行中被置换。然而,普通村民却很少能参与到这一公共事务中来。

(2) 股份合作社的决策

除了创立和重组,村干部同样控制着股份合作社的决策过程。首先,作为股份合作社最高权力机构的股东代表大会,在很多事上却作用有限。根据官方章程,股东可以根据需要随时召开股东代表大会,他们拥有选举和罢免理事以及处理股份社重大事项的权力。然而事实上,这类会议每年最多只召开了5-6次而已。

其次,股东代表在1996年股份合作社重组后迅速地失去了他们的独立性。正常情况下,股东代表是由村民(股份持有者)按2%的比例选举出来的。到2005年时,义村共有股东代表67名。但是在2000年左右,有些职位在重组后已经被取消了,紧接着又被村委会的人取而代之。这67个代表从2005年到2011年,连任了好多年。这样,股东代表大会与村委会纠缠不清,不再是独立的集合了。

股东代表大会的召开十分草率。主要的会议通常时间很短,对关键事务的讨论也因为过于匆忙而很不充分。一位知情人提到2011年4月的会议时抱怨道:"57名代表去开会,是去听会,手里连报告都没有。一个上午全部会议就开完了。按说,村干部谁分管工业,谁分管卫生等,做了哪些事情,怎么做的,应该有报告的,但是没有,各项事务也都不清楚。最后举手表决,56名代表举手赞成,就我一个人反对。"

股份合作社的理事会不按规定组织,日常事务一般都由村干部个人决定。名义上,理事会是股东代表大会的下设机构,一般每月召开一次理事会会议,以处理日常事务,有特殊情况时也可以随时召开。可是,义村股份合作社的理事会会议几乎没有举行过。很长时间里,只有正副理事长、会计和出纳上班,处理着股份社的日常事务,理事长甚至还同时还兼任着村副主任以及党支部副书记。另外,理事会成员原本应该由股东选举产生,实际上则由少数村干部长期兼任,并不经过选举。实际上,理事会的理事就是九个自然村的村主任。

除了决策问题之外,股份合作社的财务管理也由几个主要的村干部所主导。名义上,5 000元以上的开支需要理事会讨论同意并交由领导签字。然而,具体执行上却完全不是这样,只需要村党支部的几个高级领导签字就可以批准5 000元以上的支出。村干部中有签字权的是村党支部书记、副书记和妇女主任。他们三个人再加上具体事项的经办人(具体分管的村干部)签了字,就可以批准绝大部分的开支。除了类似工程建设等大投资项目要召开股东代表大会商议之外,股份合作社日常的资金开支全凭若干个领导决定。

最后,股份合作社的财务监督亦被村干部所控制。1994年起,理事会下设由镇政府指派的财务监督小组,以监督股份合作社的财务收支。然而,实际上财务监督小组大部分由村干部或者官员组成,这与章程规定的"股东代表所占比例应为60%"是相违背的。义村的财务监督小组在1994年设立时,成员中有4位是村干部,1位是村民代表。2010年,财务监督小组成员的构成是3位村干部或(自然村)村主任,1位村民代表。2011年改选后,财务监督小组的5位成员中依然只有2位是村民代表,其他成员是村干部或自然村村主任等。

(3) 股份合作社的收入和分配

集体土地开发的好与坏以及经营收入的多少取决于村领导的个人能力。义村股份合作社现在的收入来自四个方面:一是土地征用补偿费,来自征用土地的上级政府或国家单位;二是宅基地拍卖款;三是工业区的土地款以及厂房租金[1];四是农田区的鱼塘承包款[2]。

工业区土地的出租和拍卖价格,村支部副书记说是"随行就市"。但是,村民不这么看:"这个价格都是村干部随便定的。几个村干部开个会,有一个提出来该收多少钱,其他人不反对,就算定下来了"。同样,集体厂房续租时租金涨与不涨以及涨多少也都由村领导说了算。一位工厂老板说:"至于厂房的租金,

---

[1] 厂房租金包括两种:一种是一次性可以租20年或以上,但租金需要在短期内付清;另一种是15年的租约,租金按月支付。另外,厂房的土地使用期限一般是3—5年,并且也要按月缴费。

[2] 鱼塘的承包合约是公开竞标的,中标者每季度要支付四年的承包费。

都是村委会制定好的。同意就续租,不同意就搬厂,让给新的老板。"

此外,宅基地价格也由村干部决定。拍卖宅基地的时候,村委会发公告给村民,上面已经写明了土地价格。想买地的人就按照这个价格把预付款打到村委会账户。而村民的权利只是挑选一块地皮而已。

同时,村干部也决定了股份合作社的收入如何分配。在分配环节中,义村股份合作社优先集体,而不是村民。2005年,股份合作社开支的先后顺序是:国家税款、管理费用、公益金,最后是分红部分(包括集体股和个人股)。具体安排如下:10%上交给长者福利基金,40%用于"三通一平"[1],剩下的用于股份分红。在股份分红中,集体股占20%[2],个人股则占80%。前者的收入主要用于发展村庄福利事业、支付村民医疗保险以及教育补助等。

但是,普通村民认定的股份合作社收入分配方案跟章程中的规定略有出入。根据T东组组长所讲,"土地基金"的开支为:"三通一平"占40%。剩下的60%中,20%用于固定资产折旧,10%作长者基金,70%给村民分红。而另一个普通村民则说,"三通一平"占40%;剩下的60%中,20%作集体提留,20%为乡政府股份分红,60%是村民股份分红。不过,三种说法都表明:义村村民分红所占的比例为40%左右。除此之外,其他收入差不多都留在股份社当中,由村干部控制。

(4)股份合作社的职位权力

不同于集体土地和乡镇企业等资产,正式职位对于村干部而言是一项重要资源。职位资源被视为社会主义再分配体制的一大特点,干部可凭借职位享有物质特权(Walder,2003)。有研究发现,即便在改革开放后,依然有干部滥用职权攫取私人利益(Oi,1989)。

除了合法的经济待遇,职位权力的私有化会给干部带来额外的厚利。首先,村干部常常利用自己的职权来帮助发展自己家的生意。在义村,村干部和他们的家庭普遍都有较大规模的私营产业。例如,党支部书记家有一间四层楼的工厂,由他的儿子打理。有传闻说他们家有超过千万的资产。党支部副书记和另一个村干部合伙承包了四个鱼塘,每年大概能有80万的收益;妇女主任投资了300多万建了一栋五层的楼出租,同时她的丈夫在工业区经营着一间小工厂。与其他企业主相比,村干部凭借正式职位跟税务、工商等部

---

[1] "三通一平"指基本建设项目开工的前提条件,包括水通、电通、路通和场地平整。

[2] 集体股份会被投入村内福利建设,用于支持医疗保障和教育补贴等。

门建立了更频繁、更密切的关系。通过这些关系，他们的私人生意得以享受减税或免税。2010年的时候某村干部的工厂发生过一起女工受伤事件，村委会从中调解，使得女工接受了1 200元的赔偿并承诺不会起诉工厂主。这些在一般企业中常见的麻烦，在村干部这里却显得没那么棘手。

因为滥用权力的缘故，义村村干部的家庭在租用集体土地时可能得到较大的优惠。原本村里向工业区内企业收取的管理费是按土地使用面积计算的，每半年交一次。但事实上，这个政策在实施上仍然有操作空间。有的工厂老板赚了钱，就如数交；有的老板没赚到钱，就只交一部分或一点都不交，或者拿钱去贿赂村干部。有个工厂主提到，"很大程度上，这要看老板同村政府领导的关系。关系好的就可以少交"。私人老板尚且如此，村干部自己家的工厂交了多少管理费就可想而知了。

最后，村干部还设立"小金库"，用公产谋私财。在义村，村干部并不去侵占、挪用公开账目上的钱，"因为别人都知道，这些明面上的钱就不能随便动"。不管是鱼塘承包款、卖地款还是物业租金，村干部把账目都列得很清楚。但是，他们还是有办法从集体的钱中谋得私利。明账上的钱虽然不能侵占、挪用，但不一定要放在那里不动。只要把这些明账的钱放贷出去，单位就有了"小金库"。民间借贷利息丰厚，1 000万元一个月可能有10万元的利息。"这样一年下来钱也不得了。"义村的村干部正是这样做的：他们把钱借给效益好的企业或个人，短期内就收回来。本金还给集体，而利息就占为己有。

总而言之，除去国家政治与行政权力赋予的管理权之外，村干部还通过限制普通村民参与公共事务把控着股份合作社的控制权，并借此主导着类似红利分配这样的公共事务。他们将普通村民排除出决策、红利分配和群众监督体系。同时，他们滥用职位权力，贪污受贿，还将公共财产据为己有。这说明，在不充分的公共参与下实行集体所有制极易导致管理权的滥用。因此，义村村民需要更有效地参与到村内公共事务中去，否则他们的利益很难不受到村干部的侵蚀。

第四节　村干部垄断集体组织的影响：村民公共参与受限

以义村为例，分配给村民的土地收益是在快速增长。在股份合作社成立之前，生产队每年每块地很少有超过10元的分红。1997年股份合作社成立之后,义村通过非农业土地转让获得了更多收益。到 2011 年,每个村民的平均年度分红达到了 1894 元。

除去直接的分红,村民还享受许多公共福利项目。当义村还没有大规模建设工厂的时候,1994 年,村委会在养老保险、基础教育等 11 个基础设施项目中共计投入 575 471 元。在合作社通过土地转让获得更多的资金之后,每个自然村也投入资金去修建道路,铺设带有篮球场的公共广场以及一些其他基础设施。另外,社保基金相比过去有了很大的增长。资产管理办公室、养老基金、慈善基金以及股份合作社的总支出在 2011 年共计约 160 万元,是 1994 年集体总支出的 28 倍还多。

然而,村民自治中脆弱的公共参与让这些福利非常不稳定。村民们在集体事务中的参与非常有限,对于村干部职位权力的约束更是力不从心。事实上,如本章第一和第二节中所述,因为国家赋予村干部集体事务管理权,也因为集体所有制下相当数量的公共资源,村干部获得了更大的权力。更别提村干部有意压制村民的公共参与,以实现对公共利益的更多掌控。

作为村集体的代表,村干部如有意限制村民的公共参与往往可以做到。当然,也有村干部会尊重村民的意见。在义村,任职村支书十八年的吴书记就是一个例子。笔者从另一个村干部龙哥那里得知,吴书记常常与不同意见的村干部进行商量,或者努力动员多数村民去跟随他。龙哥说,同私人企业主可以任意命令工人不一样,村领导干部提出的议案必须得到大多数村民的支持。但笔者认为,这很大程度上取决于干部个人的喜好,不是制度所规范的行为。如果他像前任村支书一样,拒绝听取村民意见,他对村务的掌控也不会受到太大的影响。因为村民手中没有权力,他们的公共参与可以轻易地被村干部所阻挠。

近期的集体经济转变进一步减少了义村村民在公共事务中的参与。在义村,集体经济运转良好,能够给村干部提供报酬。然而,中国大多数的村庄只能给村干部微薄的待遇,或无法支付任何的报酬。在一系列的农业税改革之后[1],从上而下的转移支付已经成了很多村集体的主要收入来源。村干

---

[1] 2001 年的农业税改革,将基层政府对农民的过多行政收费和摊派要么废除,要么纳入国家法定税收体系之中,减轻了农民的经济负担。2006 年的最新农业税改革,则完全取消了农民所担负的所有国家税费。从那时起,农民只是从政府那里接受农业补贴和生活补助。

部目前是由国家直接支付工资[1]。即使在义村,村委会成员也需要政府拨付其薪酬,尽管这类收入在很多情况下并没有本集体的报酬来得多。在义村安保队,数十个巡逻保安的工资中有一半是由镇政府支付。因此,丰厚的村集体经济收入不仅支持村庄行政,更是决定其实践形态。但是,村民在其中的作用相当有限。

因此,义村村干部对村民利益的强调,更像是偶然而非必然。他们是否忠于村民利益取决于个人选择而非制度设定。一直以来,村干部始终在国家、农民、集体与市场等不同部门中充当纽带。这种农村基层的权力结构的延续,以及集体所有制的存在,都使得村干部能够阻挠村民的参与,乃至滥用职位权力。在义村,有些工作业绩不赖甚至很出众的干部也会阻碍村民参与。

与农民含糊的政治权力相伴随的是,他们在集体组织中的参与往往受挫。基于此,笔者认为,集体分配中很难贯彻平等主义。村干部将公共资产私有化严重扰乱了平等分配原则。村民参与公共事务的效力越低,集体平等主义的分配就有越高的断裂风险。缺乏坚实的权力或有效参与,普通农民就很难对村干部加以制约,以保证集体平等分配。在义村,村干部对公共利益的侵夺破坏了平等分配的原则,而村民们对此却无能为力。

第五节 小 结

本章通过分析义村各类集体政治与经济组织中的权力结构,描绘了有限的村民公共参与及其后果。尽管国家在农村经济和政治制度中都厉行去集体化,例如梳理家庭承包制、取消国家统购统销制度,以及恢复市场交换等,还有诸如村民自治等政治改革,但村干部却始终把控着居间环节。另外一方面,村民对村庄事务的影响力却相当受限:他们很少能要求公共事务符合自己的意愿。因此,减少村干部对公共财产的私有化的愿望就很难实现。

基于村民无力参与村庄公共事务,本章得出结论,集体股份合作社阶段的集体平等分配非常脆弱。村民们在集体组织中参与不足,他们为支持集体平等分配所作的努力也注定作用不大。尽管土地股份合作社严格执行了平等分配,但表象之下,集体平等主义的根基并不稳固。

---

[1]《村干部工资怎么发?》,http://www.21gwy.com/ms/cjzl/a/6059/416059.html,最近阅读:2013年4月29日。还有几个县镇级的官方文件也证明了中国北部和中部的工资发放模式的转变,例如黑龙江省长生乡(2012),湖北省郧县(2012)。

第六章

复兴的宗族组织：
公平的成员权和公众参与

元叔是 T 东生产队刘姓一族的队长。自从 1995 年起，他就担任这一职务。到现在为止，他所遇到的最大的困难就是土地分配问题。1996 年股份合作社合并，刘姓族人失去了他们的土地。作为补偿，他们得到的是一块新的离居住地很远的土地。在过去，通常情况下村民们会在那些零散小块土地上种一些蔬菜自用。近些年来，菜价的飞速上涨增加了农民的生活开支，因而很多农民都埋怨元叔丢失了原来的土地。而新土地因为距离太远实际上已被荒废。

第一节 复建宗族的一般意义

尽管在正式村集体组织的结构中，农民相比乡村干部处于弱势地位，但他们仍然能够通过其他方式保护自己在乡村事务中的利益。根据国家—社会关系理论范式，农民在乡村事务中的力量体现在三个方面：首先是经济权力。在毛泽东时代，农民生产粮食，也会为了粮食而斗争（Kelliher, 1992）。到了改革开放时期，农村经济发展将会进一步影响国家权力，使其更能体现农民的意愿（Perry, 1994）。其次，在毛泽东时期，农民的政治权力源于他们较高的阶级地位（Kelliher, 1992）。最后，通过法治进步，农民逐渐能通过法律途径进行合法抗争（Obrien,1999），也增加了其正式参与。基层民主政治的发展也为农民表达不满意见提供了一条合法途径。正式自治制度有助于农民施加他们对乡村事务的影响力。但是，经济发展对推进国家民主政治的影响是模糊、不确定的（Perry,1994），而且正如第五章所述，正式组织中的参与效果也有限。与此相对，珠江三角洲地区正在复兴的各类传统组织和活动涉及另一种形式的大众动员和参与，其对于村民在集体事务中的影响力的促进作用就值得进一步研究。

第一类繁荣起来的传统活动是龙舟赛，如今已经很常见。首先，该地区村庄大都参与竞赛，制备的龙船也多。2010年该市DL镇每一个村都配备至少一只龙舟，最多的村拥有16只。而该市另一个LJ镇下辖26个村，2010年共计拥有146只龙船[1]。龙舟传统复兴的另一个标志是龙舟赛参与民众的范围大。除了村民和村集体等普遍参与外，地方政府也参与其中。一些地方官员试图通过组织或参加这样的比赛而获得民心支持[2]。

事实上，龙舟赛只是珠江三角洲地区自20世纪80年代以来传统复兴的一小部分。更多的复兴表现为祖先祠堂和地方神庙的复建。除了D窝这个村组，义村每个自然村都至少修建了一座神庙或祠堂[3]。同时，义村中三个最大的村组即（刘姓）T东、（阮姓）T西、（吴姓）A龙悄悄复建了宗族大祠堂乃至宗族分支祠堂。笔者在T东村看到在整个刘姓宗族的大祠堂之外，刘姓一族下的两个分支还建立了两个较小的分支祠堂。据知情人所讲，其中以"碧潭"为前称的刘氏分支祠堂是不顾国家明令禁止而悄悄建造的。当笔者在2011年进行田野调查时，看到该祠堂虽然闭门上锁，不能进出，但打扫得十分干净，大门和墙壁都是一尘不染。

这些传统习俗的复兴反映了华南地区宗族组织即单系父权族群的复兴（Freedman,1958,1966）。基于父系血缘关系原则，宗族指的是具有如下特点的农民自发组织（Freedman,1958：1-2）：

首先，该家族会拥有同一个姓氏。在这一群体中，族人供奉其同一姓氏的父系祖先。宗族间实行族外婚，与异族联姻。

其次，家族聚族而居，拥有专属的生活居住区域。一个村庄只有一个宗

---

〔1〕 来自龙舟爱好者的非正式统计：http://www.sdlongzhou.com/simple/?t3.html；http://www.sdlongzhou.com/read-htm-tid-48-page-1.html。

〔2〕 "广州五位市长参加龙舟赛"，《广州日报》，2011年6月13日。

〔3〕 笔者没有到D窝沙这个村组收集宗族活动或地方信仰的资料。

族定居的情况并不常见。当多个宗族共同居住在同一个村庄时,他们会划定清晰的居住区域生活以区分彼此。

最后,在新中国成立之前,父系宗族组织一般拥有共同的经济基础。土地是最重要的宗族集体财产。

20 世纪 30 年代的早期研究认为宗族组织保守而落后,但二十年后的弗里德曼则认为宗族是一个理性组织(Siu,1990;王铭铭,1996);通过英国功能主义视角,他认为宗族是农民为了满足社会需要而建立,例如边陲地区移民群体的自我保护,水稻种植的合作性要求,以及水资源保持或灌溉的管理等。但是,这一范式忽视了其他有历史意义的侧面和细节。社会需求包括弗里德曼所论述的几项,但又远不止于此。那些其他不同的需求是否对宗族组织的形成具有影响是不得而知的。

上述功能主义观受到了弗耶(Faure,2007)的质疑:宗族不是一个源于同一祖先并聚居在特定生活区域上的父系亲属群体组织。基于对华南地区宗族起源的历史研究,他认为所谓共同祖先实际上是为了向竞争对手标示其生活区域主权,以及确认村民集体财产成员权的工具。

相比功能主义视角,国家—社会之间关系范式能解释更多的宗族组织细节。不仅在经济或政治侧面,文化侧面也得以解释。施坚雅(Skinner,1964)认为农民在外部市场中经济利益追求决定了村庄社区的空间范围,但笔者认为事实上村庄在经济之外还具有更加广泛的动因。文化传统的复兴实际上反映出多样化的政治和经济竞争,而它自身也缓解了这些竞争(Siu,1990)。

中国内地研究者也聚焦于宗族复兴的动因。首要研究主题就是宗族对于现代化的影响(温锐,蒋国河,2004)[1]。在该现代化论调中,宗族通常被认为是过时的甚至是落后的,尽管其中一些学者能够从农民视角出发接受该传统的复兴。

另外一些学者则集中于研究宗族复兴的经济效应,尤其是对乡村工业发展的影响(温锐,蒋国河,2004;杨善华,刘小京,2000)。总体而言,宗族的经济影响在不同地区有很大不同。新中国成立之前,宗族主要是一种土地经济组织(Freedman,1958;刘志伟,1992;Potters,1990)。随后在毛泽东时期,土地的私人所有权乃至各类集团组织如宗族的集体所有权被废止。因为宗族

---

[1] 现代化的意识形态在国内乡村社会和农民研究中较为流行,该领域的大量研究都采纳了这一观点(徐勇,徐增阳,1999)。

被认为与地主等剥削阶级的利益一致[1],因此其产权不被新政权承认。从20世纪50年代开始,宗族的土地等财产就归新的村集体共同拥有。改革开放后,宗族复兴与市场经济的快速发展和大规模的城市化有关,但不再涉及土地财产。

还有很多中国学者也讨论宗族的政治影响。例如,有研究认为它形塑了乡村干部的选举及其行为特点(杨善华,2000)。基于国家—社会关系的分析视角,无论是改革时期还是毛泽东时期,宗族传统都延续不断。他们发现,农民总是由宗族来保持日常的联系,或者坚持共同祖先的信念。当下,宗族可以影响乡村干部选举,其中本宗族的利益是影响农民投票的重要因素。

为了揭示宗族对乡村参与的影响,本章试图讨论宗族的生活区域和成员关系两个方面。与之前国内外的研究相比,本研究采取了类似的多种力量互动的视角。但是,本研究的关注点会有所不同。首先,本研究中的生活区域是指宗族共同居住和耕种的土地。正如弗里德曼(Freedman,1966)所阐释的,土地是宗族长期生存发展的基础。因此,在一个多宗族的村庄空间中,宗族间围绕土地展开竞争和对抗会影响到公共参与的结果。宗族与外界世界的关系如何转变就构成本研究的第一个目的,即宗族和其他宗族群体、村庄干部以及国家政权的关系。另一方面,作为宗族的必要构成,宗族内的成员间关系也值得探究。宗族作为线性父系等级性组织,其内部常常发生有害的经济分化,或者不平等的利益分配(Potters,1990:251-269)。因此,内部利益的公平分配对维护宗族团结而言同样非常重要。由于这些内部因素都会影响到农民的公共参与,本章第二个目的即弄清楚宗族成员关系的变化发展是如何影响乡村公共参与的。

第二节 宗族组织的目标:族群的生存

以宗族组织为基础,珠三角地区传统复兴主要在三个方面:龙舟比赛,祖先祠堂和神庙。但是,宗族活动的焦点已经发生巨大改变。在传统社会,农民主要依靠土地生存。随着人口繁殖,宗族为了获得更多土地资源而相互竞争(Freedman,1966)。土地扩张的失败可能会导致群体人口减少,乃至宗族组织的完全解体。

---

[1] 参见《关于无产阶级文化大革命的决定》,《人民日报》,1966年8月1日。

在毛泽东时期,宗族结构依然得到加强,尽管宗族的财产、组织和符号象征都已经根除殆尽(Potters,1990:251-269)。正式的集体经济仍然延续,并用生产队的形式取代了之前的宗族或分支宗族组织。新集体中的人们依然仰赖集体土地来维持生计。而且,新集体经济实行平等分配。由于这一调整,原宗族内的团结得到强化,同时成员之间的激烈经济竞争和分化却逐渐消失。总而言之,土地仍然是新集体中人们互动的核心。

但是,如第四章第二和第三节所述,在改革开放时期,农民对土地资源和集体组织的依赖性都有所减少。当下,义村的农民们都靠个人劳动力来讨生活。另外,虽然村集体组织提供重要的公共物品,但最后一个与宗族同构的村小组的土地股份社也在20世纪90年代中期被撤销了。从此以后,村庄的农民不再依靠宗族的传统项目来获取公共物品。

但是,农民始终热衷于宗族传统,如上述众多现象所显示的那样。正如笔者推测,农民在正式村庄组织里的劣势使得他们通过加强宗族组织来保护自己的利益。换句话说,尽管失去共同土地这个经济基础,农民们仍然努力通过宗族组织和文化性符号来保护群体的"生活区域"。新的生活区域是指他们在股份合作社里应得的利益,依据的是他们所贡献出的本村组土地资源。因而,村庄公共物品和股份分红的平等分配就十分重要。那些不平等的分配正是农民试图通过宗族传统来加以克服的。

基于以上宗族的生存目标,宗族对农民群体的影响将在本章最后一节加以讨论。

一、划龙舟:宗族间敌意或友谊的标识

已有研究说明,龙舟赛与宗族结构互为依赖(Potters,1990:251-269)。它以一种象征的方式同时展示了宗族间的竞争和宗族内部的团结。在义村的传统复兴过程中,最早出现的就是龙舟赛。那时"文化大革命"刚刚结束,而国家已经禁止龙舟赛二十多年。包括荣叔在内,义村一些年轻人从报纸上了解到时任中共中央主席的华国锋在北京划龙舟的消息,就顶住地方官员的压力,决心重启这一传统。经过他们的示范,邻村也都迅速恢复了这一传统活动。

一般说来,龙舟比赛能够显示竞争宗族间的敌对。波特等人(Potters,1990:251-269)曾作过精彩描述:在中国东南沿海,输掉龙舟赛的农民可能会面临许多羞辱。他们描述了某次龙舟赛中,两个宗族因为比赛名次争议几

乎打起架来。义村改进了比赛形式,将十几人的大龙舟改为三四个人的小龙舟,并让每个村小组都派出若干支小龙舟参加比赛,成绩排名依然按单支龙舟计算。即便如此,每一个村组都会派出最好的运动员,筹集充足的资金以赢得比赛。农民们在谈论的时候也会为本族的胜利而感到自豪。

宗族之间激烈的竞争也引发了跨宗族的联盟。宗族联盟可以支持那些卷入竞争的宗族。2011年端午节,义村进行了两场不同的龙舟赛。一场是义村派出一只船代表本村参加友好邻村LY村举办的比赛[1]。这场跨村比赛是由村干部组织的。但与此同时,T东村组刘氏单独参加了另外一场龙舟比赛,发起者为附近HL村的关姓和张姓两个宗族。刘氏族人很愉快地接受了比赛邀请。事实上,这是三大族姓间较长时间以来的一个传统。他们通过一起举办龙舟赛来展示彼此友谊而非对立。在义村,刘氏需要应付本村更庞大的吴姓一族,尽管并不清楚关、张两姓在其本村是否面临其他宗族的竞争。除了龙舟赛,他们还会在其他一些场合彼此大力支持,尤其是在一些重要节日。在珠江三角洲地区,如当地农民所知,刘、关、张三姓这样的联盟并不在少数。

龙舟比赛总会引起本姓居民成员的积极参与,然而对对手宗族的农民就没有什么吸引力。当地人们普遍认为,龙舟赛是为了免除即将来临的夏天疾病而举行的仪式。在该吉庆理由之外,本地农民的广泛参与实际上加强了本宗族的团结,展示了本宗族的力量。2011年6月6日端午节,刘姓宗族参加的那个三姓联盟的龙舟赛于下午三点左右开始。喧闹的锣鼓声和鞭炮声响彻整个村组,吸引了在出租房里的我前去观看。熙熙攘攘的人群,无论男女老少,都围拢在贯穿村中央那条河流的两边观看比赛热身。人们与这些同是本地农民的运动员开着玩笑,为他们鼓舞加油,为他们欢呼喝彩。点燃的鞭炮被扔进河流,在水里爆炸,寓意驱逐恶鬼和疾病[2]。在人群中,两位老者荣叔和他的弟弟从自家搬了一箱水分发给队员们。他们对本族龙舟队已有捐赠,而瓶装水是额外添加的。只是,在场看热闹的人群中很少有其他宗族

---

〔1〕根据当地新闻报道,这是由珠三角地区一批村庄共同发起的一项传统的节日庆典活动,具有超过600年的历史。2011年这一年,有60个村庄参与其中。见新闻《60艘龙舟汇聚顺德点睛》《佛山日报》,2001年6月5日。http://epaper.citygf.com/szb/html/2011-06/05/content_445604500.htm。

〔2〕往河中扔鞭炮在华南农村地区由来已久,在毛泽东时期也有类似仪式(Potters,1990:251-269)。

的人。虽然该龙舟赛的船只会穿过吴姓和刘姓居住地之间的那座分界桥,但是很少有吴姓村民跑来观看比赛。相比之下,很多外来打工者则驻足河岸或桥上观看比赛。

比赛后的庆祝又进一步促进了宗族内的团结。刘氏一族经常就比赛取得成绩而大摆全族宴席。据该族文书德叔的"大事记"记载:1996年10月10日,在参加完本镇龙舟赛后的国庆节日期间,该村举办了一场盛大的村民宴席。刘氏龙舟队在22个参赛者中与其他5队并列第6名,获得三等奖,取得6 500元奖金和一面锦旗。为了庆祝这一赛绩,村庄置办了113桌宴席,有超过1 000人参加。对当地人而言,这是一件相当值得纪念的事件。根据记载,这也是第一次参加宴会的人数超过1 000人。因此,它被特别命名为"千人宴"。

同时,置办龙舟同样反映了族人的团结。传统龙舟需要消耗大笔钱财,仅在一年里少数几个节日时才会使用。2011年时刘氏一族的龙舟长20多米,宽1米,总共配备38只船桨[1]。一艘木制的新龙舟需要花费5万元。20世纪90年代,刘氏宗族先于其他村组,最早购买了一条龙舟。2009年,刘姓又添置了一条新船。为了这条新船,早在当年6月份,一张募集捐款的通告就贴了出来。通告上说族人一致同意制作一艘新船,部分是因为旧船已经破损,部分是因为一艘新船将有助于推动他们的龙舟文化,展示本族的凝聚力。在居民热心捐赠下,最终募集资金总计超过91 220元,外加11 500港币。成功的资金募集充分展示了宗族中农民的团结。

考虑到宗族内分支间的竞争也很激烈,龙舟竞赛也可用于制造和谐。义村村民委员会在每年农历新年后的第二天都会进行新式龙舟赛。自2001年开始,义村传统的大龙舟赛就被三人的小龙舟赛所取代。它以过去生产队作为参赛单元,每场比赛中每支队伍可以派出四艘小船。D窝村组杂姓聚集,没有成规模的宗族,也都派船参加了。虽然宗族组织在毛泽东时期被禁绝,但宗族乃至宗族支脉的划分格局却大都延续下来。义村的生产队是在宗族分支的基础上建立起来的。过去传统的大龙舟赛以宗族为基础,将居住在D窝的没有宗族组织的小姓排除在外。新式龙舟赛则吸引了全村广大居民的注意。每一个宗族及其内部的每个宗族分支都通过多种方式踊跃募集钱款。

---

[1] 划船时,每一排都有两名桨手并肩而坐,另外船中央站立着一名鼓手,通过击鼓而鼓舞桨手,并控制比赛节奏。

据"大事记"记载,刘氏一族曾在一次比赛前特地举办了一场公共宴席,从中筹得款项 20 600 元。

类似改良过的新式龙舟赛正是为了增进村民团结。村干部希望由此增加村民对村庄整体的认同,而不仅仅是对一个族姓或自然村具有认同。村民广泛参与龙舟赛让这个目标得以实现。通过新式龙舟赛,村干部尤其是其中的主要负责人在村民中得到了更多的拥护。村干部也乐意收到这样的效果。因此,从那以后,新龙舟赛就固定下来。而且,由于新龙舟赛的繁荣,传统龙舟赛渐渐沉寂。直到最近,义村仅有三艘旧式龙船,其中义村村委会和刘氏宗族各有一艘。

事实上,不仅仅是村干部试图利用这一文化媒介,当地镇、市和省等各层级政府都试图利用龙舟赛传统获取类似的民意支持。当广州市政府在举办国际龙舟赛时依然考虑经济效益目标时,镇政府更多强调其辖区内的社会团结和政治稳定。1996 年 10 月 1 日即国庆节那天,义村所在的镇政府就举办一次传统的龙舟比赛,并邀请了当地很多宗族。对镇政府官员而言,他们的权威因此得到农民更多支持。作为参与者之一,刘氏宗族在比赛前后摆了两次全族宴席,以彰显他们参与的荣耀,以及取得的成绩。

总之,龙舟赛这个不断翻新的传统具有深远影响。当传统龙舟赛依托宗族或宗族分支而进行时,村干部组织的新式龙舟赛则跨越了宗族界限。当村干部在整个村庄范围内实现了跨宗族的社会团结时,各级政府也在做类似的事情,即争取辖区内宗族间和谐相处。

二、宗祠:区分我族与他族

宗族祠堂的重建与宗族组织的复兴息息相关。1999 年,刘氏宗族在义村率先复建了本族宗祠。祠堂是用于供奉祖先的场所,即宗族最核心的仪式的举行场地。但是,祖先供奉具有强烈的排他性。因此,与龙舟赛不同,祠堂供奉这个文化媒介很难为政府或者异姓宗族所利用,以便实现民心拥戴或跨宗族的和谐。

无论从名字、外观还是位置来看,宗祠都清楚显现了本族与他族之分。在 T 东村,代表整个宗族的刘氏大宗祠建筑规模宏大,装饰精美。这座祠堂前后三进,第一进有三间房。最后一进的房屋外墙则嵌满贝壳。这是出于对先前大祠堂的纪念。老祠堂在被拆毁以前,所有墙体都由贝壳装饰。与此相对,刘氏宗族分支祠堂不仅规模小得多,而且外部装饰也简单得多。例如,刘氏第三支脉于2004年重建了其本支宗祠。该祠堂前后两进，每进都只有一间房。

祠堂的位置也说明了宗族及其分支的差别。就刘氏宗族而言，其支系祠堂都坐落于本支系的居住地，而全族的大祠堂则位于整个宗族居住地的中心。另外，祠堂门口上方的牌匾题字更直接地表现了宗族之间、宗族与其支系之间的差别。在T东村，只有大宗祠的牌匾浮雕中，"刘"姓是直称，即刘氏大宗祠。在其他支系宗祠那里，必须在"刘"姓前面加上支系居住地的名称，如第三支系的宗祠叫作"讷村刘公祠"，第五支系的宗祠叫作"碧潭刘公祠"。

只要宗祠里举行族众集会，无论是否为了纪念祖先，类似活动都能够区分并强化宗族差异。最重要的族众集体活动为清明节举行的祖先祭祀。节日当天，宗族成员一早就来到宗祠，一块坐车到山上的祖墓。人们为纪念活动准备了很多东西，包括爆竹、鲜花、水果、酒、烤猪等等。另外，在完成祭祀活动后，人们还会在祠堂里举办百家宴。2011年刘氏宗族甚至连续举办了两次百家宴。午宴时安排了13张桌子，当天晚上的宴会上又摆出20张桌子。宗祠里第二热门的活动是敬老宴。在刘氏大宗祠里，所有超过60岁的老人都有资格出席宴会。在20世纪的头十年里，尽管没有固定的时间或次数，但每年都至少会举办一次敬老宴。第三热门的活动是近年来兴起来的牌艺竞技。牌艺竞技通常采用敬祖先的名义，在春节期间组织起来。除了作为节日期间的大众娱乐，牌艺竞技缴纳的若干费用也会被用作宗祠的维护资金。据"大事记"记载，2007年的牌艺竞技活动持续了11天，祠堂获得了超过13 000元的资金。2011年的牌艺竞技虽然只开展了6天，祠堂收入却增加到16 830元。

用于祠堂事务的资金的募集需要按照宗族结构进行。在祖先供奉的名义下，宗族资金的募集不只发生在祠堂中，而且也遵守着祠堂的等级结构。在刘氏宗族里，募捐首先在宗族大祠堂进行。相对而言，支系祠堂的募捐，频率会低一些，也不太正式。这不是因为宗族分支人口更少或者捐赠更低，而是因为大祠堂和支系祠堂之间存在等级差异。双重捐款的宗族成员的行为就证明了这种等级差异的存在。他们同时为宗族大祠堂和本支祠堂捐款，但数额上却默契地有所区别。无论是总额或平均数，前者的数额都比后者高出许多。根据"大事记"记载，在2001年的清明节中，刘氏宗族有两家祠堂得到了捐款：刘氏大宗祠和讷村刘公堂。捐献钱物的具体细节如表9所示：

表9 主家祠堂和支系祠堂的祭品对比

	刘氏大宗祠	讷村刘公堂
祭祀活动参加标准	成人每人交纳40元,小孩每人缴纳30元;共募集9 900元	无
捐款标准	每笔100—2 000元	每笔少于100元
捐献人数	11人,其中4人也捐献讷村刘公堂	9人
捐款共计	2 030元	780元
祭品支出	13项	2项
百家宴	33桌,开支8 950元	无

数据来源:刘氏宗族"大事记"记录。

上述祠堂的象征物和祭祀仪式都强化了传统的宗族信念,其中,祠堂活动中某些落后保守的方面也得到了改变。例如,传统的血缘关系观念在改革开放时期变得松动。事实上,宗族这个父系组织从来不将单系繁殖作为唯一原则,收养子女或者招募女婿都是很常见的策略(Freeman,1966)。即使在现在的义村,这类现象也不少见。有些外地男性就入赘到只有女儿的家庭中。笔者在田野中就访谈了一位来自广西的年轻人,外号老李。他就和当地吴姓家族的一个女孩结婚了。还有一位人称阿娇的刘姓中年妇人,她有两个女儿,都招了女婿。现在三个家庭共同居住在一栋三层的楼房里。总之,越来越多的村民都强调姻亲关系或个人的社会网,虽然常常也是模拟血缘关系去实现(杨善华,刘小京,2000)[1]。

另外,性别关系也趋于平等。宗祠中的宗族活动减少了对女性的限制。在刘氏大祠堂举行的百家宴上,除了年龄限制(一般需要大于55或60岁),女性都是可以参与的。随着财产继承制度的不断修订[2],女性的财产权也获得保障。在毛泽东时代,吴姓的垣叔1950年代生人,是义村的一名会计,后来继承了他父母的全部财产,而他的三个姐姐也同意这样的安排。现在情况就不同了。吴姓的龙哥为1980年代出生的人,是义村一名村干部。按照新的继承法,他的姐姐有资格继承与他同等份额的父亲财产,对此他也表示能够理解和接受。

---

[1] 个人网络指基于友情、服从和其他非正式联系的群体集合(Schmidt, et al., 1977)。
[2] 参见1985年《中华人民共和国继承法》第二章第九条:男性和女性在财产继承上享有相等的权利。

宗族和宗族分支祠堂的兴衰主要受到人口的影响。分支祠堂只拥有非常有限的成员。一旦家庭经济下降或者人口萎缩，分支祠堂就很容易衰落。在新中国成立之前，弱小宗族因为族裔稀少或者经济实力不够，很难建起本支祠堂(Freedman,1966)。刘氏宗族曾经有过 8 个分支，并建起 8 座分支祠堂。其中有两座祠堂因为没有后代族裔而倒塌，另外还有两座祠堂分别只有一座小型的神庙。到了改革期间，碧潭刘公祠似乎没有祭品收入。当笔者在 2011 年清明节到 T 东村时，刘氏大宗祠和讷村刘公堂贴有通告，列出了清明节日活动的收支明细等。红底黑字的公告就张贴在两家祠堂的门边，一直保持到下一次集体活动通告。然而，碧潭祠堂门前却没有任何通告，甚至连粘贴过的痕迹都没有。

祠堂兴建还直接面临政策的压力。在新中国成立之前，地方宗族寻求建立跨区域联盟时，总会面临政府压制，尽管宗族传统最初是由国家培育形成的(Freedman,1958:1-18;杨善华,刘小京,2000)。据义村当地人讲，即便在改革开放时期，政府仍然禁止跨区域的宗族联盟。根据刘姓的"大事纪"记载：2003 年五房祠重建完成，刘姓宗族因此举行庆典。但因为上级政府的禁令，人们就在祠堂顶部糊以水泥来作为掩饰。祠堂顶部一般都是用梁木和陶瓦，但这样就会因为建筑格式与周边楼房格格不入而引起上级部门的注意。基于同样的原因，牌匾在祠堂建成两年之后才挂上去。类似的情况在讷村刘公堂的建设过程中也发生过。2005 年该祠堂翻修后，伪装成当地居民的娱乐活动场所。和摆放祖先牌位等典型做法不一样，这座祠堂里放置着一张乒乓球桌和两张麻将桌。

但更多的宗族或宗族分支根本不再复建祠堂。作为一类替代建筑，喜庆楼的分布更加广泛。吴姓一族的大多数分支目前都没有复建祠堂。尽管喜庆楼往往坐落于原先祠堂的位置，但其造型和装饰都相对粗糙。大多数喜庆楼的外墙都十分单调，光秃秃的没有任何标示或装饰，而且其功能也较为单一。喜庆楼主要供公共或私人摆宴席所用。居民个人想要举办婚宴或者寿宴，就可以花钱租下这个楼房作为场地。因此，喜庆楼普遍按照饭馆的模式进行设计，它提供宽敞的空间和水电这类必要条件，而且租费低廉。为了降低普通农民的开销，喜庆楼的收费比水电损耗多不了多少。与此相对，吴姓一族的 A 龙支系新近复建了一座旧式祠堂。该祠堂规模宏大，建筑崭新，但门口颇多警戒。它在外观上没有任何标示，无法直接看出这是一座祠堂。祠堂正门紧锁，只有右边小的侧门敞开，门口摆着一个小桌子，后面坐着一个老人对外进行看守。当笔者试图走近时,他不说话,只是很警惕地盯着我这个陌生人。

相对政府而言,村干部与宗族组织却亲近许多。当讷村刘公堂建成时,除了友好宗族的礼物之外,村委会也赞助了若干资金,并赠送了乒乓球桌和麻将桌。正如上一段所提到的那样,这么做是为了应付政府禁令而进行了一些伪装。随着后来复建宗祠越来越敏感,村干部不再参与落成庆典,但选择对类似行为睁一只眼闭一只眼。后面刘姓和吴姓一族都各自新建了一座祠堂。在这个问题上,笔者曾听到一些村干部十分惋惜毛泽东时代的政治运动对其宗族祠堂的破坏。龙哥虽然出生于1980年代,但仍然十分熟悉毛泽东时期甚至更早之前的祖先祭拜的细节。

总而言之,祠堂活动中宗族与外界的互动偏于紧张严峻。当龙舟赛多显示宗族内部的团结时,对共同祖先的祭拜就是直接对外宣告利益排他。这导致政府一直对祠堂建筑及其各类符号进行限制。但是,村干部与政府有所不同,他们能够兼容宗族:毕竟他们生活在以父系亲属关系为主的社会中。虽然他们某种程度上是政府在村落中的代理人,但同普通村民一样,他们也信奉共同的祖先,也需要与所在宗族的集体利益保持一致。

三、村庙:联结我族与他族

和祠堂处处受到政府限制不同,村庙发展得十分兴盛,而且几乎没有政府阻挠。村庙从20世纪80年代后期开始复建,比龙舟赛传统恢复得晚,但比祠堂传统要早。与祠堂遭遇官方反对不同,义村每个村组好像都建立了一座神庙,以表达他们的民间信仰。宗教仪式如此兼容多样,以至于信众集会时常跨越宗族分界,甚至能够与政府对接起来。

村庙与宗族结构保持一致,因为信众就生活在相互区分的宗族集团之中。首先,跟大宗祠堂类似,每个宗族也会确定一座族人供奉的神庙。吴姓一族的神庙供奉的是"月孛娘娘",而刘姓和阮姓两个宗族则各建一座神庙,都尊奉"康大真君"。同时,各宗族分支也建有各自的神庙,各自供奉月孛娘娘以外的其他神灵。义村的7个前生产队,每队至少包括一支宗族支脉,总计包括了吴姓13支宗族支脉。相应的,各个前生产队都独立建立了神庙,其中有2个生产队分别建了2座神庙,一共9座神庙并尊奉9位不同的神灵(见图8)。村民相信这些神灵掌握着超自然力量,能够赋予人财富、健康、平安,赶走疾病和鬼怪等。这也反映了村民在道教、佛教和民间传说等方面综合而多样化的信仰。虽然村民在各自的村庙内供奉着不同的神灵,但都相信自己所信仰的神始终保佑着人类甚至全部宇宙生灵。

图 8 吴姓一族家中所流行的神牌

说明:吴氏一族信众家里这块神牌上共有九位神灵。从左到右依次为:金花普主惠福夫人、汉代良医华佗神君、玉封月孛天君娘娘、护国庇民天后元君、大慈大悲观世音菩萨、北方真武玄天上帝、忠义仁勇关圣帝君、万寿长生医灵大帝、都天至富财帛星君。

这种家庭内的供神做法就突破了神庙以及对应族支的区隔。这些神灵所在神庙不同,村民也很少到其他族支的神庙中进行供拜,但吴姓族人在家通过神牌就同时信奉着这九位神灵。如图 8 所示,这九位神灵被供在了同一块神牌上,而据当地人说几乎 90% 的吴姓族人家里都有这样一块神牌。

月孛娘娘的生日庆典是研究村庙如何促进农民团结的一个典型案例。月孛娘娘庙位于吴姓宗族一支的 X 南村。在生日庆典当天,其他支系的宗族成员也会来捐献钱款,奉献祭品。通过摆开百家宴,邀请地方粤剧团来表演,不同支脉的吴家人和他们的朋友就一起进餐和看戏。2011 年 4 月 25 日,月孛娘娘庙旁边的广场上所举办的宴会一共招待了 100 多桌人。广场边上还为粤剧表演搭起了临时舞台。于是,村民们一边享受丰盛的佳肴,一边欣赏他们喜欢的粤剧。戏剧表演一直持续了三个晚上。

美味佳肴、戏剧表演和仪式性的供奉一样,反映了当地村民对神灵的坚定信仰。在月孛娘娘生日庆典那天,信众们来到庙里,点着香,向神像鞠躬,然后把香插进香炉。除了主堂前的那鼎大香炉和室内的小香炉之外,在走廊里还摆满了很多插着香的自制简易香炉,可见村庙当天的人声鼎沸。还有很多女性在路边独自烧着纸钱,侧厅的天花板上挂着许多大香塔。另外还有三个道士被请来完成祭奉仪式。另外,祭拜仪式还包括很多其他的符号和象征,比如堆成山的馒头、烤肉、冒着热气的整鸡、花、水果和庆典服装等等。

跨宗族的宗教仪式多样化而包容,让宗族间的敌意得以有效化解。每个神灵都有其固定的诞辰纪念日。到了那天,神庙都会收到本地族人乃至外宗族成员的大量供品和捐献。神庙墙上张贴的收支告示就说明了宗教仪式缓和矛盾的作用。吴姓2011年的月孛娘娘诞辰庆典后的通告说明:一位刘姓族人供奉一座馒头山,另一位阮姓族人也献上同样的供品。除此之外,有两位刘姓族人各捐了200元,两个阮姓族人为庆典礼服各捐了20元。还有更多的刘姓、阮姓和梁姓族人捐了灯油钱。

在刘姓宗族举办的神庙庆典中也出现了相似情况。刘姓一族2011年康大真君诞辰庆典的事后通告直接说明:很多灯油捐款都是来自吴姓和梁姓族人。通告上最大数额的一笔捐款达10 000元,是吴姓宗族中的一个老板捐的。由此可见,这些宗教仪式上的相互捐赠促进了宗族间的团结。

神庙活动的另一个特点是女性作用突出。在2011年的月孛娘娘诞辰宴上,女性不只忙于接待招呼,还帮助完成整个仪式。她们看起来比男人们还要热心。一群上了年纪的女人负责准备供品。她们有的把折好的纸条放进金鼎里,有的照看馒头、鲜花、水果和其他供品。在烧纸钱或者祈祷的时候,她们看起来也特别虔诚。还有很多女性全身心投入公共庆典的服务中。比如三个来自X南村组的女性全程负责供品登记,放弃了与家人朋友的聚餐和观看粤剧等庆祝机会。在另一场吴姓分支B南村组神庙华光帝诞辰庆典中[1],几位老年妇人就负责登记和看管捐款。捐款从下午开始,一直持续到晚上众人宴开席也没有结束。她们就一直在庙里看护捐款箱,等候那些晚来的捐款人。照看着鲜花、水果、供香和灯油一类供品的其他女性也是类似的勤勉。最后,在刘姓宗族的康大真君的圣诞日中,几个女性出纳员也是全程负责那些琐碎的开支。总而言之,相比祠堂活动,神庙的宗教活动中女性能够更多参与到集体公共事务中。

宗教形式也与国家政权更加兼容,虽然更多发生在符号层面。一项中国华南地区水资源自治管理的研究说明,地方宗教仪式常常由国家权威主导

---

〔1〕 华光帝据称是一位能够消灭恶魔的神仙。

(郑振满,1995)。政府不仅在某些重大事项如水资源管理中直接干预地方宗教仪式,在不直接干预的状况下也会对民间信仰有所影响。义村神庙大门两边的对联往往就说明了这一点。例如,刘姓村庙门前的对联写道:"心地光明天君有主,帅星显跃民物皆康。"这意味着他们的信仰是合乎正道的,也是纯粹精神性的信仰,因为他们所信奉的神灵不仅支配宇宙,也保佑世间万物,对所有生灵一律平等对待。至于政府所拥有的世俗权力,也得到该神灵的保佑。只是,地方民间宗教与国家权威的这种对接对当地民众来说是约定俗成的。例如,根据刘氏"大事记"记载,1997年刘氏宗族的神庙圣诞庆典上,所受捐款的增长就归功于国家政治和经济的进步。文献记述大致如下:

> 今年正逢香港回归,举国同庆。本月是香港回归的第一个月。国家政治稳定,经济持续发展,人民生活安康。基于上述原因,族众们更加热情地参与到庆典活动中,并且积极捐款。因此,今年募款超过63 400元,另外还有2 100元港币,远远多于去年的50 000元。

事实上,这种国泰民安的状况在这份民间档案记录里并不少见。这也清楚地说明了当地民间信仰活动和官方之间的一致性。

就村干部而言,他们和普通村民一样热衷于参与宗教集会。如上文所述,地方神庙活动减缓了宗族间和宗族分支之间的分裂。义村村干部在参加类似活动时,有两个特点:参加神庙活动,但很少领导或组织这些活动。他们一般为整个义村而不是某个宗族或宗族分支去站台。因此他们可能会作为宗族一员参加集体活动,但一般不去主持任何一场类似活动。据笔者猜测,一旦他们以村干部身份参加某一宗族集会,那么很可能其他宗族或分支也都会要求他参与。以笔者2011年在月孛娘娘圣诞庆典所见,作为村委会的一名干部,龙哥确实带着他的家人参与了庆祝活动,但除了普通的烧香和认捐一桌庆祝酒席之外,他并没有做任何别的事情。

综上所述,村庙活动借助普遍而包容的信仰,调和了宗族间的矛盾,也协调了宗族和政府的关系。他们追求自然万物的和谐,也就能与政府或其他宗族兼容。由此,村民们才能够与其它宗族和谐相处,与政府权力保持一致。需要注意的是,尽管神庙和地方信仰与政府的关联更多是精神性的,村庙的复建实际上没有受到政府太多的干涉,这与祠堂的境遇截然相反。另外,村干部像普通村民一样遵从各自宗族或分支宗族的信仰,去参加本族或本族支的神庙活动。

四、讨论

宗族传统的复兴反映出农民协调同其他宗族、村干部或政府等方面关系的努力,以保护生活区域,并为自身所属的集团争取利益。尽管土地归属新型村集体所有,导致原宗族的生活区域界限已经模糊不清,但宗族组织依然在延续。

笔者认为,非正式的宗族传统与正式集体组织中的脆弱参与有一定关联。各类宗族组织的复建过程中,维护本族在村庄正式部门中的利益是其中重要动机之一。这一点在本章开篇的叙述中已经有所阐明。当源于前生产队即宗族土地的福利受损时,村组居民更倾向于责怪元叔而不是村委会干部。据元叔讲,作为刘姓一族的生产队队长,他是由宗族内的一些长辈推选出来以保护本族利益的。因此他在这件事上遭到指责也无可厚非,因为本组村民本来也没指望其他宗族的干部能维护自己的利益。

各类宗族活动也证明了宗族维护其本族利益的功能。举办龙舟赛是为了展示本宗族的团结,威慑其他宗族。这类功能在跨宗族的比赛中得到了进一步的强化。当政府和村干部也利用这个传统时,宗族利益就得到了自上而下的承认,尽管这个过程中政府和村干部的权威也得到了更多服从。

与之相比,祠堂活动则由于排他性而面临政府的限制。政府本来就是在农村建立了一系列取代父系宗族组织的正式组织。作为与此对立的非正式组织,祠堂在理论与行动上都让政府不得不警惕。

然而,神庙活动则摆脱了狭隘的团体生活区域诉求及其相关利益。信众们宣称神之保佑普惠万物,包括本宗族和其他所有宗族。由此产生的结果就是,神庙活动相对较少受到政府的干涉,村干部也几乎没有对此表达过异议。

宗族活动的复兴对村庄正式组织中的民众参与的影响是多样化的。其首要原因在于宗族间乃至宗族内部同时发生竞争、排斥和兼容等多重关系。各宗族在龙舟赛或者祖先祭祀等活动中相互对抗,同时也在神庙活动中和平共处。但宗族集团到底是追求排他性的生活区域。神庙活动尽管已经有了跨宗族的、以宇宙和谐为基础的共同信念,也不能完全消除宗族竞争。

但同时,复兴的宗族传统却获得村干部的支持与参与。通过创办新型龙舟赛,他们在村民那里获得更多的认可。他们甚至也支持着祠堂活动。不论是否为虔诚信徒,村干部更倾向于容忍而不是干扰民众的民间信仰活动。

与此相比,多样化的宗族活动引发了当地政府不同的干预策略。当地政府倾向于鼓励龙舟比赛,也不太干涉神庙活动,却旗帜鲜明地反对祠堂活动。

第三节　宗族组织中的成员权:族群内的公平

宗族组织着眼于本族生存,但其对于民众参与村庄正式组织的影响难以明确。宗族活动看起来复杂,其各类活动的共同目标却清晰可见:宗族生活区域及其衍生的利益。但是,宗族是非正式的组织,其对于村民在正式部门中的作用较难界定。宗族之间或竞争或联盟,宗族与国家之间或协调或对抗。很难确定宗族活动是加强还是削弱了群众在村庄正式组织中的参与。具体来说,诸如龙舟赛和祖先祭祀会强化宗族对立,可能会因此妨碍民众的正式参与。同时,神庙活动又会增加跨宗族的协调,可能会因此增强民众正式参与。

宗族不仅实现了成员与外部世界的多样化联系,其内部成员权也影响了农民的正式参与。根据弗耶对于宗族的定义(Faure,2007),本研究发现宗族组织中的成员权与集体正式组织截然不同。在正式集体组织中,以正式的集体成员权为基础,农民能够实现平等的利益分配。作为对比,在新中国成立前,宗族利益的平等分配则是较难实现,宗族共有土地的平等使用也很少实施。传统社会中,宗族只是为穷人提供小块土地来确保他们糊口生存。一般来说,宗族成员轮流掌握共有土地的管理权,在某个人或家庭取得共有地地租的同时,也要负责宗族公共事务的开销(Freedman,1958:73-76)。或者,他们将共有土地委托给一个或多个本族可信之人,以进行更加有效的管理,再将所得地租在成员之间进行分配(刘志伟,1992;叶显恩,周兆晴,2007)。如第四章第三节所述,义村当下对于土地使用也是内外有别。其面向内部成员的租赁价格就比市场价格要低。同时,村组更多将土地投入市场以获得更高租金,以至于产生本族成员间的不平等的土地使用。无论哪种方式,由于土地产出不稳定,宗族分配都很可能不平等。传统农业面临天气变化、技术落后等,导致产出不稳定。同时,在土地使用和利益分配之外,宗族组织也尽力提供公共物品。在相当长的时间里,宗族组织是地方公共福利的主要提供者。

综上所述,传统宗族的利益分配和土地使用并不能保证平等。特别是,宗族支出强调的是公共物品。因此,传统宗族成员权实际上实现的更多是

"公平性"。这一点与社会主义正式村集体中的"平等性"形成对比。从字面上看,"公平"意味着公平而合理。在本研究中,它意味着宗族成员对共有财产或集体利益进行公平而合理的支配。

改革开放以来的宗族团体也实践着丰富的而且以公平为取向的成员权。下面的分析廓清了宗族内部到底如何维持了"公平"。之后,本书将说明为什么无论在宗族内部还是村庄正式组织中公平的成员权都能够强化农民在公共事务中的参与。

一、竭诚奉献的宗族委员会

为了有效率地运作组织,传统活动比如龙舟赛、祠堂祭祀和神庙供奉等都需要较高水平的组织和管理。因此民众常常选择专业认识或熟练的人并赋予他们管理职责。在义村,各类民众集会中理事的挑选是公平而合理的。

每当有传统的民众活动时,农民们倾向于委托在当地广为人知的具有专业知识的代办人。要在龙舟赛中获得好成绩,就需要及时募集相当数量的活动经费,置办必要的物资比如饮料和鞭炮等,事先决定举办并筹备庆功宴。因此,义村每个前生产队或宗族中,都特地安排了一位专门会计。相应的,很多生产队还会额外委派一位出纳。刘姓宗族中元叔就是经办人,而阮姓宗族的经办人叫文哥。而根据2011年吴姓X南村组华光帝庙墙上的通告,该族支在龙舟赛中进行了募捐,但没有列出谁负责经办。但是当年华光帝庙诞中,实际操办人是该组组长培哥。

事实上,当大规模的公共活动如龙舟赛后举办百家宴时,一个临时委员会就组建起来。挑选这一群人本地居民依据如下几项标准:

首先,他们中的大多数都是老年男性,在为人处世方面在当地都是有口皆碑。他们在日常生活中都享有尊敬和信任。其次,他们都熟知传统仪规,特别是关于传统事务的大量专门经验。例如农历、血缘世系、祭祀或供奉仪规等。最后也是最重要的,理事会由志愿者组成。一般来说,理事会大约由十人组成。他们都是志愿工作,只有一点经济补贴,以及可能有若干经济或社会性的褒奖。这是一个以荣誉为主而非有利可图的任务。根据刘姓一族的康大真君庙2011年贴在墙上的账目通告,该庙宇委员会上一届九名理事退休时,每人只收到30元红包作为奖赏。现任理事每人也总计只有480元的补贴。当然,这些志愿者在任职期间可以报销一些项目。在2011年神庙庆典期间,委员们在餐馆聚餐就可以报销。据墙上通告所说,理事们五天内的中餐和晚餐一共支出3 950元。每餐平均花费360元。若委员以十人计算,则每人每餐36元。这是当地餐饮的平均消费水平。

实际上,理事中经济报酬较高的是会计或出纳。该墙上公告清楚显示去年服务于神庙庆典和祠堂供奉活动的三个出纳员共计得到报偿1 250元。有时,会计会因为他们临时加班而得到额外报酬。根据"大事记"记载,2001年,刘姓文叔作为会计参与本族的神庙庆祝盛宴,前后六天,因此得到补贴200元。正如上述证据表明,宗族的理事会属于临时机构。当定期举行的仪式来临时,这些理事就提前上任。当集会活动结束时,他们就会解散,只留下会计等处理集体账目问题。

这些理事会作为民众自我组建的非正式组织,相对独立于村干部。义村个案说明,普通农民主宰着这些复兴的传统非正式组织。虽然并不完全排除,但村干部极少成为理事会成员。但是,在村组范围内,村民组长经常领头操办宗族事宜。义村的村组由单个宗族或宗族分支构成,或者属于同一宗族内数个分支的联合。因此,村组长与宗族成员的利益是一致的。根据笔者的田野调查,安排此类传统活动就成为小组长的主要工作。在康大真君每年的庙诞仪式上,身为T东村刘氏宗族村组长的元叔,这么多年以来都是活动的主要负责人之一。类似的情况也发生在吴姓的B南村。作为村小组长,培哥也参加了其村小组的临时理事会。那里还有十名理事。2011年他花了三四天的时间去准备本族华光帝的庙诞庆典。作为理事会的负责人,他需要安排众多集会事项。例如,他联系粤剧团进行三天的演出,还联系了一家餐厅准备晚上集体聚餐。当天晚上,在粤剧团开始表演之前,他还向所有参加者作了简短致辞。

在上述活动中,村组长们几乎不会去左右这些复兴的传统非正式组织,更何况他们的权力在股份合作社时代已经消解殆尽。自从1997年股份合作社进行调整,村组的经济独立被村委会取消,村组的治理功能也大为削弱。义村2011年的村干部名单中,九个村小组的组长都不属于村干部序列。虽然名列村委会和其他正式村庄组织,但这几位仅仅只是领工资的办事人员,很少能参与村庄决策,更多的是充当村庄正式机构与普通村民之间的桥梁。比如,他们传递上级的命令给本组居民,又从本组居民那里收集意见反映给上级。除此之外,执行村委会的重大任务时,比如生育控制、征兵、鱼塘再分配等事项中,他还需要召开工作会议。

村组长在传统宗族活动中的角色与其在正式部门中的职责并不矛盾。

事实上,村组长参与传统活动,靠的是他们个人乡誉和管理经验。由于他们具有正式职位,因而能够更容易获得同组居民的信任。而且,他们在正式组织中所积累的处理公共问题、建立团结的技巧也让他们胜任宗族性集会。培哥就是参与神庙集会活动的例子。他从两年前开始接任村组长,算是一个新人,目前已能娴熟举办宗族活动。

总之,宗族委员会实现了成员间的公平。相对于政治地位和个人财富,理事的虔诚之心和专门经验才是村民们优先考虑的方面。这些理事通常被认为是真心实意地为本族公共事务作贡献。在村民眼中,其专业性和个人道德品质也是十分可靠的。他们截然不同于新中国成立以前的乡绅,后者作为地方精英,占据宗族组织以控制宗族的土地管理和公共事务(叶显恩,周兆晴,2007)。理事会成员的志愿主义也以低经济回报作为证据。他们的经济报酬太少,以至于其变成一份荣耀性工作。由此可见,复兴的宗族组织很少面临村干部的经济利用或政治主宰。

另外,理事的挑选大多根据村民舆论进行。虽然不是直接推选或投票选举,理事的产生仍旧与民众意愿较为一致。例如,荣叔来自刘姓一族,作为一名高中退休教师,他已经掌管刘氏大宗祠和讷村刘公堂的钥匙很多年了。同时,他还是刘姓每年老年宴和祖先祭祀活动的出纳。但到2011年时,他不得不放弃大宗祠的管理职务,并将宗族集体账目移交他人。这是因为贪污宗族钱款的流言蜚语让他不胜其扰,尽管他迟迟没有主动"辞职"。有人传言他利用个人作为理事之便而贪污集体公款,让他十分愤懑。再加上他的年龄越来越大,生于20世纪40年代的他已近70岁。于是他最终决定卸下责任让年轻人去承担。

二、广泛的监督

在管理之外,宗族成员还对理事们进行持续监督,从集会活动的准备阶段就加以启动。定期的宗族集会事先需要大量的准备工作。理事们需要提前开会以考虑即将到来的活动并进行分工。在这期间,他们的商议结果都会透露给当地民众。随后,详细的活动计划通常在集会之前就公开宣布。这些活动主题包含两部分:首先是例行的宗族集会活动。根据宗族理事和普通农民对笔者所言,定期的宗族集会有大量跨越时间反复出现的仪规传统,当地居民对此烂熟于心。例如,B南村培叔花了三四天的时间来联系餐饮供应、歌舞剧团,接受农民的宴席预订,发布活动的公告通知等。除了他的个人能力之外，这些事务多年来都属于惯例，也是活动短时间内就能顺利组织的原因。

其次是零碎的宗族事务。宗族有时也会遇到突发情况。例如，在20世纪90年代村小组的土地股份社合并的当口，元叔站出来竞选本组组长，并成功当选。此前他是一名乡镇企业家，在外村与人合伙承包了一座大型砖窑并在1994年回到村组。当时刘氏一族的土地股份社将要合并到村委会，一些情绪激动的本组居民就找到他，希望他来当组长。为了保护本组利益，经过多次协商之后，他最终决定承担这份责任。此事看上去并非传统的宗族活动，因为它属于正式的村庄事务。但是，这件事情更加清晰地揭示出村庄解决类似重大事务时的常用方式。一般情况下，由领导、积极拥护者和广泛旁观者所组成的乡村大众抗争模型在这里也是适用的（Guo, 2001）。只是，义村宗族在处理非常规的事务时的方式会有所不同：只有那些激进的宗族成员为本族利益而行动。尽管如此，他们的行动实际上反映出居民主流的感受和想法。

在宗族集会期间，农民能够直接监督理事们。志愿者之间的工作分配方式也有助于进行大众监督。在宗族委员会内，很少依据权力等级进行工作划分。他们的分工主要通过共同商量而确定。讨论之后，每个人都独立负责他自己的部分，很少指挥其他人，反过来也很少接受其他人的指挥。他们只是遵照共同决议，并负责执行。比如，在2011年B南队的华光庙庆典中，两位年长女性负责照看捐款箱，而其他几个人则坐在外面的桌子后面接收捐款。放入捐款箱的捐款是不记名的，而桌子上的捐款则需要记名。这些年长女性责任截然不同。因此，借助直观的分工，农民能够直接观察监督到理事们的工作。

最后，公开通告的方法让大众监督也更加精确。一般来说，宗族活动的所有收入和支出都有详细记录，活动后再张贴公布。这也是当地惯例。公告通常用一张大红纸写就。上面记载了所有一般项目和具体项目的详细信息。然后它也张贴在宗族或宗族分支居住地的中心活动场所。由此每一个宗族成员都能够很方便地看到公告。通过它，农民可以清楚地了解到理事们的工作效果。

总之，大众监督保护了宗族利益分配中的平等成员权。这首先表现在理事和志愿者间平等的工作分工。其次是农民通过例行工作、直接监督和活动公告来确保在宗族资产方面可以追究理事们的责任。由此，他们能够确保理事和志愿者们服务于宗族利益。

但是,这种监督效果不明。因为宗族是自发建立的,几乎全部要靠组织的志愿服务,而没有法律等正式制度的强制作用。除了墙上通告,所谓传统并没有提供多少成文的规章制度。基于此,义村的农民频繁地诉诸一些更特殊的约束工具,比如公开谴责或流言。例如,刘氏宗族的一户家庭因未经允许私自建设桥梁而遭到居民的公开谴责。这户家庭当时在建造新楼房,为了方便材料的运输,并节省一些运费,就临时横跨河流架了一座桥。本来这是一个权宜之计,为众人所默许。但后来房屋修建完毕,临时桥梁却迟迟没有拆除。居民因此心生不满。2011年6月的某天,与宗族通告类似的一份匿名大字报张贴了出来:它也用红色纸张和黑墨写就。这份大字报强烈批评上述家庭随便在村组河流上搭桥且两年不拆的做法。它声称该桥破坏了风水,已经导致某些村民患有严重疾病。它也警告这户人家应积德行善,而不要引起众怒。最后,它声称桥梁引发交通堵塞等其他问题,因此呼吁本组组长迅速采取行动,十天内拆掉该桥。显然,该大字报虽然匿名,但通过风水和公共交通等为理由,清楚地表达了民众的强烈不满。大字报张贴后不久,就不知道被谁撕烂了。但是,几天之后,桥梁的确就被拆除了。除此之外,流言蜚语在宗族生活中也有重要作用。正如本章第三节第一部分已经提到的那样,荣叔退出宗族委员会就是因为受不了村民的流言。

三、有效的动员

宗族活动的确能够激发成员和其他相关人员的参与。就龙舟赛而言,本地村民或友好宗族都愿意参加。正如本章第二节第一部分所论述的那样,刘氏一族在2011年参加龙舟赛时,人们挤满河岸,甚至站在河边房屋顶上去看热闹。开赛之前,人们持续放了近一小时的爆竹。因为T西阮姓一族与T东村组比邻而居,一些阮氏宗族的民众也过来河边观看比赛。在当年义村村委会组织的龙舟赛中,官方照片显示,无论比赛出发点还是终点,或者穿过整个村庄的河流两岸,都站满了人观看。

更多的民众出现于神庙和祠堂。祖先祭祀后的大众宴席经常有三十桌人左右,而神灵诞日庆典的宴席如今动辄超过百桌。如果说类似祠堂等宗族活动仍然为国家所严格控制,那么神庙信仰的包容性让更多的人可以参加神庙活动。

同时,宗族活动还会动员很多外姓族人。在宗族集会中,异姓宗族或其他村庄的人也能够通过本族成员的邀请而参与大众宴席。获得邀请对于那些参与其中的外人来说是很大的荣耀。在2011年刘氏的龙舟赛之后,义村刘姓一族的一些村民参加了邻村友好宗族所举办的庆典宴席。虽然吴姓是刘姓的竞争对手,但吴姓一族的喜姐的父母就受邀参加了宴席。因为喜姐嫁到隔壁村关姓一族,所以她的父母和其他一些亲戚都拿到了请帖。

类似的情况也出现在祠堂和神庙的大众宴席中。正如上文描述的那样,神庙活动对外人开放,晚宴也欢迎外人接到请帖后参加。与那些感觉接到邀请而感到荣光的人相比,那些想参加却没有接到请帖的人会感到相当挫败。2011年5月份,来自梁姓一族的义村村干部柏叔在说起吴氏宗族的月孛娘娘庙庆典时,就有些生气。刘氏一族的组长元叔也没有参加。他说只有吴姓本族的人才能参加这次庆典,而村委会的柏叔就有些赌气,对笔者讲他即便收到请帖也不会参与。梁姓属于义村的杂姓群体之一,因此在村庄政治中分量有限。

宗族分支的集会活动也会发布邀请。在2011年B南村为华光帝举行晚宴时,笔者收到培哥邀请得以参加。在此之前,笔者遇到义村股份合作社的两位会计喜妹和垣叔。他们都是吴姓族人,但不属于培哥那一支。通常,他们看上去与培哥挺熟络,因此笔者问他们是否会参加。喜妹说她没有时间,因为她要接孩子放学,而垣叔则显得犹豫,最后告诉笔者说除非接到请帖,否则外人是不能参加的。

参与活动的外部人也会包括一些已经侨居他乡的族人。虽然已经身在外地,而且迁徙许久,很多侨民依然与故乡保持密切联系。他们积极给本组项目捐款,尤其那些居于香港的同胞。根据"大事记"记载,2010年刘姓康大真君庙募集到2 100港币。到该年年底,不计人民币部分,该账户共有港币31 120元。另外,打造新龙船的项目又收到11 500元的港币。在整个1990年代,当大多数农民对宗族活动的捐献都还很有限时,在香港的那些侨民则极大支持了本宗族公共设施的改善。尤其是一位侨居香港的刘姓单身老人临终时将其全部身家都捐赠给了故乡。在此之前,他已经多次向故乡寄钱回来。感激于他的赤子之心,刘姓族人在刘姓大宗祠所在河边的中心公园建了一座凉亭,以纪念他的善举。

总的来说,就宗族成员、异姓宗族成员、或离开故土的侨民的参与而言,宗族组织的动员是有效的。这也是宗族成员权的第三个内在特征。改革开放时期的宗族财产主要来源于成员的捐献,因为它们不再拥有共同土地等传统资产。没有对成员的充分动员,复建宗族就无从建立其公共资产。

但是,大众动员需要解决成员间的社会经济差异乃至不平等问题。农民参加宗族活动时,毫无疑问会带入他们的经济差异。如当地村民所言,个人面子在公开场合十分重要。在个人财富或健康等其他常规的世俗需求之外,人们当然也渴望社会声誉。因此,他们可能会在祖先祭祀、神诞捐款或大众宴席等活动中展开竞争以获得光彩的脸面。实际上,宗族组织有意利用乃至鼓励富户间的这种"面子"竞争,来募集更多资金,并给活动带来一些娱乐气氛。结果,通过参加特别设计的节目,给宗族活动捧场,富户们获得了社会声誉和众人的祝福。在2011年月李娘娘庙庆典上摆出五大串吉利烟火进行公开竞标,其中一串最终竞价高达4980元。同等重要的是,竞标成为当晚最精彩的一次现场秀。一千多人目睹了这次娱乐性的竞标,并对竞得烟火者表示感谢。另一项更常规的筹款方法是出售大众宴席的位子。宴席按桌统一定价,其价格比市场价还要高一些,减去操办成本的利润就归于宗族公共收入。宴席往往很早就开始接受预订,因为不是所有富裕农户都会购买。仍就2011年的月李娘娘庙庆典而言,垣叔向粤剧团表演捐了100元,但并没有去买标价318元的一桌酒席。事实上,在该次宗族活动中,每个环节都有富人捐赠。就粤剧团表演而言,三名商人共同捐了13888元,是所有捐款中最大的一笔。即使烧给神灵的纸衣这一个小项目中,人们的捐献额度大小都有,差异明显。其中捐款最高的一笔为680元,而最小的一笔只有5元。简言之,只要富人为宗族活动作出更大贡献,人们就接受宗族成员之间的经济不平等,并给予富人以个人名声。这点更多与公平而非平等的原则相契合。

四、公平的分配

宗族财产分配最终且直接地说明了宗族组织的功能。最主要的宗族开支在于宗族集会和固定资产的维护。一般来说,龙舟、祠堂和喜庆堂的日常维护开销较小。它们较为耐用,且不用经常维修。事实上,除了每年的几个固定节日外,龙舟和祠堂都很少启用。根据笔者的观察,它们平时多被锁起来保存好。喜庆堂用得比较频繁,但也取决于村民的选择。随着越来越多的村民富裕起来,他们更喜欢在正式的饭店操办酒宴,因此喜庆堂的使用次数也减少了。相比之下,村庄神庙则一直对信众开放。香塔和油灯每天都会点上。相应的,这些神庙需要每天进行清扫和看护。因此,义村很多神庙会雇用一到两个老人负责日常维护。刘姓的康大真君庙有一名保洁员和一名门卫。相比之下,B南村吴姓华光帝庙则在规模和信徒的数量上都要小得多。2011年的神诞庆典之后,该庙账户只剩下一万元左右,还要在平时维护开销就有些捉襟见肘吧。

另外,宗族组织也为地方公共物品进行大量投资。以刘姓宗族为例:其第一个项目是教育基金。该基金以康大真君进行命名,奖励在中考或高考中取得优异成绩的宗族子孙,尤其是那些考入重点高中或大学的孩子。为了使这个奖励显得正式、公平,那些通过走后门而获得成绩的家庭就被排除在奖励之外。另外,奖励的对象还包括了本族的外地侨民。如果他们对本地宗族有贡献,那么他们家中的孩子也有资格获得这项奖励。奖励的数目不是很大,但对于普通家庭来说依然是很可观的(见表10)。

表 10 刘氏宗族教育基金

考试水平	名牌学校和大学	奖励(元)
考入大学	国家重点大学(12所指定学校)	2 000 - 10 000
	省重点大学(学生需要达到高考的一本线)	1 200 - 1 500
	接到正式录取通知的普通大学	500 - 1 200(达到国家二本线奖励1 000 - 1 200;三本线奖励800;专科奖励500)
考入高中	市属学校	500 - 600
考入初中	市属学校	600 - 1 000
	镇中学	500

注意:数据来源于刘氏宗族的"大事记"。这项教育基金在1999 - 2008这十年间共计奖励32名学生。学生的名字、父母、考试成绩和成绩的档次都有清楚记录。

这项宗族计划后来基于两项变化而有所调整。第一项调整源于义村村委会新设立的一项教育基金。该计划奖励所有考入大学的学生,没有宗族和成绩的限制,因此刘姓宗族的奖学金与之产生重叠。第二个变化是1999年后大学扩招让宗族内考上大学的学生数量迅速增长,刘氏奖学金的开支压力倍增。因此,其奖学金不再奖励那些刚刚达到国家本科线及以下的学生。该计划同时还降低了升入初中或高中学生的奖金数额,尽管奖励标准并没改变。2008年10月,该奖励金又进一步降低了初中考生的奖金。那些既没通过市考也没通过县考的学生就失去了获奖资格。

另外,刘姓的宗族基金还设有死亡和疾病抚恤金。就死亡抚恤金而言,对年老死亡的抚恤金一般是每人 1 000 元。就住院补助而言,则有理事代表神庙给病人送去 300 元补助金。笔者进行田野调查的那个农历年,刘姓一共有过四例抚恤金开支:三例死亡和一例疾病。

为了达到上述目标,宗族的各种项目账户经常互相支持。例如,居于 T 西村的阮姓宗族就将龙舟赛的资金和祭祖的资金账户合并。根据其神庙墙上的通告,到 2011 年 8 月 10 日,其最新资产余额为 38 010 元(见表 11)。

表 11　2011 年阮姓宗族的资产余额

上期余额	47 169.2 元
龙舟比赛的开支	6 143 元
祭祖募捐	3 740 元
祭祖开支	6 755 元
存款余额	38 010.2 元

数据来源:由阮姓大宗祠外墙所贴公告整理而成。

这类账户合并与刘氏宗族类似。康大真君庙的账户成为宗族的总账户,从龙舟赛和老人宴那里筹集的资金也都被注入这个账户。在 2010 年,这两个活动共募集到 9 150 元。

宗族资产甚至一度与村组的正式资产合并起来使用。正如第五章第三节所述,义村早期的土地股份合作社以各村组为基础。刘氏一族的 T 东村组拥有自己的集体财产,并建立了独立的资产账户。到 1996 年,义村股份合作社进行了合并,但 T 东组依然掌握本集体土地所产生的部分盈余,即 1996 年之前流转出去的土地的租金。据 T 东组长元叔讲,这部分正式收入被称为"工业基金",却时常用来支持非正式的宗族项目,它曾经多次向本族龙舟赛、祭祖和大众宴席提供资金支持。1994—1996 年,刘氏一族在本族居住区铺设了四条水泥路。这项工程耗资不菲。除了正式的村组资金和义村村委会的拨款,还有相当一笔资金是从本族成员那里筹集的善款。本地居民和外地侨民都有所捐献。工程竣工时,还余下四万多元。由于此时本组股份社的独立账户已经取消,因此这笔资金就直接被注入到本族大众宴席的账户中。

总的来看,宗族利益的使用也证实了宗族内的成员权是平等的。与正式集体组织中的平等分配相比,宗族财产的使用更多集中于族内的公共物品。事实上,大部分资金都用于本族的集会活动中了。这对本族成员来说也是公平的:他们共同享受宗族支出,如果达到条件,每个成员都有平等的机会去获得作为宗族一员该有的待遇。教育基金及抚恤金项目都充分说明了这一点。

平等的宗族成员权可以进一步从宗族财产的分配中得到检验。村民们一般直接称呼宗族财产为"公产"。一般来说,宗族资产有两种使用方法:首先是一些不动产性质的公产是共享或共同使用的,例如祠堂。吴姓一族的大宗祠原样修复后,就被用作老年活动中心。在毛泽东时期,它曾经被改造成义村小学学堂。改革开放后,很多集体财产都进行了私有化,但这座建筑一直被保留下来用于公共使用。

同时,在符合条件的情况下,也有一些公共财产是分配给成员个人私用,但是获取机会平等。在刘氏村组中,沿着村中河道两岸种了很多龙眼树,每年都产出可观的果子。每逢入夏,T东宗族理事会就会公开拍卖果树的果实。每个居民都有平等竞拍的机会,都可以按照个人意愿,购买一棵乃至多棵果树的果实,并向理事会支付竞拍款。2011年夏天,文叔就拍下家门口附近的一颗果树。对于该果树的产果情况和竞拍价格,他都感到满意。

宗族基金也会向本族居民发放贷款。过去研究发现,传统宗族中,精英往往比普通成员占据更多的公共资源(Potters, 1990)。如今情况则有所不同。2004年刘姓宗族理事会就发放了几笔贷款,以增加些利息收入。本族一位开工厂的企业家因此获得24万元的贷款。2009年和2010年,又有两名本族农民分别贷款3万和4万。上述贷款利息适中,月息1%,比市场上的月息1.5%要低一些。乡村社会中,资金相当稀缺,因此宗族资金这样放贷似乎导致成员间的不公平。但实际上这种不公平的影响相当微弱。传统时期农民生计艰难,资金和土地一样都有举足轻重的影响。如今农民大多依靠家庭劳动力的非农就业收入,其生活并不怎么需要贷款,因此宗族资金的不平等使用的影响相当微弱。

五、讨论

通过聚焦于宗族组织成员权,本章说明了村民如何在非正式生活中践行平等。宗教仪式活动中的志愿者、广泛的监督、有效的动员和平等的分配等大量证据都可加以证明。与新中国成立以前的传统宗族组织相比,如今宗族资金主要来源于成员捐献。宗族内部的社会关系因此根本改变了。长期以来的传统是,宗族里的精英或普通成员,都依靠土地即农业生产来生活。即使宗族联合体试图实现成员间的平等,精英们在实际的土地使用和利益分配中依然得到更多(Potters,1990)。

相比之下,不论宗族普通成员或精英,全新的经济基础都意味着他们对宗族组织的依靠已经大为减少。就宗族公产的规模而言,如今已经相当有限,可分配的福利也是如此。它们对农村家庭的帮助是次要的,农民更重视个人的劳动力和正式村集体部门的福利开支。而且,不论规模多小,复建起来的宗族经济中,农民对于平等成员权的诉求空前强烈。目前宗族精英已很少再侵占公共财产,平等的成员权得以实现。村民们就以这种方式共同持有诸如神庙、龙舟等方面的公产。而且,只要具备相应资格或其他条件,他们私人使用共有资产或得到公产分配收益的机会都是平等的。

第四节 小结:宗族共同体的影响

宗族共同体在改革时期继续服务于本族群的生存发展。在义村,他们利用宗族基金和大众集会持续为当地提供一些公共物品。与新中国成立之前的传统宗族相比,如今的宗族成员不再需要公共土地,但由宗族共同体所表现出来的族群内外关系却从没衰减,它依然是农村日常生活中社会互动的基础。

但是,很难直接说明宗族集会等活动是否促进了成员在村庄正式公共事务中的参与。神庙集会可能因为实现宗族间的融合而促进了村民的正式公共参与,但祠堂供奉显然会因引发宗族间的对立而阻碍正式公共参与的提高。

然而,宗族的成员权确实加强了农村公共参与。复建宗族在多个方面维持了成员间的平等关系,包括选举和监督宗族理事、有效的动员和公平的利益分配。因此,农民们至少在非正式的宗族事务实现了公共参与,并且是通过公平的方式实现的。

基于内部平等成员权,宗族团体就可以进一步促进农民在正式事务中的参与。关键就在于宗族的例行活动。正如本章开始所提到的,宗族组织主要有三类集会活动(龙舟赛、庙诞、祭祖)。这些活动每年都在固定的时间和地点举行。每年重复出现的各类宗族活动实际上让村民们熟悉了如何委托和监管委员会理事,如何以一种公平合理的方式动员村民并在他们当中进行分配。

复建宗族具有训练教化的功能。农民们借此学会了合理解决公共事务。

这产生了两个结果：一方面，宗族活动向村民们灌输了参与公共事务的必要性和正确性。在宗族活动中，村民们至少要看管好宗族公产并对其进行分配。实际上，他们关心的事情更多。刘氏一族私自搭桥风波说明，诸如本族居住地的环境卫生、交通顺畅等也是村民上心的事情。因此，宗族组织培养起村民们的参与意识。同时，村民们还学习到公共参与的标准。在践行平等的成员权时，他们知道如何推选理事和招募志愿者，如何清晰地划分工作，如何广泛地监督理事并调动宗族成员及其他相关人等。最后，他们还懂得以公平合理的方式去分配宗族的公共财产。总之，如果有机会，他们就能够将践行平等成员权的种种行为应用到村庄事务中去。

另一方面，宗族组织还为村民参与集体行动提供了明确有效的组织资源。在所有乡村非正式组织中，宗族是一类特别的父系组织，是共同居住的农民基于信念有意构建的结果。就亲属关系而言，还存在其他替代性组织如扩展家庭，它们本质上是综合了血缘、地理和婚姻等因素的家庭之间的人为联合。在扩展家庭里没有共同信仰的祖先或神。如果将扩展家庭看作是利益群体的话，那么宗族就是建立在共同信仰之上的共同体。如弗耶（Faure，2007）所分析，宗族是历史上长时间持续的一类大众传统，但是它在今天依然可以很好地促进村民正式的公共参与。原因就在于其道德性。这些反复举行的集会活动展示了大量仪式。而如本章前文分析，宗族仪式包含的是乡村社会中最为核心也是最为坚韧的道德力量。在宗族之外，道德力量就变得相对微弱。基于共同信念的宗族组织能够让村民在必要时迅速参与到村庄正式事务中。简而言之，通常由村干部把控的正式村集体部门特别是村委会、股份合作社即便瘫痪失效，则农民依然可以通过宗族组织来解决公共问题。

村干部或上级国家政府部门清楚地意识到了宗族的潜在力量。为了防止宗族势力壮大，他们非常谨慎地对待宗族问题。例如，村干部在建设土地股份合作社时也考虑了宗族力量。义村土地股份合作社起初一共有九个，分属于九个村小组，即实际由宗族势力把控。它们依然遵循宗族或宗族分支的界限。有研究因此认为其属于虚设，因为与传统的村小组（生产队）土地经营没有区别；而合并后的行政村股份合作社才是真的股份社（Tomba，2012）。在笔者看来，所谓"假"合作社恰恰说明义村村委会早期对村小组（宗族）势力存在较大的妥协，因为村民很自然地会先强调自己村组（宗族）小集体的利益。

1996年，经过行政村和村小组两级干部的协调，九个股份合作社顺利完成合并。但是，这个计划曾引发第二大宗族刘氏和第三大宗族阮氏的不满。在该时间段，新当选的村书记昌叔不得不花费大量时间来安抚这两大宗族。笔者听当地居民讲，昌叔为此向他们提供了一些额外优待。这一情况再次说明了宗族在塑造村庄土地合作社中的力量。

第二个体现宗族力量的故事是一场变压器选址风波，可以说明国家与宗族协调其利益冲突的常见过程。从2008年开始，义村所在镇的国家电力公司就计划更换刘氏一族居住区域的一个变压器，但是因为选址离康大真君庙太近而遭到刘姓村民持续反对。到2011年9月，该公司强行动工，但再一次被当地村民公开阻止。冲突之后，为了解决这个持续已久的问题，公司就向村干部寻求帮助，邀请许多村民到村委会办公室进行协商。村民们坚持认为新的变压器地址不能距离康大真君庙太近，他们声称附近居民会因此遭受过量辐射。但电力公司考虑的则是成本，因此无法接受村民的要求。结果，这一变压器更换计划再次延期了。在此事件中，即便是代表国家利益的国有企业，在与宗族农民打交道时也无法轻易诉诸强力，而只能与农民们不断协商。

最后一个例子来自广东省的一个著名村庄乌坎村。该村与义村距离遥远，并不属于一个市级行政辖区，但二者比较可以说明规模微小而且分散的宗族组织及其仪式的潜在力量。该村因2011年年底的村民集体抗议和暴力冲突而备受关注，报道称"乌坎事件"[1]。该村与义村有很多相似之处：人口庞大，其中乌坎村人口约13 000人；集体和家庭经济都很发达[2]；村庄基础设施都较完善；都曾是本地区的"模范村"；村支书一把手在职超过二十年。最重要的是，乌坎也进行了大规模的土地非农化流转，由少数村领导干部控制。与义村不同，乌坎村干部过度侵占土地流转的收益，激起村民强烈不满。最让人惊讶的是出现了47个本村宗族联合起来与那几个村领导乃至当地基层政府工作人员对抗的局面。在此次宗族间联合中，上千村民尤其是很多80后和90后青年人都参与其中，并最终获得省政府支持从而赢

---

〔1〕 http://en.wikipedia.org/wiki/Wukan_protests，最后阅读2013/3/28。

〔2〕 乌坎村经济的统计数据：集体物业房租、工业区地租和高附加值农业产出三者年均收入共三百万。大量村民以非农就业收入为生，包括物流、制衣、海洋捕捞。而村庄公共基础设施累计投入超过两千万元。http://baike.baidu.com/view/7094017.htm，最后阅读2013/3/28。

得胜利。

　　乌坎村说明了村民与把控村庄正式组织且滥用职权的村干部之间发生冲突的情形,村民可以跨越宗族界限而自主建立联盟。笔者在本章发现,村民们平时在自己的宗族组织中得到了训练。在那里他们学会了公平地处理公共事务,虽然绝大部分情况下并不涉及土地议题或村庄行政权力。但是只要村干部出现了严重失责,就可能招致村民通过宗族尤其是宗族联盟发起集体行动,以保障集体财产的平等分配。

＃ 第七章

总结：集体平等分配的
持续性及其嵌入性

第一节 持续的集体分配

本书集中讨论这样一个问题，即为什么集体平等分配到了土地股份合作社阶段依然持续。先前已有研究说明了两个重要变量：非农就业匮乏情况下的农民生计，以及土地家庭承包取代集体农社制。但是，股份合作社时期的平等分配延续时，情况已经改变：非农就业机会发达和农业人口减少。因此，笔者力图研究为何在农民生计或土地产权制度发生巨大改变时村集体中的平等分配依然继续。

本书第二章第二节已经说明，社会关系视角可以回应这个问题。该视角影响深刻，给出了不同于经济效率的新目标。它反对机械式的人类经济行动模型，不论其采用功利取向还是过度社会化取向。所有的经济现象均存在三个层次的嵌入：社会行动者的目标，变动不居的社会关系以及支撑经济制度的社会互动。在此视角下，集体平等分配的持续性变得可以否证，因为农民生计和集体土地使用权这两个变量正是对应了前两个层次的嵌入性。接下来，本研究的任务也就简单明了：比较两个变量的历史变化。

另外，股份合作社中的社会互动也是本研究重点。在家庭联产承包责任制时期,集体平等分配表现为周期性的土地再分配。前面章节中已经说明,当农户随着家庭人口周期改变而面临人口过多或过少的压力时,村干部就会安排土地的再分配。在义村,村干部还在土地再分配中引入竞标制度。总之,该时期是农民而非村干部主导土地配置。但到了股份合作社阶段,村干部却主导了土地议题。这就导致一个问题,即普通村民如何在村干部主导下去维持土地收益平等分配。一些研究已经说明(申静、王汉生,2005),集体利益要维持平等需要村民挺身而出去反对多种挑战。对于笔者而言,要澄清集体平等分配就必须说明村干部—农民关系。因此,公共参与这个概念就得以引入。笔者认为公共参与简单来说就是"表达意见并产生影响"。笔者相信,如果农民参与无效,平等分配最终将难以维系。

第二节　变迁中的嵌入性

基于义村案例,集体平均分配的嵌入性就可得到证明。在义村,集体平均分配确实在持续。与一般股份合作社的平等分配相似,义村也将利益平均分配,例如按人均相等地分红。但是,如第四、五、六章分析所示,股份合作社的集体分配的嵌入性在三个方面有所变化。

一、农民对集体组织的依赖程度已经改变

随着农民离开农业,他们对使用土地的要求已经降低。农民逐渐在农业之外建立新的生计模式。但是漫长的传统农业时代,农民只能从土地中实现基本生存。因此,在毛泽东时期,他们极其需要村集体分配的谷物。到了改革开放时期,农民为了提高生活水平,都拼命追求非农就业机会。短短二十年间,义村和邻村的农民就成了工人。新工业经济中出现了新的过度劳动模式:一方面,农民非常明白就业机会的可贵;另一方面,他们主动选择耗尽劳力以最大化其收入。主要原因是发展中的非农部门还不能向农民提供稳定的就业或薪酬。

尽管非农就业还有薄弱之处,农民经济的多元化依然不可阻挡。三十年来它的发展足以说明农民对于村集体的依赖大幅下滑。如第四章第一节所述,与过去依赖土地使用机会不同,新的生计模式中农民需要的是使用劳动力的机会。农民希望减少劳动力使用中的不安全性。对此,乡村地区的雇主很少承担其责任,国家的社会保险也起不到多大作用。相对的,义村发达的

集体经济建立了较为丰富的社会保障,虽然也并不多么充分。该村向村民发放养老金、医疗保险和各类津贴。

义村的公共福利指向了一种新的集体平等分配模式。作为由集体主导的土地非农化流转,股份合作社先从农民那里收回土地再集中处置。尽管中央政府授权单个农户家庭以土地流转权利,村干部的土地管理权却免受这个政策的影响。只有这样,村庄土地股份社才能取得收入,支持社会保障等开支。

另外,市场效应也不应忽略。它增加了劳动和土地的价格,也激发农民进入非农部门,并促使富人群体争取将土地投入到高附加值新农业中。随着市场经济的发展,大多数普通农民已经变成工人,再也负担不起现代农业下的土地使用。他们在非农部门的报酬不算稳定,工人的劳动保障覆盖也有限。这些都并不少见。但特殊之处在于,此类市场主导的经济发展经过了集体组织的调适。集体所有制下农民的行动类型与原子化的个体大相径庭。农民可以从村集体那里获得经济救助,尽管他们需要对代理人即村干部加以约束。

二、普通农民在村集体组织中的参与并不充分

在党支部和村民委员会这些常见的村集体组织中,村干部得到了自上而下的政治和行政化的权力。尽管村庄是基层自治单位,国家依然控制了其中的政治权力,并且委托村干部来执行政策。更进一步的是,即便在自治环节,例如村民选举中的公开投票,农民的权力似乎依然模糊不清。他们可以参加的群众大会的次数相当少,而且这些公众活动的章程也相当简略。最后,就村庄行政的经济来源而言,村民的影响也是次要的。村干部能从上级争取到各类拨款资助,或者使用类似乡镇企业的集体资产。相对于集体经济资源的使用或村集体的福利权利的分享,农民向村集体缴纳的税费随着他们转向非农就业就不断减少。

村干部控制村集体组织在基层政治改革中延续了下来。但糟糕的是,村干部经常使用其职位权力来侵夺公共利益。他们的政治和行政权力根植于中央政府和基层干部之间的相互依赖关系。作为国家与农民之间的中间人,村干部的政治权力和行政责任都有所保障。同时,又因为集体所有制的缘故,他们对于集体经济组织的控制也延续下来。总的来说,集体经济组织应该防止村干部将公共财产私有化,特别是其滥用职权的情况。当其他村庄已

经广泛出现私有化情况时,义村的集体经济也面临村干部滥权的问题。乡镇企业和土地股份合作社的案例都已经说明村干部有意把控集体组织以图谋个人私利。农民被排除在集体组织之外,无论是决策、收入、分配或者监督都是如此。结果,平等分配似乎因村干部的失责而无所保障。

为了支持笔者前述六章中关于干部—农民关系的结论,此处加入些新证据来说明二者的社会互动。一般来说,农民往往因为土地征收补偿不公或者税赋过重而产生不满[1](Guo, 2001)。义村的情况是,农民也会因为无法参与农业土地开发,或者无法分享土地收益而感到很大愤慨。土地利益是否平均分配是义村农民评价村干部政绩时的首要问题。在与很多农民的非正式聊天中,T东组居民对于村干部无法问责非常不满。有关村干部私人收入的舆论如此敏感以至于一些村干部也变得谨言慎行。作为村委会重点培养干部,龙哥经常将他的黑色丰田停到村委会广场后面,尽量避免扎眼。据他解释,他只是非常注意村民的舆论。这辆车至少要15万元,超过了工作仅五年的年轻村干部的负担范围。如果这辆车停在村委会门口,村民可能表面上热情招呼,背地里却指指点点。

尽管义村干部尽力争取村民的信任,但是努力远远不够。为了平息村民的不满,村干部制作了一本小册子并发送到每个家庭。其中将上一年的收支以及本年度村民选举后新当选干部的名单等信息都进行了公布。笔者有一次受邀到村民家中,看到了这本手册。它按照报纸的样式进行排版设计,并且印刷精美。册名为"桥梁",这个名字引起笔者的注意。笔者估计它表达了制作者即村委会连接村干部与村民的愿望,而该村民也证实了我的猜测。

另一方面,村干部也张贴财务公告。村委会前的广场四周有公告栏,每个月或每个季度的村级财务报表都会进行张贴。包括土地股份合作社在内,这些报表提供了相当详细的村委会收支信息。这些分散的报表也会汇总起来,年末的时候装订成册发放到每个家庭。但是,第五章第四节已经说明,这些措施还是无法抵消他们对农民参与正式集体部门的有意限制。

三、相比较正式的村级组织参与,农民在宗族组织中的参与更兴盛

在宗族这个非正式传统组织中的公众参与可能弥补他们正式组织中的

---

[1] 农民专缴的农业税、农业附加税以及"三提五统"等非税负担在2006年得以完全取消。

参与不足。义村复建宗族组织符合村民的道德本性,提高了这些道德实践者的公众参与水平。这类传统组织建立于父系亲属关系之上,让农民能够维护本族生存的同时也得以实现祖先供奉或神灵信仰。

除了精神或利益目标,宗族活动过程本身也可以激发农民的公共参与。通过龙舟赛、祠堂供奉和神庙庆典等各类活动,农民希望组织起本族成员。就宗族间关系或宗族—国家关系而言,宗族一方面在神诞活动中可以融洽其与别的宗族乃至地方政府的关系,而另一方面又在敬祖活动中与别的宗族或地方政府紧张起来。事实上,这三类宗族活动各有目标,但同时发挥作用。在这个意义上,很难分清宗族组织是否促进了公众参与,尽管它们确实都在保护本族利益。

但是,平等的宗族成员资格确实改善了公众参与。与新中国成立后改革开放前集体组织中绝对平均的分配相比,宗族组织长久以来只是将共同财产和其他利益在成员间进行公平分配。所谓公平,字面意思是指每个宗族成员都得到公正而且合理的待遇。实际它是指在符合特定标准的前提下每个成员都有机会享受宗族福利,无论年龄大小。有资格的成员都可以拿到相应的一份,虽然多数人都没有使用这个权利。毕竟宗族项目多数规模小、资金少,几次常规宗族集会后就差不多消耗殆尽。剩下的宗族资产也用来修缮宗族物业和贴补贫困老年人。

笔者的研究显示,公平的成员资格确实在复建宗族中得到了贯彻。义村村民在举办宗族活动时极其郑重,涉及人力的投入、资金管理、决策、执行和监督等多个事项。具有熟练技巧的管理人员,透明的账户,有效的激励和村民间公正的分配都是公平原则的注脚。

尽管传统宗族组织中的公共物品往往规模不大,资产也不多,但它们在公众参与方面成就斐然。周期性的大型宗族集会,虽然是仪式化的过程,但同时也是教育的过程。信众反复学习如何公正地处理公共事务。训练的结果之一就是农民具有了公共利益应当平等分配的意识。而且,农民也建立了公众集会的组织资源。虽然内容是对祖先或地方神的传统信仰,一年里也只有寥寥几次公众集会,但志愿性的宗族组织依然为农民提供了参与公共事务的新途径。

第六章关于宗族组织的种种发现有助于说明股份合作社的平均分配何以维持。借由宗族组织,在国家和村干部之外,农民们共同影响了土地股份合作社。下面将补充一些新的例证,可以更好地说明生活在该传统父权亲属结构中的农民的作用。1994年义村土地股份合作社兴起时，它原本有四个分社，分别位于三个主要宗族的聚居区。地理上的便利是一个原因，但不是主要因素。1997年土地股份社合并时遭到刘姓和阮姓两个较小宗族的反对，因为口粮地的调整损害了他们的利益。

其次，农民也共同影响了村级组织的决策，例如股份合作社中的经济分配。重要的村集体事务，例如村干部的选举，依然需要召开村民代表或党员大会，尽管常规议程的安排都在村干部的掌控之中。例如，为了完成上级交派的行政任务，村干部需要将国家政策传达给农民，之后再听取他们的意见。九个村小组的组长成为村领导与普通村民间的"桥梁"。

最后，村干部在分配利益时需要考虑普通农民。在义村，村干部致力于提供类似于社会保险和贫困救济等若干公共项目，老弱病残因此都得到了相应的保障。这些干部清醒地认识到这些公共项目的重要性。他们将其描述为"民心工程"，即用以换取民众支持的项目。现任书记吴叔以及其未来可能的继任者龙哥都大力支持此类福利计划。

第三节　义村个案研究的理论意义

义村的案例说明了集体平等分配的演进并不妨碍经济效率目标。通过保障每个村民的平等土地权益，它有助于澄清土地流转中模糊的集体所有制。广东相关的研究已经说明（Tomba, 2012），为了在市场上有效流转土地并取得最大利润，农民基于集体所有制就需要建立集体经济组织。在这个组织过程中，平等分配应当成为土地有效流转的必要前提之一。但笔者发现，组织变迁更多依赖于自上而下的行政权力，与托姆巴（Tomba, 2012）的观点相反。从一开始到现在，就是中央政府、地方政府和村干部在推动土地股份合作社的建设。

但是笔者也同意托姆巴（Tomba, 2012）的另一个观点，即农民在建立新土地组织会就执行细节与国家展开讨价还价。农民首先要求在自己的村组内独立建立土地股份合作社。1994—1996年的义村就是这样。之后村委会干部强力推动股份合作社合并时，小宗族中的一些农民就表达了抗议。

事实上，农民不仅就土地合作社框架展开斗争，还决定了土地利益必须平等分配的原则。不论是上级政府、村干部、村组集体还是由单个农民引发分配不平等，都一定遭到农民群起反对（Tomba, 2012）。笔者第六章的发现也支持这个结论。就集体土地流转需要平等分配以克服组织困境的功能观来看,集体平等分配确实与经济效率相互协调,至少工业化驱动的农村土地市场就是如此。

华南农村地区土地股份合作社的集体平等分配深刻地嵌入在悠久的文化传统中。自14世纪以来,宗族组织通过供奉共同的祖先,经过一系列复杂仪式如祠堂、族谱、祖坟、集体聚餐等,在生活区域中建立起共同财产和利益(Faure and Siu,2006)。仪式代替合同成为公共财产产权的保障。而且,这些传统组织也内在地以平等分配为目标(Faure and Siu,2006)。

笔者关于宗族组织如何影响正式集体组织的研究实际上在文化维度中揭示了农民权力,由此可以修正过去国家—农民关系的观点。过去研究常常过度强调国家力量而忽视农民的权力。基层农民有其自身的观念和利益,时常有能力去扭转国家的计划(Kelliher,1992)。农民权力论认为国家—社会关系既不属于极权主义模式,也不属于多元主义模式(Perry,1994)。国家机构和社会的互动关系需要考虑多元社会因素而非任何单一力量,既不是国家中心,也不是社会中心。此论点可以更好地诠释农民权力,例如中国乡村中国家与社会的多元互动关系(Shue,1990),或在经济或政治维度之外的文化维度(Shue,1990),或改革时期农民的抵抗(Perry and Selden,2003),或者中国基层政治改革(Perry and Goldman,2007)。

基于此番农民权力论,笔者的研究具体说明了宗族组织如何增加了农民权力。义村的传统宗族组织乍看有些脆弱而且比较边缘化。经过1950年代的集体化,它们已经不再拥有土地。但是,作为父权式亲属结构的自发组织,它们始终能够凝聚本族成员以维护本族群的利益。而且,该传统组织履行平等的成员权,可以改善农民在非正式和正式集体组织中的参与。通过周期性的宗族集会,农民具备了参与集体事务的意识,学习了参与集体事务的方法。与正式村级组织中的薄弱的大众参与相比,传统宗族的上述特征就颇具价值。

通过鼓励农民参与公共事务,宗族组织及其公平成员权能够证实农民抗争理论,特别是面临地方政府的土地征收不公平时,往往只有少数几个人即非正式领袖及其激进追随者站起来加以反抗(Guo,2001)。而珠三角地区的乌坎村事件则说明农民可能进行跨宗族的联合。

本研究也支持一般的抗争理论。抗争需要超越性别和族群等一系列界限去促成区域性或行业性的集体运动(Perry and Selden,2003)。宗族集会就证明农民基于共同的祖先信仰能够形成一致行动。与公开的集体抗争不同，这类抗争悄无声息。不论是触犯法律的一般抗争，还是法律范围内的依法抗争，都是带有清晰目标的公开的集体行动。而复建宗族并不直接指向抗争。更常见的是农民仅通过龙舟赛等仪式性活动来震慑任何妨碍本族生存的企图。

另外，村民选举等基层民主的动因中，各类政治参与者的互动是常见的问题（Oi and Rozelle，2000）。笔者注意到宗族增强了这类互动。通过宗族这个文化路径农民增加了他们在公共事务中的权力：宗族愈团结，对村干部的威慑就愈坚实。

最后，本研究可促进对民主政府的理解：通常国家民主被认为是与私有制、原子化个体、统一的市民权和政治权利等密切相关。根据这些普遍预设，复建宗族等老"集体"组织有碍民主政治的发展。但是，笔者在第六章已证明，农民通过实践公平原则是能够达到民主政治要求的。他们在土地股份合作社中跨越了宗族界限，在传统宗族里也可能建立跨宗族联盟。宗族可以通过推动农民公平的参与公共事务，从而增加国家民主要素。

第四节 本个案研究的成果与局限

本书中的个案研究证明了集体平等分配为何在集体股份合作社时期持续。在此基础上，本研究不仅产生了一些理论性观点，在方法论层面也有一些进展。下文将对此进行阐述。当然，本研究的一些方法论上的不足也有所讨论。

一、因果关系的建立

首先，笔者将集体平等分配的嵌入性应用到义村的特定个案中。农民生计、土地产权和村干部—农民在正式和非正式公共参与中的互动这三个自变量与因变量嵌入性之间的因果关系是清晰而明确的。正如第二章第三节所示，上述基本的因果关联是通过对格兰诺维特的社会关系理论的讨论而建立起来的。

其次，本研究在追溯集体平等分配的演化时重点使用了历史比较方法。农民的经济目标、变动的社会关系以及嵌入性下的社会互动都有所聚焦。考虑到定性研究涉及非线性效应，运行机制也不容易清楚，该历史性分析就不断将资料与理论进行对话。换言之,资料分析都是在理论脉络下进行,同时经验证据反过来也能够否证既有理论。

第一个变量是指农民生计。长时期以来土地使用是其中最主要的问题。随着非农收入成为重头,农民也更新了劳动策略。农民生计模式转变后,市场主导的土地使用流转也随之发生。在后一种情形下,土地处置权的变更起到重要作用。如今正式的集体经济组织特别是村干部操控着土地流转。就集体平等分配嵌入性的第三个变量即农民与村干部的互动关系而言,农民在正式部门中的公共参与也随时间而变化。

农民需要应付村干部的政治与行政权力,应付村干部对正式集体组织的控制以及村干部对大众参与的阻挠。似乎无论农村政治经济如何改革,村干部的这些负面作用始终没有改变过。但是,农民也有他们的抗争方法。宗族的复建意味着一个非正式的历史传统也在延续。它有助于农民学习如何参与公共事务。公平成员权在此至关重要,因为它培养了农民公平处理公共事务的习惯。

二、结论：普遍化的完成

笔者的研究也完成了结论普遍化论证。个案结论能够进行推论是个案研究普遍化的核心目标。本书关于平等主义嵌入性的个案进行了推论,并通过经验否证后得以成立。第一个推论是农民的新型生计构成股份合作社平等分配的必要前提。非农就业机会的不足让农民被束缚在土地的农业生产中。发展了土地股份合作社的义村是经济多元化而且以非农就业为主的典范。通过否证,义村个案的结论就具有普遍意义,即充分的非农就业是土地股份合作社的前提。

第二个推论是土地产权制度的变更也是土地股份合作社实现平等分配的前提条件。在笔者田野工作展开伊始,义村股份合作社的繁荣就让人印象深刻。它因此被乡镇政府树立为典型,被邻村视为榜样。义村土地使用模式发生改变的前提是土地处置权逐渐变得集中。义村案例验证了第二个推论,因此相关推论也可以成立。

最后一个推论是村干部和农民在公共参与中的互动也是土地股份合作社平等分配的保障条件。承包制下的农民可自由使用土地,并主导周期性土地再分配,因而能够保障集体平等分配。义村案例说明,土地股份合作社阶段,农民对土地利益分配的影响受限于村干部的有意阻挠而变得严峻。正式村级组织与传统宗族组织的对比更加说明了农民只实现有限的正式公共参与。由此,第三个推论也可以成立。

在此三个推论的验证中,笔者特别重视农民在公共事务中的参与。本个案研究的结论也重点强调村干部—农民在村集体部门中的互动关系。正式村级组织与传统宗族组织的对比说明了义村农民在土地股份合作社等正式组织中公共参与的挫败。不同于蔡莉莉(Tsai,2002、2011)考察公共物品生产中农民如何通过非正式组织去支持正式组织,本研究考察的则是这两类组织如何影响农民的权力。通过对比农民在集体组织和宗族组织中的参与,农民的实际权力得以明了。

蔡莉莉发现无论提供公共产品或者增加农民权力,非正式的宗族均力有不逮。本研究也证实了这一点。虽然义村股份社的经营成就卓然,农民也积极复建宗族,集体平等分配似乎就可以得到较好保障。但事实并非如此。义村农民在正式村级组织中的参与依然步履蹒跚。因此,笔者建立了如下普遍化的总推论:

> 在与义村类似的工业化或富裕村庄中,农民依然需要更多的公共参与渠道去平衡干部的权力,以保障各类集体利益的平等分配。其中,农民也可以借助非正式的宗族组织获得更多权力。

总而言之,笔者并不认为宗族组织足以让农民有效平衡村干部的权力,更不用说去平衡地方政府的权力。但为了更好地保障集体中的平等分配,农民需要使用更多方法来增加权力。

三、本研究将来的改进空间

由于本书是基于义村单独个案的研究,因此第一个局限来自于个案数量。上述推论的否证过程说明,如果在义村之外再加上其他村庄案例,本研究的材料和论证可以更加充分。

本研究更大的缺点在于区域地理因素限制。珠江三角洲在中国与众不同,甚至与广东省其他地区相比,它的社会和经济环境都很特别。如果将土地的非农化使用视为村庄经济发达的标志,并将土地股份合作社作为正式村集体组织重要性的标志,二者组合则可以得到集体平等主义的四个地区类型,如表12所示:

表 12　集体平均分配的可能类型

集体经济组织的重要性 \ 非农土地使用程度	发达	不发达
高	珠江三角洲地区（如义村）	华北农村
低	长江三角洲地区	其他农村

华北农村也采用了土地股份合作社的组织形式,尽管其村庄经济依然以农业为主导(Po,2008)。此类土地生产收益微薄,股份合作社集中土地进行农业性的流转所获利润也很少。当农民可以获得非农就业时,土地股份合作社及其平等分配就变得无关紧要。

而在长三角地区,非农土地流转需求旺盛,但是村委会要么没有能力,要么不喜欢股份合作式组织。因此,他们让商人主导土地流转,并套用土地股份合作社的组织名义。这些股份合作社实际上是私有股份公司。结果,集体组织及其平等分配在长三角地区也不再延续(Po,2008)。

最后一种模式代表了缺乏非农就业机会且土地也很少进入市场进行流转的村庄情况。在这个条件下,农民继续依赖家庭联产承包制获得田地以维持生存,缺乏土地股份合作社等新集体经济组织。如果他们的土地被国家征用或者以其他方式大规模流转出去,农民就可能失去主要的生计来源。

而且,就非正式的公共参与而言,宗族传统在各个地区也非常不同。中国至少存在三类宗族地区:第一类是迅速复建宗族的地区。他们重新建立起神庙、祠堂和其他集体仪式。珠江三角洲的义村就是一个例子。第二类是村庄中以某个姓大族为主,但并没有成形的宗族组织。在毛泽东时代,宗族组织被铲除一空,宗族集会也都不再举行。因此,农民很少运用宗族组织展开活动,尽管他们依然生活在类似的亲属关系中。第三类村庄则是多族姓共存,没有一个族姓居于主导。考虑到这些地区差异,宗族间的联合行动会变得更加复杂。

本研究的另外一个局限是缺少一些重要的统计数据。笔者在田野调查中忽略了收集农民生计的资料。农民家庭可能会有家庭账本,以记录其较长一段时间里的经济活动。而依据这些账本,农民生计模式的转型应该会得到更充分的论证。另外,义村新近的社会—人口数据资料数量上不够精确,其集体经济和村庄行政方面的资料也不够连贯。这也是笔者作为村庄外人不可避免的一些局限。第五章中义村的年度收入和开支都是笔者基于多个数据来源加以综合计算乃至估计的结果。而且,就宗族组织资料而言,收集也不够完整。

最后，如果加入更长时段的历史资料，本研究关于集体分配的结论将更有说服力。本研究没有讨论改革开放之前的三十年。该主题不属于笔者的研究计划。但是，毛泽东时期的社会主义给当下的家庭承包责任制和股份合作社系统都具有相当深远的影响。就此而言，笔者错失了一位可以提供历史信息的特殊信息源，他就是在1970—1994年担任义村支部书记的刘叔。他既经历了毛泽东时期，也经历了改革时期。他个人以及家庭生活轨迹的巨大转变有助于更好地论证集体平均主义。而且，顺德市博物馆中所保存的义村档案也记录了1950年后该村集体经济和其他村庄事务的巨量材料。但本研究只用到1993—1997年的这一段资料。未来关于集体平等分配或珠三角村庄的研究或许能够弥补这个缺憾。

附录

研究报告一

从家庭承包到规模化农场：
当代江苏土地经营组织的现代化[1]

发展中国家的现代化事业往往聚焦于工业化和城市化，容易忽略农村社会现代化的方面。土地经营组织的现代化也是国家现代化的关键问题之一。多年来，中央一号文件都关注农村与农业生产问题后，党的十九大进一步提出了"乡村振兴"战略，强调"农业农村农民问题是关系国计民生的根本性问题，必须始终把解决好'三农'问题作为全党工作重中之重"，布置了"产业兴旺、生态宜居、乡风文明、治理有效、生活富裕的总要求"。本研究根据江苏省农村调查数据，从土地产权、人口转移和政府干预三个方面去分析土地经营组织的发展状况，在最后总结了其所取得的成就和接下来面临的问题。

---

[1] 这篇报告属于教育部人文社会科学研究青年基金项目"基于公共资源治理视角的农村土地制度市场化研究"（项目编号：15YJC840035）、南京农业大学中央高校基本科研业务费项目"江苏农村政治文明发展 2017"（项目编号：SKZD2017007）、东南大学中央高校基本科研业务费基金项目"公共资源治理困境中的权力及其公平诉求"（项目编号：2242015S30013）的阶段性成果。

一、土地经营组织问题的提出

土地经营制度即土地使用和劳动组织的形式是农业生产的核心部分。与政治或军事等制度不同,土地经营制度作为经济制度在长时段内往往具有高度的连续性,较少剧烈变化(赵冈,陈仲毅,2006)。

在现代规模化农业生产之前,传统农业生产本身既受到土地规模的影响,也面临很高的自然风险,同时土地经营双方的交易成本也很高。首先,因为技术限制,传统农业生产难以规模化,其局面直到工业革命后才得以突破。其次,农业生产始终扎根于自然环境之中,对于水利、肥料等资源禀赋要求很高。最后,农业劳动的激励和监督也不容易。劳动投入规模越大,农业生产的田间密植度越高,则农业生产越难于监督管理。因此,传统农业经营一般采用三种经营方式:雇佣经营,即地主承担风险;固定地租的租佃制度,即农民承担风险;分益地租的租佃制度,即地主与农民共同分担风险,接近于二者合伙经营(赵冈,陈仲毅,2006)。

西方理论认为雇佣制度的效率要比租佃制度高,农业现代化意味着前者会淘汰后者,成为农业主要经营方式。在人口压力较小的情况下,租佃制中劳动工资和地租虽然存在一定冲突,但始终考量边际土地或劳动产出,当该值降低时则停止供应。但中国自宋代以来的人口条件恶化,反而导致租佃制取代雇佣制(赵冈,陈仲毅,2006):过大的人口密度会导致有地可种的农民同时需要养活家庭中的失业人口。他们在边际劳动产出降低乃至为负以后,依然会投入劳动,以取得最大收入。相应的,相比较雇佣制,分益租佃制中地主可以凭借更低的工资获得更多的剩余地租。结果就是,土地负载无业人口并维持其糊口的要求就压过了效率目标。同时,家庭副业也以同样的逻辑挤压了手工业工场。其结果是,自宋代以后,中国农村经济不仅没有流行雇佣制,反而长期以租佃制为主导。

更进一步看,中国租佃式农业经营组织并不排斥市场,而是与雇佣制一样参与和实现了农业生产商业化。明清以来,不论华北地区还是长三角地区,都出现了种植经济作物的大型家庭农场。与此同时,更多普通农户也将小块自有或租佃的土地投入到经济作物种植之中。二者共同形成近代中国农业商业化的浪潮。研究发现,在土地规模的劣势下,小家庭的农业经营依靠不计效率的劳动投入,反而产生了市场竞争力(Huang,1985,1990)。当边际产出已经下降乃至趋于零时,小家庭依然倾注其全部劳动力,以获得最大总产出。相比较普通农作物,高市场价值的经济作物也符合其总收入最大化的策略。这种小农户和小土地推动农业商业化的机制,被概括为"内卷化",即经济总量增长,但同时经济效率没有增长甚至还进一步降低(Huang, 1990)。

除了以上两个因素,政府赋税直接影响农民的经营组织选择,最终改变了土地经营的集中或分散程度。中国历史上,政府面向农村居民的赋税制度,也决定了土地经营制度,从而决定土地的集中或分散。中国历史上,因为税赋劳役制度引发土地兼并屡见不鲜(赵冈,陈仲毅,2006)。田赋往往按照土地规模进行比例或等级征收,而丁税则按人口数量累加,属于固定税。长期以来,传统政府因为不容易掌握田赋,而较容易征收丁税,因此依赖向普通农民征收固定税。其结果是,为了逃避沉重的赋税劳役,普通农民往往带着小块田地投奔大户豪绅,或放弃户籍成为后者的荫户,或弃荒不种。随着税户减少,税赋重担会进一步分摊到继续纳税的农户身上,迫使这些小农也进一步逃离。地主豪族往往借机兼并小农的土地,荫蔽其人口。总之,上述税赋所导致的土地兼并效应要远大于市场中土地投资的集中效应。在不实行均田制的朝代,土地兼并的情况尤为严重。

上述研究说明了中国土地经营制度中的基本问题即人口—劳动关系。农业人口过剩导致土地经营由雇佣制转向租佃制,并在长时段内保持稳定。租佃制不仅导致农业生产的低效率,也让农民长期挣扎于糊口的贫困状态中。除了人口因素,政府的税赋政策直接影响农村土地经营的策略,不利于小农而照顾地主大户的税赋制度加剧了阶级式的土地兼并,进一步固化了租佃制而非雇佣制经营。当然,土地产权是土地经营组织的直接决定因素,均田制或私有制直接规划了农民经营土地的方式。

基于土地产权、农业人口和政府赋税的三因素分析框架,笔者发现改革时期的制度与传统农业经济制度存在较强的连续性,其家庭承包制经营实际上是农户向集体租用土地,属于租佃制的一种形式。但规模化经营则从产权、人口和赋税三个方面都发生了显著变化,与雇佣制土地经营较为接近。本报告将分析规模化土地经营兴起的原因和表现,并在最后论述其发展的意义和方向。

二、土地经营组织的演变及现状

改革开放时期,虽然我国土地经营组织的核心模式保持不变,一直采用集体土地所有前提下的家庭承包制度,但土地经营的产权制度还是有所调整,其人口和政府干预方面也都在迅速变化之中。在结合全省调查数据分析土地经营组织现状之前,有必要廓清上述三个方面(产权、人口和政府税收补贴)的相互关系及其历史演变。新中国成立后土地经营模式大致分为两个阶段:第一个阶段为毛泽东时期集体化土地经营制度的成立和调适。鉴于该主题的深刻性和复杂性,相关经典研究已经很多,本文对此不作讨论。第二个阶段为改革开放以来,土地经营制度所采用的家庭承包经营制度。这种土地经营制度的特点是土地依然为集体所有,然后农户从集体那里租用小块土地,进行自主经营。

1. 分置使用权:农村土地产权制度改革

土地产权制度变革是土地经营组织现代化的核心。一方面,家庭承包权利稳定不变。农民的土地使用权一直得到国家保障,并在将来相当长的时间内也稳定不变。根据承包期,它具体包含两个阶段:第一轮土地承包,从1983年前后开始到1997年止,其中耕地承包期为15年;第二轮土地承包,从1997年开始,其中耕地承包期为30年。这次承包期限及其他制度规定后来都通过《土地承包法》加以规范。而党的十九大也延续了上述承包产权政策。习总书记的报告明确"保持土地承包关系稳定并长久不变,第二轮土地承包到期后再延长三十年"。这样,到21世纪中叶,农民使用土地的权利即承包经营权将一直得到国家保障。

另一方面,土地经营制度在产权层面也有所发展。其中,经营权与承包权进一步分离,突破了集体所有与家庭使用二权分立的局面。2016年中央出台的《关于完善农村土地所有权承包权经营权分置办法的意见》对此进行了规范。在农业用途的范围内,农户可以按照市场需要自愿流转其承包权,具体包括转让、互换、出租(转包)、入股,以及抵押和自愿有偿退出等权利。在产权层面,三权分置是对农民一方的赋权。相对于有限的权利实现方式,例如土地耕种或互换,农民获得了更多处置选择。

2. 农业过剩人口的转移

新土地产权是随着农村人口状况的改善而出现的。长期以来,中国小农经济内卷化的实质在于农村存在大量无业人口,迫使农民家庭不顾边际效率投入过量劳动(Huang,1990)。因此,打破内卷化困境的关键之一,就在于减少乡村社会中的农业过剩人口。农村经济的工业化或农村人口向城镇转移都可以达到减少乡村农业过剩人口的目标。

实际上,我国农村经济发展正是先后经历了这两种模式:第一个模式是农村工业化为过剩人口提供了非农就业。在1980—1990年代,乡镇企业所引领的农村工业化推动了农村人口的非农就业。根据1997年中共中央转发的农业部《关于我国乡镇企业情况和今后改革与发展意见的报告》,乡镇企业集体资产占整个农村集体资产的77%。其中1995年乡镇企业的增加值占整个农村社会增加值的56%,在沿海地区和大城市郊区占三分之二以上。相应的,农民人均纯收入净增部分的50%来自乡镇企业。另外,1995年乡镇企业从业人员达1.28亿人,吸收了28%的农村劳动力。而"八五"期间,乡镇企业新安置劳动力达3 500万人。

2000年左右乡镇企业发展进入调整阶段。乡镇基层政府和村集体过去举办了大量乡镇企业。但1990年代中期分税制财政体制改革和其他一系列金融制度改革(周飞舟,2006;孙秀林、周飞舟,2013),削弱了乡村就地工业化的动力,而且失去国家政策优势的集体乡镇企业也无法适应市场竞争,积累了巨量亏损和债务,不得不进行市场化破产、兼并、重组和改制。

目前,乡镇企业再次繁荣,并吸纳大量农民就业。根据中国新闻网的报道[1],2007年乡镇企业从业人员总数突破1.5亿,农民收入中乡镇企业的贡献达到36.3%。农村能人和回乡农民所建立的私营企业成为主流。2007年该类企业达到85万家,并在2009年为3 063万人提供了就业,到2013年则吸收就业人口达4 279万人。[2]另外,新型乡镇企业的规模和效率已经大为提高。2007年,16万家乡镇企业的出口额已占工业总产值的10%以上;从事农产品加工业和第三产业的乡镇企业的增加值占农村地区工业增加值的31.5%和22.2%。

同时,第二个模式即农民向城镇转移,通过城市化获得非农就业机会,也显著降低了农业所承载的人口。根据国家第二次农村普查资料综合提要,2006年全国农村外出就业劳动力为13 181万人,占农村全部劳动力的29%,

---

〔1〕 "2007年预计中国乡镇企业增加值6.8万亿元",见https://finance.qq.com/a/20071227/001920.htm。

〔2〕《中国国家统计年鉴(2014)》。

其中98.2%的人口从事二、三产业,只有2.8%在外地从事农业生产。到了2016年,根据国家年度国民经济和社会发展统计公报,全国非农就业的农民工总量为28 171万人,其中,外出农民工为16 934万人。与全部农业从业人口36 175万人相比,农民工达到其77.87%的规模,其中外出农民工达到其46.81%的规模。

农民的城市化转移现象也可以从城镇化率来分析。根据国家年度国民经济和社会发展统计公报,2016年城镇常住人口城镇化率已经达到57.35%,而2006年城镇常住人口城镇化率只有43.9%。十年间累计新增城区常住人口达21 592万人,增长率为37.42%。刨除人口自然增长部分(2016年人口自然增长率为5.86‰),数以亿计的农民到城市中就业和生活是其常住人口增加的主要原因。

综上,农村经济的工业化和农村人口的城市化显著改善了农业生产中的土地—劳动力关系。它们显著降低了农业生产中的过剩劳动力,为土地经营制度的市场化改革创造了条件。事实上,三权分置的新土地产权政策正是为了促进以经济效率为导向的土地使用。新的规模化农业生产组织如土地股份合作社、龙头企业+农户、种植大户、家庭农场等等正在蓬勃兴起,也受到中央政策的鼓励。

3. 国家激励:从税赋到补贴

在产权层面,农村土地经营制度实际倡导土地资源的分散而非集中使用。无论集体占有,还是土地使用,当代中国农村土地都实行平等分配(Wang,2013)。土地承包制改革不仅坚持集体所有,也始终保障农民拥有平等的承包经营权。这里,农民享有平等的地权是指在村庄集体内部,农民依据村集体成员的资格在共同占有本集体的土地外,还享有平等的土地使用权(Kung,1994、1995、2000、2002b;Kung and Liu,1997;Kuang and Bai,2011)。

但改革开放时期中国农业税费从税赋向补贴制度的转变,激励土地经营走向集中。农业税从1958年6月全国人大立法开始征收,到2006年1月由全国人大废止。农业税为比例税,按照粮食作物的常年产量的一定比例征收。全国平均税率为15.5%,各地最高不超过25%。征税对象包括合作社等集团法人和农民个人,其中个人的缴纳额度要在前者的基础上加征10%—50%。此外,地方政府可以另行征收农业附加税,税率为农业税的15%—30%。所有征税以粮食实物进行结算。纳税人需在规定时间将应缴纳的粮食和现金送交指定机关。

农业税制度在改革开放时期发生了两次较大的调整。第一次是1980年代中期开始到1990年代末,国务院对征税方法进行了修订,以折征代金取代粮食实物,建立了粮食实物与折征代金并行的征收制度。第二次调整为2000—2003年,中央对农业税费进行较大幅度的修订。起因在于基层政府的乱收费、乱摊派等导致农民群体与国家关系紧张,也伴随乡镇机构精简等问题。此次改革的目的是规范农业税种,降低农业税费水平:将基层面向农民的非税行政性收费取消;将原先的农业附加税合并到农业税中实行统一征收和差别税率,最高税率为7%;将必要的村提留规范化,列为新的农业税附加项目。从此以后,乡镇和村集体无权开征新的农业税收或其他收费项目。

农业税于2006年1月1日正式被废止标志着农业赋税时代结束,从此进入"工业反哺农业"的政府补贴时代。国家从1990年代中后期就已经对棉花、粮油等主要农产品的购销公司实行补贴。但这种间接补贴到2004年改为面向农民个人的直接补贴。省级政府筹资,根据土地面积或产量,向农民直接发放现金或打钱到储蓄卡,具体由基层财政机构负责。

至今为止,农业补贴的范围不断增加。除了种粮直补,还建立了农机购置、农畜良种、新技术推广、土壤改良等方面的国家补贴。农业补贴的主体也不断扩展,从普通农民个人和农户扩展到新型土地经营主体,涉及种粮大户、家庭农场、农民合作社、农业服务型企业等。针对规模化种植、农产品加工或流通,产业化经营项目、测土配方肥料、土壤改良等农业发展需要,政府向相关企业提供补贴。

农业补贴政策反对土地的分散经营,鼓励规模化。在中国传统历史中,农业税赋降低后,土地分布会趋于分散,因为普通农民在没有税赋压力时反而会坚持小块土地的经营。基于现实需要,农户直补政策在初期也确实着眼于巩固家庭承包制下的小(块)土地经营。原因有两个方面:首先,借助农业税费改革,减轻农民税赋负担,调动农民的生产积极性,稳定粮食生产。这一阶段属于农业政策转折期,农业补贴政策属于新制度,需要与即将终结的农业税制度相衔接。稳定既有的家庭承包式土地经营实属必然;其次,得到农民支持,建立补贴型政策本身就是重大成就。它有助于粮食流通环节的市场化改革,增加国有粮食企业的竞争力,以更好地适应WTO规则下的国际竞争。

但是,随着农业补贴政策的进一步完善,土地经营效率就成为补贴政策的首要目标。根据2015年财政部和农业部《关于调整完善农业三项补贴政策的指导意见》，家庭小土地的效率十分有限，也拘囿了政府补贴政策的效果。因此，此次政策修订明确提出"加大对粮食适度规模经营的支持力度，提高农业'三项政策补贴'的政策效能"。具体而言，"从中央财政提前下达的农资综合补贴中调整20%的资金，加上种粮大户补贴试点资金和农业'三项补贴'增量资金，用于支持粮食适度规模经营。支持对象为主要粮食作物的适度规模生产经营者，重点向种粮大户、家庭农场、农民合作社、农业社会化服务组织等新型经营主体倾斜，体现'谁多种粮食，就优先支持谁'"。

总之，从产权、人口和赋税三个方面出发，本报告梳理了相关理论和政策演变，建立了当下中国土地经营制度演变的分析框架。首先，相对于土地集体占有，土地使用权的分置在制度层面提供了土地规模化经营的入口。农民的承包权乃至进一步分置的经营权可以市场化交易而集中，促进了种植大户、家庭农场、土地股份合作或集体托管、龙头企业加农户、农民合作社等新型规模化经营组织的出现。

在资源配置关系理顺之外，高效率的土地经营还需要对农户加以激励。农业过剩人口的转移在根本上解除了农民长期以来必须保障糊口的压力，让他们可以寻求与劳动效率相匹配的经济回报。同时，农业赋税是对农民的另一个重要激励。改革时期，不论税负轻重，都不会再出现兼并土地等传统现象。社会主义的集体所有制和平等使用等制度避免了上述情况的发生。但农业税取消和补贴制度的建立，还是能够鼓励农民从小土地经营转向规模化经营。

上述分析框架能够说明当下中国正从根本上摆脱北宋以降千年之久的农业内卷化困境，朝着现代化农业的目标迅速迈进。毋庸置疑，这是一个伟大的成就。值得注意的是，土地经营组织现代化的关键远不止是土地经营规模的升级，更在于以雇佣制经营取代承包制经营。相对于土地规模的提升，现代农业更需要建设人力资本以及相应的生产管理制度（Schultz，1964）。

三、江苏全省调查数据及分析

本报告所使用数据来自南京农业大学2017年度覆盖江苏全省农村的一项调查。结合样本数据，笔者分析了当代江苏地区的土地产权制度、过剩人口和政府税赋激励的现状,以说明土地经营从分散到集中经营的发展。

1. 家庭承包与产权分置并行:农村土地经营现状

根据此次样本统计显示,家庭承包制下农户多数实行小土地经营。每户家庭平均承包耕地3.71亩,标准差9.716,其中承包土地最多达220亩。实际耕种的土地面积达到人均3.41亩地,相对承包合同中的面积减少了0.3亩。其标准差为10.220,反而要比9.716更大一些。其中实际耕种面积最多达231亩。这说明土地经营权的流转,让实际的土地耕种开始两极化:一端为多数普通农民减少了土地经营;另一方面,规模化土地经营也越来越多。同时,其他类型的土地承包情况较少。调查中只有8.8%的农户从事山地、林地、鱼塘或果园等情况的承包。其中,只有5.1%的农户涉及鱼塘承包。总体上,当代土地经营的规模依然普遍较小,集中于3-4亩,极少超过14亩的范围。

最重要的是,农民对于增加土地经营规模并没有明显的积极性。表1显示:只有9.2%人希望在将来增加承包规模。明确维持不变和减少承包的农民达到29.9%,是前者的三倍多。剩下多达60.6%的农民态度还不明朗。事实上,表1中的"增加承包"赋值为1,而"减少承包"的赋值为3,结果样本均值为3.16,标准差为1.105。由此也可以确认相对于已承包的土地而言,大多数农民并不愿意承包更多土地。

表1 农户增加土地承包的计划

	频率	百分比(%)	有效百分比(%)	累积百分比(%)
增加承包	179	0.3	9.2	9.4
目前够用,维持不变	491	0.7	25.3	34.8
减少承包	90	0.1	4.6	39.4
没有计划	1 174	1.8	60.6	100.0
合计(含缺失样本)	1 938	3.0	100.0	

就劳动组织方式来看,家庭承包制为核心的土地经营制度中,雇佣制劳动的比例相当有限。在表2中,30.3%的农民只动用家庭成员的劳动力,或加上亲戚朋友的补充劳动力。而56.1%的农民会选择在农忙时期雇佣短工,并且按天或计件结工资。只有2.2%的农户长期雇佣工人,并且定期发工资。可见,稳定的雇佣劳动在江苏农民的土地经营中十分少见。

表 2　江苏农村的劳动组织方式

	频率	百分比(%)	有效百分比(%)	累积百分比(%)
农忙时短期雇工,按天或计件算工钱	1 093	1.7	56.1	58.3
长期雇工,定期发工资	43	0.1	2.2	60.5
不雇人,都是亲戚邻居本家的人帮忙	193	0.3	9.9	70.4
不雇人,都是小家庭的人自己干活	398	0.6	20.4	90.9
不清楚	178	0.3	9.1	100.0
合计(含缺失样本)	1 949	3.0	100.0	

　　上述土地规模和劳动组织方式说明,江苏的家庭承包制形成了土地分散经营的情况。但历史经验已经说明,租佃制的小土地经营并不妨碍商品化农业生产,而是能够适应市场竞争。而本次调查中的种植统计显示,64.2%的农民种植的是水稻、麦子、玉米等基础粮食作物;有21%的农民种植了棉花、油菜和花生等传统经济作物;也有8.1%的农民种植蔬菜、水果和鲜花等时兴经济作物。可见,江苏地区承包土地的农民多数种植传统的农作物,选择时兴作物的农民比例很少。笔者认为,这与农民大部分不愿意承包更多土地的情况是一致的:传统农作物的利润率低,而通过小土地进行经营就更难有多少经济回报,因此农民并不愿意扩大种植面积。

　　最后,通过分析农村土地产权的确认工作,可以分析江苏农村土地产权制度的进展。土地权属登记工作自《土地管理法》颁布之后由各地分散实施,到2011年此项工作开始系统推进。通过对集体土地所有权、宅基地使用权和集体建设用地使用权的确认、登记和颁证,村集体的财产所有权和农户的用益物权都能够得到明确。其目标是建立地籍系统,明确各类集体财产的权属。到2015年,农户的承包经营权也展开确认、登记和颁布等。整个工作计划到2020年完成。江苏省作为2015年承包经营权确权第二批试点单位,其工作完成情况,据调查发现,样本中67.7%的调查对象明确表示已经完成土地确权或有计划进行确权。只有9.5%的农民不知道确权工作。物权登记工作的完成,铺就了城乡统一的土地市场制度、农业三权分置和规模化土地经营的基础。

　　综上,江苏农村地区目前仍然以家庭承包制为主导的土地经营方式。其生产效率弊端昭著：农民分散经营小块土地，导致土地资源不能集中使用；农民种植的也多是传统农作物，难以增加收入。最后，低效率的生产和低回报导致大部分农民并不愿意扩大生产规模，更是缺少使用雇佣劳动的激励。

为了打破上述局面，目前土地产权制度改革正在如火如荼推行。在江苏地区，在集体土地的所有权与使用权的确认之外，农户的承包经营权的确权也推进过半。土地产权制度变迁，尤其是三权分置，是土地规模化经营的制度入口，是农业生产现代化的制度激励。

2. 非农就业促使农业过剩人口转移

农村居民中的大多数持有农村户口。如表3显示，87.0%的调查对象为本地农业户口。另有11.1%的对象持有非农户口。

表3 江苏农村居民的户口情况

	频率	百分比(%)	有效百分比(%)	累积百分比(%)
本地农业户口	1 729	87.0	87.0	87.2
本地非农业户口	206	10.4	10.4	97.5
外地农业户口	36	1.8	1.8	99.3
外地非农业户口	13	0.7	0.7	100.0
合计(含缺失样本)	1 987	100.0	100.0	

表4进一步说明居民的经济活动已经突破了户籍限定：29.9%的居民从事农业生产，相对其他群体规模依然最大，但大多数农民事实上已经从事非农就业，达到63.1%。例如，有16.4%的居民进入私营乡镇企业做工，如加上企业管理岗位乃至农民企业家，即共有20.2%的居民在工业部门就业。值得一提的是，样本中农民工的比例并不高，占到全部劳动力的6.2%。这一点与离家务工的信息也相吻合：曾经离家半年以上务工的居民只有13.3%。以上分析可以说明江苏省内的农业过剩人口问题已经大为缓解。

表4 江苏农村居民的职业状况

	频率	百分比(%)	有效百分比(%)	累积百分比(%)
农业劳动者(种植、养殖农民)	595	29.9	29.9	30.0
在读学生	85	4.3	4.3	34.3
乡镇企业管理者	33	1.7	1.7	42.9

续表

	频率	百分比(%)	有效百分比(%)	累积百分比(%)
私营企业、乡镇企业职工	326	16.4	16.4	59.3
私营企业主	41	2.1	2.1	61.4
农村知识分子(农技员、医生、教师、文化工作者)	113	5.7	5.7	67.1
个体户	167	8.4	8.4	75.5
外出务工人员(农民工)	124	6.2	6.2	81.7
村干部	346	17.4	17.4	99.1
大学生村官	17	0.9	0.9	100.0
其他	139	7.0	7.0	41.3
合计(含缺失样本)	1 987	100.0	100.0	

农村过剩人口的转移情况也可以从家庭劳动力与务农人口的规模对比中得以说明。样本中家庭劳动力均值为3.31人,标准差1.311,最常见的家庭规模为4人。其中,拥有2个劳动力的家庭占全部家庭的23.9%,拥有3个劳动力的家庭比例在27.8%,而拥有4个劳动力的家庭则占30.3%。可见农村劳动力的规模依然庞大。同时,样本中务农人口均值为1.36人,标准差为1.238,最常见的家庭务农规模为2人。18.9%的农民家庭有1人从事农业,34.9%的农民家庭有2人从事农业,即过半农民家庭实际上只安排2人以内的劳动力从事农业。由此,可以确认江苏农业过剩人口已经显著减少。

农民收入结构也可以说明江苏农村过剩人口压力已经缓解。样本中2016年家庭平均收入达到91 493.43元,其中非农来源的家庭平均收入达到75 498.58元。

这说明农民的经济收入不再依靠农业收入,而主要来自非农收入。

综上,当下江苏的农业过剩人口已经不再是问题。不论在乡镇企业就业还是外出务工,以及其他的非农就业如个体户等,共同推动过半农民从事非农就业。这就扭转了长期以来农业人口过剩的局面。相应的,造成家庭承包制土地经营的人口压力就由此破解,为农民选择更高效率的土地经营创造了条件。

3. 从家庭补贴到规模化补贴:后税赋时代的政府干预

2006年农业税取消的同时,国家又针对农业生产进行制度化补贴。如

表5所示,调查发现,样本中73.5%的农民个人领取过国家补贴。就具体项目而言,53.5%的农民领取的是"种粮直补",即针对粮食种植面积或产量进行的补贴;28.8%的农民领取了"农资补贴",即针对化肥、柴油等主要农资价格涨幅进行的补贴;28.8%的农民还领取过"良种补贴"。

表5 您家里是否领取过国家的种地补贴

	频率	百分比(%)	有效百分比(%)	累积百分比(%)
是	1 408	2.1	72.2	73.5
否	294	0.4	15.1	88.6
不清楚	221	0.3	11.3	99.9
合计(含缺失样本)	1 950		100.0	100.0

按照规定,个人补贴的发放方式除了设立专门的个人银行账户外,还有就是到乡镇财政所领取现金。调查发现,农民领取补贴的方式也以政府打钱到个人账户为主,达到55.3%。另外也有村委会打钱到个人账户,为12.5%。就领取现金而言,1.7%的方式为农民去乡镇领取现金,还有6.1%的农民去村委会领取现金。

在常规的"三项补贴"之外,国家对于农民购置农用机械也提供补贴。其补贴额度不超过购机费用的50%,发放方式为补贴申请公示通过后,发放到农机销售公司。样本中有8.6%的农民使用过此项补贴。其中,农民申请补贴不超过5万元的普通机具占全部农户的6.9%,补贴不超过12万元的挤奶器械等机具占到0.3%,而超过100匹马力的大型机械补贴不超15万元的申请者达到1.3%。

补贴制度的实行情况表明我国农业生产发展到与国际主流接轨的新阶段。现代社会中,农业生产要求政府提供保护,全球化的农业竞争更提高了对政府保护方法与力度的要求。从2016年开始,我国农业补贴制度着手将"三项补贴"调整为"两类补贴"模式:一类补贴用于支持耕地地力的保护。这是WTO规则所允许的政府农业补贴范围。原先农资综合补贴存量资金的80%资金,加上种粮直接补贴和农作物良种补贴,全部用于耕地地力保护。补贴对象为所有拥有耕地承包权并且实际从事耕种的农民。另一类补贴用于支持和引导适度规模化的粮食生产经营。原先农资综合补贴中的20%资金,加上种粮大户补贴试点和农业"三项补贴"增量资金,用于支持各类规模化粮食经营主体。根据财政部和农业部《关于调整完善农业三项补贴政策的指导意见》，调整的原因就是对农民进行直补不符合 WTO 的农业补贴规则，缺乏持续操作的空间。而且，对农民的全覆盖式直补容易变为不论种粮与否的农户收入补贴，无法有效刺激更有效率的规模化农业经营。

针对规模化经营的补贴资金，主要是用于为新型经营主体提供信贷担保，其次也会采用现金直补或重大技术推广补助等方式加以支持。根据财政部和农业部《关于调整完善农业三项补贴政策的指导意见》，新型经营主体在粮食适度规模经营中面临"融资难"和"融资贵"等问题，而农业信贷担保就可以为他们贷款提供信用担保和风险补偿。通过建立全国性的农业信用担保体系，该体系将覆盖粮食主产省及主要农业大县。凡是采用贷款贴息的规模经营主体，利息补助可以不超过贷款利息的 50%。

综上，江苏过半数农村居民得到政府补贴，其中以种粮直补项目覆盖范围最广，而农资和良种补贴项目覆盖范围次之。但是，三项补贴政策经过十几年的运营之后，开始将补贴对象从农民家庭转向规模化经营主体，体现了政府政策对土地经营制度的重大作用：赋税政策可以导致土地兼并，也可以促进其分散经营，而与赋税相反的补贴政策也具有类似的双面效应。取消农民负担、对农户进行补贴会巩固土地分散经营，而这确实也是早期政策的目标。但说到底，具有更高效率的规模化土地经营才是农业的发展方向。当政府补贴向规模经营主体倾斜后，土地集中经营也必将加速实现。

4. 资金与组织：规模化土地经营的现状

对于农民来说，土地耕种要取得好的收成，最重要的因素莫过于生产技术和管理经验。土地耕种可以分为物质性因素和人力性因素，二者同样重要。本次调查统计显示，农民对于土地规模、肥料、劳动投入、水利灌溉和土地质量的重视程度依次增多。只有 16.5% 的农民选择土地规模，但选择土地质量的农民达到 45.8%。但最重要的还是其他两个因素，即天气和病虫害以及生产技术和管理经验。53.4% 的农民选择了前者，59.7% 的农民选择了后者。前者反映了农业生产所面临的根深蒂固的自然不可抗力，也因此对农业生产技术和管理组织提出很高的要求。

相对而言，规模化的农业生产中的影响因素又有些不同。本次调查中，农民选择并排序相关要素，第一重要的要素中，选择资金的农民占到 22.7%；第二重要的要素中，17.9% 的农民选择了种植和管理技术，占比最大；而排名第三位的要素中，10.3% 的农民认为劳动投入最重要；占比最大；排名第四的要素中，4.9% 的农民认为市场渠道最重要。排名第五的要素中，1.4% 的农民认为熟人裙带关系最重要。由此说明,影响规模化土地经营的首要因素是资金,其次才是种植和管理技术。

江苏地区相当多的地区已经出现了规模化土地经营的情况。样本中38.5%的农村出现了新型经营主体承包土地面积比一般农户大的情况,36.1%的农村则还没有这种情况。二者比例相当。此处不区分"更大规模"是指种植大户、家庭农场,还是专业合作社等新型经营主体。

相对其他经营主体而言,土地股份合作社是较为特殊的一类组织。通过农民个体的土地权利即土地承包经营权的股份化,新的土地经营组织即股份合作社就建立起来。就组织原则而言,种植大户和家庭农场以血缘关系为原则,专业合作社或龙头企业式的土地经营以效率为原则,土地股份合作社则以村民自治为原则。该新型土地经营组织往往与村民小组(自然村)或行政村的范围重叠,要求村民小组(自然村)成员或行政村全员参股。即便可以股份化,农民的土地承包经营权也非普通的股权;它并非可通约交换的资本或物品,而是不可随意通约交换的社会经济权利,是由法律和非正式规范所共同界定的集体性社会经济关系的构成。在这个意义上说,土地股份合作社是土地资源使用中的集体性社会经济关系进行再组织化的努力:土地资源利用中已经建立了家庭承包制的组织。其中,集体拥有所有权而农民作为集体成员拥有平等的承包经营权。这种本质上为租佃的组织模式在四十年来的法律以及日常的村集体生活中都已经高度制度化。最近的制度调整是经营权进一步分离,可以单独进行较为充分的市场化流转交易,但该项权利也是隶属于家庭承包制。

再组织化的目标是要突破家庭承包制组织的效率局限,创立新的土地经营组织。通过土地承包经营权股份化,农户所承包的土地得以集中合并起来,在市场条件下进行规模化的利用。根据财政部《农业综合开发推进农业适度规模经营的指导意见》(2015),以高标准农田建设为载体,以项目建设和托管的方式,向土地股份合作社、种植大户、家庭农场、专业合作社和龙头企业等新型经营主体提供资金扶持和补贴。所谓高标准农田建设就是"以乡、村、组为单位,按照集中连片、规模开发和缺什么补什么的原则,合理规划高标准农田项目区,加强农业基础设施建设,显著改善农业生产条件,使地平整、田肥沃、渠相通、路相连"。由此,土地经营权的市场化交易,以及规模化的土地使用,就有了条件。

土地股份合作社意味着重组家庭承包制下的集体社会经济关系,因而实现难度也相当大。此次调查统计，江苏地区土地股份合作社已经成立的村庄达到12.3%，有计划成立的为7.2%，二者相加为19.5%，即近五分之一的江苏农村已经出现了土地股份合作社。同时也有42.3%的村庄明确没有建立股份合作社。

土地股份合作社所代表的属于土地经营的再组织，也可以从其覆盖范围来看。样本中约有144个村庄将股份合作社设立在行政村的层次上，占到样本总数的7.4%。由村小组举办土地股份合作社占到2%。村小组联合举办的占0.7%，由上述多个组织联合举办，则占0.4%。因此，江苏地区的土地股份合作社的多数是由行政村的村委会举办的，相对少数是由村小组或村小组的联合体兴办。由此可见，土地股份合作社需要对现有集体与家庭双层并置的土地经营组织进行重组。

土地股份合作社的兴办时间也可以说明它在江苏地区的发展过程。样本中股份合作社的数量随时间变化在增加。其中，现有土地股份合作社过半自2012年后成立。事实上，该组织模式最先由中央政府在广东珠三角地区自1993年进行试点。到1990年代中后期，广东珠三角地区已经较为广泛地采用了这种新的土地经营模式。1997—2004年是集体乡镇企业进行转制的时期，该地区很多村集体的工业收入因此大量减少。因此，很多村委会就改变家庭承包制为股份合作制，将土地集中起来经营，或流转为工业使用，或转向高附加值农业，打造了新的集体经济。同时，江苏南部地区也经历了乡镇企业改制，但是对于土地经营组织的重组需求不如广东珠三角地区那么显著。

土地股份合作社作为新型集体土地经营组织，其建立需要符合现有的村集体的核心组织原则即村民自治。组织目标、规章、成立程序、决策和运行模式都应按照集体自治的组织程序进行。调查分别从组织章程、成立大会和大会代表产生方式三个方面说明，虽然江苏地区的股份合作社数量并不多，但已有的案例过半都按照村集体的组织程序，让村民成员参与到新组织中来，特别是村民代表的产生方面。过半案例中是每个家庭都参与新组织，体现了村民民主自治。

土地股份合作社也要坚持集体土地经营的一贯原则即平等。而样本统计也说明了这一点。67%的股份合作社采用了按人口平等设置股份的方式。而按土地面积设置也是遵循平等原则。因为先前的经营组织家庭承包制就是要保障农民之间具有平等的土地承包经营权。

最后,依据收入来源的不同,土地股份社也可划分为不同的类型。经营传统农业的土地股份合作社数量最多,占整个样本的7.1%,而经营高附加值农业的合作社只有41个,占整个样本的2.1%,二者相差数倍。而流转集体建设用地的股份合作社中,公用建设用地征地情况最多,商业建设用地情况最少。这也符合我国长期以来严格控制集体建设用地入市使用的情况。除了政府征用以及城乡建设用地增减挂钩等渠道外,集体建设用地不能入市交易。这种情况直到十八届三中全会才有所改变,集体建设土地与国有建设土地才能够同等入市,同权同价。

综上,江苏地区的规模化土地经营已经具备相当规模。规模化经营与家庭承包制中的小土地分散经营不同,不仅要求大额资金投入,更要求再造组织。相对其他新型经营主体而言,土地股份合作社的组织难度最特殊。它既不是家庭组织的简单扩大化,也不是市场效率指导下的自发经济组织,而是对集体土地经营组织的再造。在集体所有不变的情况下,家庭承包制下的小土地分散经营要重组为以市场为导向的规模化集中经营。它需要遵循村民自治以及集体资源的平等分配等原则,以此保障集体和成员个人的双重利益,因而任务艰巨。在这种情况下,它只能以市场效率为导向,去利用规模化生产的效率优势,但不能以市场效率为根本原则。这就对具体的经营内容和管理模式提出了更高的要求。广东省珠三角地区的经验说明,相对传统农业经营而言,土地股份合作社在经营高附加值新农业、工业用地和建设用地中能够更好地发挥规模化集中经营的效率优势。但江苏地区的股份合作社过半经营传统农业,其效率也必定有限。

四、结论:农村土地经营组织的规模化转向

土地产权制度的分置改革,过剩农业人口的非农转移,以及以补贴取代赋税的国家干预,从三个方面说明了当下农村农业生产和土地经营组织的深刻变迁。其历史意义在于,宋朝以来一千多年的时间里,中国第一次逆转了人口—土地关系,通过工业化和城市化将农业过剩人口转移出来,让数亿农民摆脱糊口温饱而追求更高质量的生活成为可能,给农业生产和土地经营组织现代化提供了契机。

如何抓住契机推动农业生产现代化,还需要具备其他条件。从土地使用权入手,对租佃性质的家庭承包制进行改革,允许其经营权的流转,目的是激

励土地经营走向更高效率。同时,进入新世纪以后政府取消农业税而设立补贴,也刺激了土地经营转向以市场效率为导向的规模化经营。

但是,土地规模化经营的发展之路并不平坦。规模化经营要求大额资金投入,也要求经营创立新型组织和管理模式。农村金融历来是一个难题,在新中国成立之前是如此,在改革开放中依然缺少有效的方法,导致农民或其法人始终面临"贷款难,贷款贵"的问题。相对于此,组织和管理创新更不容易。它们不仅涉及资源的再分配,更要求修订农村地区相关的法律规范,改变农民的生活传统。面对这些物质和观念层面的多重任务,土地规模化经营组织还需要进一步探索和学习有效的组织观念和管理经验。以土地股份合作社为例,也可以发现农业组织现代化的困难。

最后,规模化经营并非土地经营组织现代化的最终目标。事实上,农业现代化的根本标志在于采纳雇佣制。而规模化经营虽然扩大了农业生产规模,增加了土地资源的数量,很可能产生规模效率,但是生产制度的效率独立于自然资源投入,二者相关但并不等同。在规模化的经营中,例如种植大户或家庭农场,也可以继续采用家庭劳动而非雇佣劳动。即便龙头企业加农户,或农民专业合作社,也都可以兼容一定数量的家庭劳动因素。那么,将来如何超越规模化阶段,而聚焦到以雇佣制劳动为标志的组织现代化,也是当前需要注意的问题。

附录

研究报告二

非正式文化网在当代江苏集体土地经济治理中的作用[1]

一、问题的提出：集体土地经营组织的治理

改革开放以来，中国的农村集体经济在经历了家庭承包制的土地经营阶段和工业化的乡镇企业发展阶段后，正在迅速进入规模化的土地经营阶段。以家庭农场、种植大户、龙头企业加农户、专业合作社和土地股份合作社等新型经营组织为标志，规模化土地经营克服农民家庭式小土地经营的效率局限，向现代农业生产靠拢。本次调查显示，江苏相当多的地区已经出现了规模化土地经营。在不区分种植大户、家庭农场、专业合作社等哪一类新型经营主体的情况下，38.5%的农村存在部分经营主体承包土地面积比一般农户大的情况。

---

[1] 这篇报告属于教育部人文社会科学研究青年基金项目"基于公共资源治理视角的农村土地制度市场化研究"（项目编号：15YJC840035）、南京农业大学中央高校基本科研业务费项目"江苏农村政治文明发展 2017"（项目编号：SKZD2017007）、东南大学中央高校基本科研业务费基金项目"公共资源治理困境中的权力及其公平诉求"（项目编号：2242015S30013）的阶段性成果。

相对其他规模化土地经营组织而言,土地股份合作社较为特殊。就首要组织原则而言,种植大户和家庭农场遵循的是家庭血缘关系,专业合作社或龙头企业式的土地经营则以经济效率为原则,而土地股份合作社却需要以村民自治和集体平等分配为原则。首先,土地股份合作社往往与村民小组(自然村)或行政村的范围重叠,要求村民小组(自然村)成员或行政村全员参股。其次,即便可以股份化,农民的土地承包经营权不是普通的股权,很难在市场上进行交换。它并非可随意通约交换的一般资本或物品,而是集体内部的社会经济权利。

此次调查发现,江苏地区已经成立土地股份合作社的村庄达到12.3%,有计划成立的为7.2%,二者相加为19.5%,即五分之一的江苏农村在营造土地股份合作社。同时也有42.3%的村庄明确没有建立股份合作社。

虽然目前土地股份合作社的实施范围有限,也并不一定是规模化土地经营的主要形式,但却集中说明了集体经济组织的核心原则即保障集体平等分配(Kung,1994)。在毛泽东时期的社会主义集体中,因为土地共同占有和共同使用的缘故,粮食等生活资料得以进行平等分配,劳动报酬也采用工分制等平等分配(Kung,1994)。在当下的规模化土地经营阶段,珠三角、长三角和北京地区较为发达地区,土地股份合作社中股份进行平等设置,也实现了收益在农民间的平等分配(Po,2008)。

问题在于,集体平等分配可能受到村干部集中控制的威胁。之前的个案研究发现,村干部在股份合作社中不仅操控土地等资产的使用,也决定其收益的分配。普通村民被排除在土地股份社的日常决策和管理之外,难以参与,也无法实行民主监督。在此情况下,村干部对于集体资产和职位权力的私有化背离了利益分配平等的原则,很可能导致股份合作社的不稳定,从而最终破坏其经济效率(王化起,2012)。

借助非正式文化网的概念,本报告注意到乡村社会中非正式组织也具有相当大的力量,有助于改善集体土地经营组织的治理,限制村干部对于集体经济组织的私有化。下文将通过文献综述、调查数据的分析、总结等部分对此展开阐述。

二、分析框架:非正式的文化网

以往集体土地经营治理的研究往往关注正式的组织和制度以及地方性

社会关系两个部分。具体而言,土地规模化经营组织中的控制权问题在组织层面涉及组织的成立、内部工作人员的产生、岗位的设置、决策与执行、监督和激励制度等,具有现代科层制组织的一般特征。同时,在规模化经营组织之外,正式的村民自治制度,村委会等自治组织,党支部等政治性组织,政府与村庄之间的财务制度等,也决定了集体规模化经营组织的实际控制权的分布。

在社会关系层面,集体土地经营组织也要受到国家主导下的村干部—农民关系的制约。三者之间的互动不仅直接体现于正式的村庄自治和集体经济等制度中,更广泛分布于地方性的社会关系及其相应的非正式组织中,例如私人社会网、宗族等血缘地缘组织,自发组织,以及市场等领域。这可以概括称为"文化网络"(杜赞奇,1996:13-14),其中:

(1)地方社会中的文化网络及其所承载的规范,构成了权威实施和发展的基础;

(2)乡村社会中的权威始终在文化网络的范围之内运行,而且更多集中分布在网络中心结点上;

(3)重要的是,权力所在的网络中心结点的位置影响到村集体的发展状况。近代中国基层政权建设的过程中,国家渗透和干预基层社会生活,对于村庄内部的生活并非没有负面影响。随着国家政治和财政干预程度的不同,权力所聚焦的网络中心结点也在村庄内外发生移动(杜赞奇,1996:13-14)。当中心点落于村庄之外时,就会导致村庄的衰落。

报告人认为,体现文化网作用的是其中心节点的位置。中心节点位于村庄外部,则说明文化网由村集体之外的力量所主导,无论村干部还是普通农民都无法掌控;位于村庄内部的村干部层次,则由村干部主导非正式部门的力量;位于村庄内部的农民层次,则由普通农民利用该非正式组织网的力量。

中心节点位置可以通过正式组织中权力的分布来判断。文化网中各类非正式组织的交织结点难以直接界定。但根据理论,权威分布之处必然是村庄文化网的中心节点所在。因此,本报告下面将考察村庄自治中的主导权,以及土地股份合作社中控制权,借此判断文化网的位置。具体而言,要说明该位置是否位于村庄内部;如果它在村庄之内,将说明它是位于村干部还是农民之中。

三、乡村社会中的文化网与权威

本报告所使用的数据来源于南京农业大学2017年的一项全省调查。该调查采用分层随机抽样的方法,在江苏省内入户入田,展开问卷调查。调查于2017年6—9月在苏南(镇江、南京、常州、无锡、苏州)、苏中(南通、泰州、扬州)、苏北(淮安、宿迁、盐城、连云港、徐州)共计13个市、64个县(市、区)、190个镇(街道)、350个村(社区)进行,共发放问卷2180份,经过剔除其中无效问卷213份,总计收回有效问卷1967份,问卷有效率为90.23%。调查问卷由调查员填写或在调研员的指导下填写。其中,苏中人口比重较高,占了39.3%,苏南、苏北各占30%左右。年龄21—50岁之间中的青壮年占61.5%;教育程度中,初中人口占33%,高中及以上占48.8%;从政治面貌、是否村干部、是否村民代表、职业状况来看,被调查对象涉及乡村社会的各个阶层。

1. 农村文化网

本次调查发现,江苏农村确实存在丰富的非正式组织,不同组织间交织形成实体性的文化网。在改革开放的当前阶段,就江苏地区而言,该文化网呈现出如下特征:

首先,后致性的私人社会网在生活中的作用显著。与先赋性的血缘或地缘组织相比,它对农民来说也很重要。在遇到困难需要帮助时,有效样本(1965)中,虽然有50%的农民依然选择兄弟姐妹比朋友靠得住,属于传统的选择,但也出现了36%的农民选择了朋友而非兄弟姐妹。当做生意或涉及诉讼官司时,虽然已然有效样本(1966)中32.9%的农民依然相当传统,更加相信关系而非规则的作用,但是已经有52%的农民则持相反观点,尤其是其中16.7%的农民完全不同意关系比规则的作用更大。总体上,农民依然很重视私人社会网的经营,金钱投入的规模也相当大。有效样本中(1959),53.4%的农民觉得人情往来的负担重。即便在46.5%认为负担可以接受的农民中,也有35.5%的农民认为人情往来属于应当去承担的花费。以上说明,江苏地区的农民十分重视其所营造的社会资本,后者与先赋的社会资本的重要性已经可以并列。

与此相比,先赋性血缘组织在江苏农村的活动已经弱化。在有效样本中(1965),56.2%的对象已经没有家谱或族谱,而确定有的情况为30.9%。在有家谱的样本(610)中,家谱编修82.17%由本村的同姓所主持,9.67%为外村的同姓所主持。另有8.03%为外地(外乡镇乃至外县)的同姓所主持。上述研究说明现有的家族组织的活动范围是有限的,绝大多数停留在村庄内部。

其次,村庄尤其是村组级别建立了相当数量的自发性组织。调查发现,有效样本中(1965),明确存在各类自发社区组织的占37.2%,也有31.1%的村庄明确没有此类组织。

具体来看,有效样本中(1980),529个村庄建立了帮困爱心协会,占比26.7%。还有415个村庄设立了文体协会,占比21%,以及234个村庄组建了红白喜事的理事会,比例为11.8%。另外也有375个村庄,确实任何一样自愿组织都没有,比例为18.9%。这说明大部分村庄至少有其中一类自愿性组织。

最后,农村社会生活嵌入到市场网络之中。以基本的种子、农药和化肥等农业物资为例,市场决定了其供给。在有效样本(1965)中,从乡镇农药公司或门店购买的比例最高,达到36.9%。其次为本村农药销售或代售点,比例为31.5%。前者是物资公司的基层直销组织,后者则是最末端的代营或零售。相比之下,同样在乡镇,在集市购买只占11.7%;而同样在农村,选择从附近村的销售或代售点为12%。以上说明,农民通过市场购买农业物资,要么倾向于就远选择组织化程度高的公司门店购买,要么就近选择本村的零售点。但共同点在于农村物资供需按照市场进行配置。

综上,江苏地区农村文化网是确凿的实体。其中,绝大部分农民重视经营私人社会网,大部分村庄也都建立了自愿性社会组织,而且市场也在物资流通中起到主导作用。其中,有的部分开放,超出了村集体的边界,有的部分则封闭,局限于村庄内部,但它们共同组成了农民所赖以生活的文化网。

但是,农村文化网的中心节点很难凭借自身的构成来加以判断。节点可以在村庄之外,也可以在村庄之内但由村庄精英把持,也可以由普通农民掌握。接下来,本文考察乡村社会中权威的分布情况,由此判断文化网中心节点的位置。

2. 村庄自治及其权威分布

(1) 村民委员会选举中的主导权

改革以来,依托我国《宪法》和《村民委员会组织法》(2010修订)等法律文件,农村居民通过普选建立村民委员会(以下简称"村委会")。农民对于村委会选举的态度可以说明村民自治制度的实施情况。从其实际的态度和参与行为来看,村委会选举可以得到多半数农村居民的支持。根据此次调查统计,样本中55.7%的农民了解自治法,但其余44.3%并不知道。其平均值1.44介于"1＝了解"与"2＝不知道"之间。同时,农民对于村委会选举整体也表现出类似态度：49.7%的人表示关心,而其余一半的农民表示"不太关心"和"根本不关心"。但涉及农民对于自己参加选举的选择时,情况就显得更加积极一些。66.1%的人表示"愿意参与",而明确不想参与的人只占样本的5.6%。这种个人参与的意愿与其实际参与选举的情况一致,即65.9%的被调查者亲自参加了最近一次的村委会换届选举。

农民参与或缺席投票的动机,也可以说明选举民主的实现程度。样本中对于没有参加上一次选举投票的农民来说,最主要的原因是选举时不知道相关消息,占到36.6%;其次为选举时有其他事导致无法参加,占有效样本的29.6%。这意味着过半缺席投票者是因为其他原因而无法参与村委会选举。相对而言,消极对待并因此故意缺席选举的情况是指"选谁都一样""投一票没有用"和"上面定好的"这三项,总计占到有效样本的25.6%。

投票参与者的动机大部分是基于对自身权利的认同。有效样本中,农民坚持投票出于权利考虑者达到83.3%,认为投票出于利益者只有11.8%,而由镇村干部动员而投票者,达到11.9%,因为熟人劝说而投票者为3.3%,因为别人去也就跟风去投票者为9.5%,因为有误工费或礼物而参加投票的情况只有1.9%。农民对于权利的认同还表现在大多数对象认为自己所投的一票"重要",其人数占到有效样本的84.4%,与出于权利考虑而投票者为多数相吻合;农民参加投票的行为与其动机是一致的。有效样本中,82.4%的人做到了认真投票,不搞代投。

实际选举的动员和组织也较为有效地保障了农民意愿的实现。村民所希望的选举对象是处事公正、能干的、个人道德素养过硬的干部。本次调查统计也可以说明这一点：全部样本中,55.5%的农民选择"公正",44.8%的农民选择"能干",14.4%的农民选择"道德素养"。实际初级候选人的产生,则可以分为三类：经由正式组织渠道产生的占到35.8%,其中乡镇政府往下推荐的只有4%;而经过非正式渠道产生候选人,达到26.4%。第三类为没有候选人,或不清楚有无候选人的情况,达到31.3%。

但最终候选人的确定是经过正式组织程序来完成。这里可以分为两类：首先是村民大会、村民代表大会或村民选举委员会等村民构成的组织确定。

在样本中,三者达到74.9%。其中,根据此次样本统计,村民选举委员会58.1%由前两者推选出来,因此,也可以算作同类组织。第二类是基层政府或党支部等权威部门决定。据调查统计,两者占到样本总数的26.6%。可见,村委会选举候选人的决定权主要由农民掌握。这个结论与调查对象自己的判断是一致的:67.8%的对象认为选举中村民的意见更重要,为大多数;其余32.2%的对象认为乡镇政府的意见重要,为少数。

最后当选人的资质也反映了村民主导村委会选举。调查样本中,只有13.5%的调查对象所在村庄中的村干部当选者出自宗族大户,其余86.5%的调查对象所在村庄则没有发生这个情况。事实上,村民倾向于投票给有能力的候选人,69.4%的调查对象作此选择。只有21.9%的对象相信仅凭上级政府的支持,或因为有钱有势就可以当选。此外,调查对象对选举结果的满意度也可以说明村民主导选举。占全部样本50.6%的村民认为选出了自己满意的人选,只有10.8%的对象认为选举结果无法代表其意愿。最终,多半数对象对于整个选举感到满意或相对满意,达到样本的73.1%。

(2) 村民小组治理中的主导权

根据我国村民委员会组织法,自治制度的主体组织为村民委员会。在必要的情况下,村民委员会可以分设村民小组。因此,正式的村民小组会议是村庄自治制度的延伸,是村庄治理的正式补充。江苏地区也重视村民小组的建设。此次调查统计发现,过半村庄即53.1%对象所在村庄围绕村民小组自治而制订了相应的成文规章。其中,村小组自治近半采用了村民会议或村民代表会议的形式,分别达到样本总数的45.5%和44.8%。而采用村民小组议事会或民主评议会等形式的村庄比例也分别达到19.4%和17.9%。

村小组自治组织也履行相当重要的集体治理功能。此次样本中,34%的村庄设置了民主评议小组,31.6%的村庄设置了民主理财小组,39.5%的村庄设置了村务监督小组。具体来看,村小组可以组织经济生产、提供公共物品等事务,虽然其程度和规模往往有限的。例如,在有效样本中,大部分情况下是行政村统一管理宅基地和其他集体公共财产或者访谈对象不清楚相关状况,但仍然有18.7%的村庄明确允许村小组管理部分宅基地和其他集体公共财产。此外,27.3%的村庄还明确由村小组建立各类合作经济和其他经济,或承担本组经济生产的协调和服务工作,虽然其余72.7%的有效样本为不可以或不清楚。在公共物品或服务方面,有效样本中,30.6%的村小组提供农业技术培训,37%的村小组关心老人和困难户的生活,31.3%的村小组兴建饮水设施,53.7%的村小组铺设道路,64.4%的村小组提供垃圾服务。还有35%的村小组会开展娱乐文体活动,以及31.6%的村小组提供健康医疗方面的服务。

相对于行政村的村委会等正式集体组织,村小组离普通村民更近,因而农民的参与度也较高。村小组长的产生,最高的比例为行政村提名并由小组村民选举,其有效样本中占比为44.9%,另有14.9%由村民自行商议产生。可见,过半村庄中小组长的产生由村民决定。另外,在事关本组村民利益的重大事项决策中,例如修路架桥、集体土地的使用等,召开村组居民代表大会者的有效百分比46%,而召开本组村民大会者为18%,召开本组专门的民主议事机构者为36%。在这些会议中,有效样本中42.3%和48.6%的村组成员会积极参与发言讨论。有效样本中89.5%的农民还会主动提出自己关心的议题。如果村组议事结果对自己不利,那么有效样本中68.3%的村民会向村委会干部或上级政府部门进行反映,以维护自身利益。事实上,村民对村庄事务有意见时,总样本中64.5%的村民会向村民小组长反映,另有31.7%的村民会通过正式的村组组织如村组居民代表大会或民主评议会来进行反映。只有15%的村民认为缺乏反映渠道,表达了意见也没有用。

综上,此次调查发现,江苏地区的村庄正式组织由普通村民所主导。在村委会的成立及村干部的产生过程中,村民都珍视其投票权利,并力图在选举中选出具有才能或道德素养的干部。而在村小组自治中,普通农民直接参与的范围和程度都大为增加,他们不仅推选村干部,而且决定村小组会议及其中的议题。个人也更加主动和积极地表达意见和维护自身利益。村组正式组织的集体治理功能,尤其在公共物品供给和集体事务决策等方面,都发挥得相当显著。由此可见,江苏乡村中的正式权力分布于普通农民之中,由该群体而非村干部或基层政府所主导。根据分析框架,这就说明乡村文化网的中心节点位于村庄内部,那些非正式组织的力量由普通农民群体所掌握和使用。

(3) 土地股份合作社的治理

此次调查发现,江苏地区土地股份合作社已经成立的村庄达到12.3%,有计划成立的为7.2%,二者相加为19.5%,即五分之一的江苏农村已经出现了土地股份合作社。同时也有42.3%的村庄明确没有建立股份合作社。

土地股份合作社属于土地经营的再组织,也可以从其覆盖范围来看。调查发现,样本中约有144个村庄将股份合作社设立在行政村的层次上,占到样本总数的 7.4%。由村小组举办土地股份合作社占到 2%。村小组联合举办的占 0.7%。由上述多个组织联合举办，则占 0.4%。因此，江苏地区的土地股份合作社的多数是由行政村的村委会举办的，相对少数是由村小组或村小组的联合体兴办。由此可见，土地股份合作社需要对现有集体与家庭双层并置的土地经营组织进行重组。

土地股份合作社的兴办时间也可以说明它在江苏地区的发展过程。调查样本中，股份合作社的数量随时间变化在增加。其中，现有土地股份合作社过半自 2012 年后成立。事实上，该组织模式最先由中央政府在广东珠三角地区自 1993 年进行试点。到 1990 年代中后期，广东珠三角地区已经较为广泛地采用了这种新的土地经营模式。1997—2004 年是集体乡镇企业进行转制的时期。珠三角地区很多村集体的工业收入因此大量减少。因此，很多村委会就改变家庭承包制为股份合作制，将土地集中起来经营，或流转为工业使用，或转向高附加值农业，打造了新的集体经济。同时，江苏南部地区也经历了乡镇企业改制，但是对于土地经营组织的重组需求不如广东珠三角地区那么显著。

土地股份合作社作为新型集体土地经营组织，其建立需要符合现有的村集体的核心组织原则即村民自治。组织目标、规章、成立程序、决策和运行模式都应按照集体自治的组织程序进行。本次调查分别从组织章程、成立大会和大会代表产生方式三个方面说明，虽然江苏地区的股份合作社数量并不多，但已有的案例过半都按照村集体的组织程序，让村民成员参与到新组织中来，特别是村民代表的产生方面。过半案例中是每个家庭都参与新组织，体现了村民民主自治。

土地股份合作社也要坚持集体土地经营的一贯原则即平等。而样本统计也说明了这一点。其中，67% 的股份合作社采用了按人口平等设置股份的方式。而按土地面积设置也是遵循平等原则。因为先前的经营组织家庭承包制就是要保障农民之间具有平等的土地承包经营权。

最后，依据收入来源的不同，土地股份社也可划分为不同的类型。调查发现，经营传统农业的土地股份合作社数量最多，占整个样本的 7.1%，而经营高附加值农业的合作社只有 41 个，占整个样本的 2.1%，二者相差数倍。而流转集体建设用地的股份合作社中，公用建设用地征地情况最多，商业建设用地情况最少。这也符合我国长期以来严格控制集体建设用地入市使用的情况。除了政府征用以及城乡建设用地增减挂钩等渠道外，集体建设用地不能入市交易。这种情况直到十八届三中全会才有所改变,集体建设土地与国有建设土地才能够同等入市,同权同价。

综上,江苏的土地股份合作社的治理由农民掌握,其数量已经具有一定规模,其成立的方式是通过村民主导的代表大会等组织而完成。关键的是,股份的设置也贯彻了平等的原则。由此,根据分析框架,土地股份合作社中的权力由农民掌握,也说明了其对应的中心节点也位于普通农民群体。

四、讨论与总结

本报告论证了地方文化网在规模化集体土地组织治理中的作用。作为新兴事物,土地股份合作社正在发展初期,在当下的规模化农业经营类别中并非多数。但是,该类组织集中反映了集体经济组织需要在经济效率之外保持平等分配的普遍治理困境。学界研究已经说明,村干部对于集体经济组织的控制,阻碍了平等分配的实现。

正式组织本身建立了限制村干部的权力、保障农民参与的部分。江苏地区的村庄自治中,村委会的民主选举由农民主导。农民普遍重视自己的投票权,因此大部分人会积极行使自己的投票权。农民强调候选人的能力和道德素质,并依据此类期望而非其他原则进行投票。候选人经由民主程序产生,主要为村民大会等集体组织,其中普通农民发挥主导作用。而且,其投票意愿一般都得到了实现,大部分农民因此表示满意。

村民小组自治不仅承担了一定规模的治理功能,更完整地保障了农民参与集体事务决策、表达个人意见和维护个人利益的权利。村小组及其具体组织平台设定了民主理财、监督和评议等诸多功能。农民不仅积极参与集体决策的讨论之中,而且经常主动表达个人意见。大部分农民会在村组会议上提出自己关心的议题,或经常在会议之外向村组组长等表达个人意见。遇到个人利益受损时,农民也会积极向村委会或上级政府进行反映。

相比之下,乡村社会中非正式的文化网仍然是一种必不可少的治理机制。农民个人并非原子化,而是通过非正式的网络密切联系在一起。报告人认为,文化网是正式组织吸纳和动员农民的中介,因为正式权威需要分布于非正式文化网的范围之内,需要与之结合才能获得农民的理解和认可。反之,农民参与村集体正式组织,或展开针对集体事务的民主管理和监督,文化网也是其重要的依托。缺乏非正式的各类组织的支持,原子化的农民无法展开集体行动,无力制约占据正式组织职位并因此控制集体组织的村干部。

文化网中心节点在于普通农民那里,说明了其对于村干部权力私有化的约束作用。报告证明,江苏农村的文化网相当丰富,其中自治型的私人社会网依然发达,与家族等传统组织起到同样重要的作用。另外,追求小团体如合作社、股份合作社或更大范围集体利益组织的数量也达到一定程度,而市场也构成乡村社会物资流通等方面的决定性机制。可见,文化网由开放的以及封闭的组织所构成,边界广阔,具有动员能力,也包含了繁多的价值和规范。

报告证实,江苏农村文化网中心节点的位置在普通农民群体那儿。村委会选举和村小组治理由农民主导,证明了中心节点的位置在于村庄之内的普通农民。这意味着,江苏地区的农民能够利用其身边广袤的文化网的力量。

集体土地股份合作社也不例外。报告说明,江苏地区该类组织的权威来源于普通农民,实际制度设计也大多贯彻平等分配原则。该组织所在的文化网节点也属于农民群体。换言之,文化网让农民能够通过非正式渠道实现集体土地股份合作社的治理,也帮助农民在正式组织中加强对土地股份合作社分配的控制。

参考文献

[1] 蔡昉,王美艳,2009.为什么劳动力流动没有缩小城乡收入差距[J].经济学动态(8):4-10.

[2] 曹锦清,张乐天,陈中亚,2001.当代浙北乡村的社会文化变迁[M].上海:上海远东出版社.

[3] 杜润生,1985.中国农村经济改革[M].北京:中国社会科学出版社.

[4] 杜润生,2005.杜润生自述:中国农村体制变革重大决策纪实[M].北京:人民出版社.

[5] 杜赞奇,1996.文化、权力与国家:1900~1942年的华北农村[M].南京:江苏人民出版社.

[6] 傅衣凌,1982.明清社会经济史论文集[M].北京:人民出版社:78-102.

[7] 葛玲,2012.中国乡村的社会主义之路——20世纪50年代的集体化进程研究述论[J].华中科技大学学报(社会科学版),26(2):72-77.

[8] 古学斌,2007.否定政府,重建村庄:中国大陆梅县客家地区自发社区组形成[J].台湾社会研究季刊,66:195-229.

[9] 黄宗智,2009.中国小农经济的过去和现在——舒尔茨理论的对错[M]//中国乡村研究.福州:福建教育出版社.

[10] 蒋省三,刘守英,2003.让农民以土地权利参与工业化——解读南海模式[J].政策(7):54-56.

[11] 蒋省三,刘守英,2004.土地资本化与农村工业化——广东省佛山市南海经济发展调查[J].经济学(季刊)(11):87-97.

[12] 刘克祥,2001.20世纪30年代地权集中趋势及其特点——30年代土地问题研究之二[J].中国经济史研究(3):33-48.

[13] 刘志伟,1992. 宗族与沙田开发——番禺沙湾何族的个案研究[J]. 中国农史(4)：34-41.

[14] 裴小林,1999. 集体土地制：中国乡村工业发展和渐进转轨的根源[J]. 经济研究(6)：45-51.

[15] 邱泽奇,1999. 乡镇企业改制与地方威权主义的终结[J]. 社会学研究(3)：84-94.

[16] 申静,王汉生,2005. 集体产权在中国乡村生活中的实践逻辑——社会学视角下的产权建构过程[J]. 社会学研究(1)：113-148.

[17] 宋婧,杨善华,2005. 经济体制变革与村庄公共权威的蜕变——以苏南某村为案例[J]. 中国社会科学(6)：129-142.

[18] 孙秀林,周飞舟,2013. 土地财政与分税制：一个实证解释[J]. 中国社会科学(4)：41-60.

[19] 魏安国,1982. 清代华南地区"一田两主"的土地占有制[J]. 开放时代(3)：67-71.

[20] 温锐,蒋国河,2004. 20世纪90年代以来当代中国农村宗族问题研究管窥[J]. 福建师范大学学报(哲学社会科学版)(4)：87-96.

[21] 王春超,2011. 农村土地流转、劳动力资源配置与农民收入增长：基于中国17省份农户调查的实证研究[J]. 农业技术经济(5)：93-101.

[22] 王汉生,王一鸽,2009. 目标管理责任制：农村基层政权的实践逻辑[J]. 社会学研究(2)：61-92.

[23] 王化起,2012. 论后乡镇企业时期集体经济中的干部私有化及其影响——基于广东义村股份合作社的个案研究[J]. 中国农村观察(6)：31-39.

[24] 王铭铭,1996. 宗族、社会与国家——弗里德曼理论的再思考[J]. 中国社会科学季刊(香港),16(3).

[25] 吴毅,吴帆,2011. 结构化选择：中国农业合作化运动的再思考[J]. 开放时代(4)：59-84.

[26] 熊万胜,2009. 小农地权的不稳定性：从地权规则确定性的视角——关于1867—2008年间栗村的地权纠纷史的素描[J]. 社会学研究(1)：1-24.

[27] 徐勇,徐增阳,1999. 中国农村和农民问题研究的百年回顾[J]. 华中师范大学学报（人文社会科学版）,38(6)：1-10.

[28] 杨善华,2000. 家族政治与农村基层政治精英的选拔、角色定位和精英更替[J]. 社会学研究(3)：101-108.

[29] 杨善华,刘小京,2000. 近期中国农村家族研究的若干理论问题[J]. 中国社会科学(5)：83-90.

[30] 叶显恩,周兆晴,2007. 地权转移过程中的商业化精神[J]. 珠江经济(11)：

75-80.

[31] 张静,2003.土地使用规则的不确定:一个解释框架.中国社会科学(1):113-124.

[32] 张小军,2007.复合产权:一个实质论和资本体系的视角[J].社会学研究(4):23-50.

[33] 赵冈,陈钟毅,2006.中国土地制度史[M].北京:新星出版社.

[34] 折晓叶,陈婴婴,2005.产权怎样界定———一份集体产权私化的社会文本[J].社会学研究(4):1-43.

[35] 郑风田,程郁,阮荣平,2011.从"村庄型公司"到"公司型村庄":后乡镇企业时代的村企边界及效率分析[J].中国农村观察(6):31-45.

[36] 郑风田,阮荣平,程郁,2012.村企关系的演变:从"村庄型公司"到"公司型村庄"[J].社会学研究(1):52-77.

[37] 郑振满,1995.神庙祭典与社区发展模式——莆田江口平原的例证[J].史林(1):33-47.

[38] 钟甫宁,纪月清,2009.土地产权、非农就业机会与农户农业生产投资[J].经济研究(12):43-51.

[39] 周飞舟,2006.分税制十年:制度及其影响[J].中国社会科学(6):100-115.

[40] 周飞舟,2007.生财有道:土地开发和转让中的政府和农民[J].社会学研究(1):49-82.

[41] Arrigo L G,1986. Landownership Concentration in China: the Buck Survey Revisited[J]. Modern China,12(3):259-360.

[42] Axinn W G, Ghimire D J,2011. Social Organization, Population, and Land Use[J]. American Journal of Sociology,117(1):209-258.

[43] Becker G S,1960. An Economic Analysis of Fertility[M]//G S Becker, J Duesenberry, B Okun. Demographic and Economic: Change in Developed Countries. New York: Columbia University Press:209-240.

[44] Brandt L, Huang J, Li G, Rozelle S,2002. Land Rights in Rural China: Facts, Fictions and Issues[J]. The China Journal,47:67-97.

[45] Bryman A,2004. Social Research Methods[M]. Oxford: Oxford University Press:65-81.

[46] Buroway M, Burton A, Ferguson A A,1991. Ethnography Unbound: Power and Resistance in the Modern Metropolis[M]. Oakland: University of California Press:1-27.

[47] Cai H, Baum R, Bernstein T, et al,2007. Did Government Decentralization Cause China's Economic Miracle? [J]. World Politics,58(4):505-535.

[48] Cai Y,2003. Collective Ownership or Cadres' Ownership? The Non-Agricultural

Use of Farmland in China[J]. The China Quarterly,175:662-680.

[49] Cai Y,2004. Managed Participation in China[J]. Political Science Quarterly,119(3):425-451.

[50] Cartier C,2011. Review on The Great Urban Transformation: Politics of Land and Property in China[J]. The China Quarterly, 205:178-179.

[51] Chayanov A V,1986. On the Theory of Non-capitalist Economic Systems[M]// D Thorner, B Kerblay, R E F Smith. The Theory of Peasant Economy. Madison: The University of Wisconsin Press,1966:1-28.

[52] Chen Z, Huffman W E, Rozelle S, 2011. Inverse Relationship Between Productivity and Farm Size: the Case of China[J]. Contemporary Economic Policy, 29(4):580-592.

[53] Coase R H,1937. The Nature of the Firm[J]. Economica, 4(16):386-405.

[54] Coase R H, 1960. The Problem of Social Cost[J]. Journal of Law and Economics,3:1-44.

[55] Daniel Thorner, 1986. Chayanov's Concept of Peasant Economy[M]//D Thorner, K Basile, R EF Smith. The Theory of Peasant Economy. Madison: The University of Wisconsin Press.

[56] Dong X,1996. Two-Tier Land Tenure System and Sustained Economic Growth in Post-1978 Rural China[J]. World Development, 24(5):915-928.

[57] Douglass N C, 1990. Institutions, Institutional Change and Economic performance[M]. Cambridge: Cambridge University Press.

[58] Eisenhardt M, 1989. Building Theories from Case[J]. The Academy of Management Review, 14(4):532-550.

[59] Fang X, Smith R B W,2008. Barriers to Efficiency and the Privatisation of Township-Village Enterprises[J]. Journal of Development Studies, 44(3):409-424.

[60] Faure D,2007. Emperor and Ancestor: State and Lineage in South China[M]. Palo Alto: Stanford University Press:1-14.

[61] Faure D, Siu H,2006. The Original Society and Its Modern Fate: Historical and Post-modern China[M]//T Oakes, L Schein. Translocal China: Linkages, Identities and the Reimagining of Space. London: Routledge: 36-42.

[62] Flower J, Leonard P,1998. Defining Cultural Life in the Chinese Countryside: the Case of Chuan Zhu Temple[M]// F Vermeer, F N Pieke, W L Chong. Cooperative and Collective in China's Rural Development: Between State and Private Interests. New York: M. E. Sharpe Inc. :273-290.

[63] Freedman M,1958. Lineage Organization in Southeastern China[M]. London:

University of London & The Athlone Press.

[64] Freedman M,1966. Chinese Lineage and Society: Fukien and Kwangtung[M]. London: The Athlone Press & University of London.

[65] Fu C, Davis J,1998. Land Reform in Rural China Since the Mid-1980s[J]. Land Reform,2: 123-137.

[66] George A L, Bennett A,2005. Case Studies and Theory Development in the Social Sciences [M]. Cambridge: MIT Press: 3-36.

[67] Granovetter M,1985. Economic Action and Social Structure: The Problem of Embeddedness[J]. American Journal of Sociology, 91(3): 481-510.

[68] Granovetter M, 1992. Economic Institutions as Social Constructions: A Framework for Analysis[J]. Acta Sociologica,35: 3-11.

[69] Granovetter M,2005. The Impact of Social Structure on Economic Outcomes [J]. The Journal of Economic Perspectives, 19(1): 33-50.

[70] Guba E G, Lincoln Y S,2005. Paradigmatic Controversies, Contradictions, and Emerging Confluences [M]// D H K, L Y S. The Sage Handbook of Qualitative Research. London: SAGE Publications: 191-215

[71] Guo X,2001. Land Expropriation and Rural Conflicts in China[J]. The China Quarterly,166: 422-439.

[72] Ho P,2001. Who Owns China's Land? Policies, Property Rights and Deliberate Institutional Ambiguity[J]. The China Quarterly, 166: 387-414.

[73] Ho S P S, Lin G C S,2003. Emerging Land Markets in Rural and Urban China: Policies and Practices[J]. The China Quarterly, 175: 681-707.

[74] Ho S P S, Lin G C S,2004. Converting Land to Nonagricultural Use in China's Coastal Provinces: Evidence from Jiangsu[J]. Modern China, 30(1): 81-112.

[75] Hsing Y T,2010. Review Essay(Developing China: Land, Politics, and Social Conditions)[J]. The China Quarterly, 201: 209.

[76] Hu B, Saich T,2012. Chinese Village, Global Market New Collectives and Rural Development [M]. London: Palgrave Macmillan: 27-190.

[77] Huang, Philip C C,1985. The Peasant Economy and Social Change in North China[M]. Palo Alto: Stanford University Press: 3, 6-9.

[78] Huang, Philip C C,1990. The Peasant Family and Rural Development in the Yangzi Delta, 1350-1988[M]. Palo Alto: Stanford University Press: 1-18.

[79] Huang, Philip C C,2010. The Theoretical and Practical Implications of China's Development Experience: The Role of Informal Economic Practices[J]. Modern China, 37 (1): 3-43.

[80] Humphreys S,1969. History, Economics, and Anthropology: The Work of Karl Polanyi[J]. History and Theory, 8(2), 165-212.

[81] Hunt E F, Colander D,2004. Social Science: An Introduction to the Study of Society[M]. Boston: Allyn & Bacon Inc.

[82] Kelliher D,1992. Peasant Power in China: The Era of Rural Reform, 1979-1989[M]. New Heaven and London: Yale University Press: 19-39.

[83] King G, Keohane R O, Verba S,1994. Designing Social Inquiry: Scientific Inference in Qualitative Research[M]. Princeton: Princeton University Press.

[84] Kornai J,1992. The Socialist System: The Political Economy of Communism: The Political Economy of Communism[M]. Oxford: Oxford University Press.

[85] Kung J K,1994. Egalitarianism, Subsistence Provision, and Work Incentives in China's Agricultural Collectives[J]. World Development, 22(2): 175-187.

[86] Kung J K,1995. Equal Entitlement Versus Tenure Security Nnder a Regime of Collective Property Rights[J]. Journal of Comparative Economics, 21(2): 82-111.

[87] Kung J K,2000. Common Property Rights and Land Reallocations in Rural China: Evidence from a Village Survey[J]. World Development, 28(4): 701-719

[88] Kung J K,2002a. Off-Farm Labor Markets and the Emergence of Land Rental Markets in Rural China[J]. Journal of Comparative Economics, 30(2): 395-414.

[89] Kung J K,2002b. Choice of Land Tenure in China: The Case of a County with Quasi-Private Property Rights[J]. Economic Development and Cultural Change, 50(4): 793-817.

[90] Kung J K, Lin Y,2007. The Decline of Township-and-Village Enterprises in China's Economic Transition[J]. World Development, 35(4): 569-584.

[91] Kung J K, Liu S,1997. Farmers' Preferences Regarding Ownership and Land Tenure in Post-Mao China: Unexpected Evidence from Eight Counties[J]. The China Journal,38(38): 33-63.

[92] Kung K, Bai Y,2011. Induced Institutional Change or Transaction Costs? The Economic Logic of Land Reallocations in Chinese Agriculture[J]. Journal of Development Studies, 47(10): 1510-1528.

[93] Lahiff E, Borras S M, Kay C,2008. Market-led Agrarian Reform: Policies, Performance, and Prospects[M]//S M Borras, C Kay, E Lahiff. Market-led Agrarian Reform: Critical Perspectives on Neoliberal Land Policies and the Rural Poor. London: Routledge: 1-20.

[94] Landé C,1977. The Dyadic Basis of Clientelism[M]// S Schmidt, L Guasti, C Landé, J Scott. Friends, Followers, and Factions: a Reader in Political Clientelism.

Oakland: University of California Press.

[95] Li H,2009. Village China Under Socialism and Reform: A Micro-history, 1948-2008[M]. Palo Alto: Standford University Press: 5-8

[96] Lin George C S, Ho S P S, 2005. The State, Land System, and Land Development Processes in Contemporary China[J]. Annals of the Association of American Geographers, 95(2): 411-436.

[97] Lin George C S,2009. Developing China: Land, Politics, and Social Conditions [M]. London and New York: Routledge.

[98] Lin J Y,1992. Rural Reforms and Agricultural Growth in China[J]. American Economic Review, 82(1): 34-51.

[99] Lin N, Chen C J,1999. Local Elites as Officials and Owners: Shareholding and Property Rights in Daqiuzhuang[M]//J Oi, A G Walder. Property Rights and Economic Reform in China. Palo Alto: Stanford University Press: 145-170.

[100] Liu S, Carter M R, Yao Y,1998. Dimensions and Diversity of Property Rights in Rural China: Dilemmas on The Road to Further Reform[J]. World Development, 26 (10): 1789-1806.

[101] Madsen R,1984. Morality and Power in A Chinese Village. Berkley and Los Angeles[M]. Oakland: University of California Press.

[102] McMillan J, Whalley J, Zhu L, 1989. The Impact of China's Economic Reforms on Agricultural Productivity Growth[J]. The Journal of Political Economy, 97 (4): 781-807.

[103] Mohapatra S, Rozelle S, Huang J,2006. Climbing The Development ladder: Economic Development and The Evolution of Occupations in Rural China[J]. Journal of Development Studies, 42(6): 1023-1055.

[104] Montinola G, Qian Y, Weingast B R,1995. Federalism, Chinese Style: The Political Basis for Economic Success in China[J]. World Politics, 48(1): 50-81.

[105] Nee V,1989. A Theory of Market Transition: from Redistribution to Markets in State Socialism[J]. American Sociological Review, 54(5): 663-681.

[106] Nee V,1996. The Emergence of a Market Society: Changing Mechanisms of Stratification in China[J]. American Journal of Sociology, 101(4): 908-949.

[107] Nee V, 1998. Norms and Networks in Economic and Organizational Performance[J]. The American Economic Review, 88(2): 85-89.

[108] Nee V, Cao Y,2002. Postsocialist Inequalities: the Causes of Continuity and Discontinuity[J]. Research in Social Stratification and Mobility, 19: 3-39.

[109] Obrien K J,1996. Rightful Resistance[J]. World Politics, 49(1): 31-55.

[110] Oi J C,1989. State and Peasant in Contemporary China: the Political Economy of Village Government[M]. Oakland : University of California Press.

[111] Oi J C,1992. Fiscal Reform and the Economic Foundations of Local State Corporatism in China[J]. World Politics, 45(1): 99-126.

[112] Oi J C,1995. The Role of the Local State in China's Transitional Economy[J]. The China Quarterly, 144: 1132-1149.

[113] Oi J C, Rozelle S,2000. Elections and Power: The Locus of Decision-Making in Chinese Villages[J]. The China Quarterly, 162: 513-539.

[114] Peng Y,2001. Chinese Villages and Townships as Industrial Corporations: Ownership, Governance, and Market Discipline[J]. American Journal of Sociology, 106(5): 1338-1370.

[115] Peng Y,2010. Review Essay Village China under Socialism and Reform: A Micro-history, 1948-2008 [J]. American Journal of Sociology, 115(5): 1619-1621.

[116] Perry E J, 1994. Trends in the Study of Chinese Politics: State-Society Relations[J]. The China Quarterly, 139: 704-713.

[117] Perry E J, Goldman M, 2007. Grassroots Political Reform in Contemporary China[M]. Cambridge: Harvard University Press.

[118] Perry E J, Selden M, 2003. Reform and Resistance in Contemporary China [M]// J Perry, M Selden. Chinese Society: Change, Conflict and Resistance. London: Routledge: 1-19.

[119] Ping Y C,2011. Explaining Land Use Change in a Guangdong County: The Supply Side of the Story[J]. The China Quarterly, 207(20): 626-648.

[120] Po L,2008. Redefining Rural Collectives in China: Land Conversion and the Emergence of Rural Shareholding Co-operatives[J]. Urban Studies, 45(8): 1603-1623.

[121] Popkin S L, 1979. The Rational Peasant [M]. Oakland: University of California Press: 10-31.

[122] Potter S, Potter J,1990. China's Peasants: The Anthropology of A Revolution [M]. Cambridge: Cambridge University Press.

[123] Putterman L, 1995. The Role of Ownership and Property Rights in China's Economic Transition[J]. The China Quarterly,144: 1047-1064.

[124] Qu F,Heerink N, Wang W,1995. Land Administration Reform in China: Its Impact on Land Allocation and Economic Development[J]. Land Use Policy, 12(3): 193-203.

[125] Rawski T G,1979. Economic Growth and Employment in China[J]. World Development, 7(8): 767-782.

[126] Saich T,2008. Providing Public Goods in Transitional China [M]. New York: Palgrave Macmillan: 1-21.

[127] Sargeson S, 2011. Review Essay (The Politics of Land Development in Urbaning China)[J]. The China Journal,66: 145-152.

[128] Schultz T,1964. Transforming Traditional Agriculture[M]. New Haven and London: Yale University Press: 1-35.

[129] Schmidt S W,1977. Friends, Followers, and Factions: A Reader in Political Clientelism[M]. Oakland: University of California Press.

[130] Shanin T,1986. Chayanov's Message: Illuminations, Miscomprehensions, and the Contemporary "Development Theory" [M]// Thorner B Kerblay, R E F Smith. The Theory of Peasant Economy. Madison: The University of Wisconsin Press,1966: 1-24.

[131] Shue V, 1980. Peasant China in Transition: the Dynamics of Development Toward Socialism: 1949-1956[M]. Oakland: University of California Press: 287-291.

[132] Shue V,1988. The Reach of the State: the Sketches of the Chinese Body Politic [M]. Palo Alto: Stanford University Press: 1-7.

[133] Shue V, 1990. Emerging State-society Relations in Rural China [M] //J Delman, C S Ostergaard, F Christiansen. Remaking Rural China: Problems of Rural Development and Institutions at the Start of 1990s. Aarhus: Aarhus University Press: 60-80.

[134] Siu H,1990. Recycling Tradition: Culture, History, and Political Economy in the Chrysanthemum Festivals of South China[J]. Comparative Studies in Society and History, 32(4): 765-794.

[135] Skinner G W,1964. Marketing and Social Structure in Rural China: Part I[J]. The Journal of Asian Studies, 24(1): 3-43.

[136] Skinner G W, 1971. Chinese Peasants and the Closed Community: An Open and Shut Case[J]. Comparative Studies in Society and History, 13(3): 270-281.

[137] Song J, Logan J,2010. Family and Market: Non-agricultural Employment in Rural China[J]. Chinese Journal of Sociology, 30(5): 142-163.

[138] Thomas G,2011. A Typology for the Case Study in Social Science: Following a Review of Definition, Discourse and Structure[J]. Qualitative Inquiry, 17(6): 511-521.

[139] Thorner D,1986. Chayanov's Concept of Peasent Economy[M]//D. Thorner, K. Basile, R. E. F. Sinith. The Theory of Peasent Economy. The University of Wisconsin Press: xi-xxiii.

[140] Tomba L, 2012. Awakening the God of Earth: Land, Place and Class in Urbanizing Guangdong[M]// B Carrilo, D Goodma. China's Peasants and Workers:

Changing Class Identities. Cheltenham: Edward Elgar Publishing: 40-60.

[141] Touraine A,1984. The Voice and The Eye: An analysis of Social Movements[M]. Cambridge: Cambridge University Press.

[142] Tsai Lily L,2011. Friends or Foes? Nonstate Public Goods Providers and Local State Authorities in Nondemocratic and Transitional Systems[J]. Studies in Comparative International Development, 46(1): 46-69.

[143] Tsai Lily Lee,2002. Cadres, Temple and Lineage Institutions, and Governance in Rural China[J]. The China Journal, 48: 1-27.

[144] Unger J,2005. Family Customs and Farmland Reallocations in Contemporary Chinese Villages[J]. Social Transformations in Chinese Societies(1): 113-130.

[145] Vermeer E, 1999. Shareholding Cooperatives: A property Rights Analysis[M]// J C Oi, A G Walder. Property Rights and Economic Reform in China. Palo Alto: Stanford University Press: 123-144.

[146] Vermeer F, Pieke F N, Chong W L, 1998. Cooperative and Collective in China's Rural Development[M]. New York: M. E. Sharpe Inc: 3-13.

[147] Walder A G,1996. Markets and Inequality in Transitional Economies: Toward Testable Theories[J]. American Journal of Sociology, 101(4): 1060-1073.

[148] Walder A G, 2002. Market and Income Inequality in Rural China: Political Advantage in an Expanding Economy [J]. American Sociological Review, 67(2): 231-253.

[149] Walder A G,2003. Elite Opportunity in Transitional Economies[J]. American Sociological Review, 68(6): 899-916.

[150] Walder A G, 2011. From Control to Ownership: China's Managerial Revolution[J]. Management and Organization Review, 7(1): 19-38.

[151] Walder A G, Oi J C,1999. Property Rights in the Chinese Economy: Contours of the Process of Change[M]// C Oi, A G Walder. Property Rights and Economic Reform in China. Palo Alto: Stanford University Press: 1-24.

[152] Whiting S,1999. The Regional Evolution of Ownership Forms: Shareholding Cooperatives and Rural Industry in Shanghai and Wenzhou[M]// J C Oi, A G Walder. Property Rights and Economic Reform in China. Palo Alto: Stanford University Press: 171-200.

[153] Winch P,1958. The Idea of A Social Science and Its Relation to Philosophy[M]. London: Routledge: 4.

[154] Wu Z, Liu M, Davis J,2005. Land Consolidation and Productivity in Chinese Household Crop Production[J]. China Economic Review, 16(1): 28-49.

[155] Yao Y, 2009. Village Elections and Redistribution of Political Power and Collective Property[J]. The China Quarterly, 197: 126.

[156] Zhang L, Huang J, Rozelle S D, 2002. Employment, Emerging Labor Markets, and the Role of Education in Rural China[J]. SSRN Electronic Journal, 13(2): 313-328.

[157] Zhang X, 2006. Fiscal Decentralization and Political Centralization in China: Implications for Growth and Inequality[J]. Journal of Comparative Economics, 34(4): 713-726.

[158] Zhang Q F, Donaldson J A, 2008. The Rise of Agrarian Capitalism with Chinese Characteristics: Agricultural Modernization, Agribusiness and Collective Land Rights[J]. The China Journal, 60: 25-47.

[159] Zhou X, Zhao W, Li Q, Cai H, 2003. Embeddedness and Contractual Relationships in China's Transitional Economy[J]. American Sociological Review, 68(1): 75-102.

后　记

本书出版离博士论文答辩已经过去五年，但研究的初衷一直铭记在心，不曾忘却。通过对义村集体土地平等分配的研究，我实际是想探讨经济发达地区农村在新时期所面临的集体组织转型问题。义村是一个超级村庄。类似的村庄，在折晓叶、陈婴婴《社区的实践："超级村庄"的发展历程》和周怡《中国第一村：华西村转型经济中的后集体主义》中都有出现。它们也都面临相似的问题，即村庄内外经济和社会环境急遽变化，社会主义集体组织转型存在困难。正如本书标题所写的那样，迄今为止，集体组织转型还远未结束。

本书选择的研究对象是土地股份合作社。作为一种新的土地集中经营制度，它较好地实现了土地利益在村民间的平等分配。但是，股份社的分配也面临来自少数村干部的威胁。他们会排斥村民参与股份社的决策和日常运转，形成自己主导土地经营的局面，并从中攫取一些个人利益。而那些设计出来实现农民参与的正式制度实际上则很难达到目的。村庄自治如要有效，则村干部的权力应当规范，村民的参与应当充分。之所以不容易实现，是因为存在诸多深层次困境。就政治组织而言，村干部权力同时来自村民选举和国家授予，权力在使用时既缺少正式约束，又容易滥用；就村干部的动机而言，既需要对上级、对同胞村民负有双重责任，也有迫切的自利需要。总之，包括村庄自治、乡镇企业、土地股份合作社等一系列村庄集体制度现象在内，农民集体行动远比一般场景中的更艰难。

超级村庄代表了农村发展的一种路径。义村在就地工业化、股份式的集体土地经营制度、村干部能力等方面表现突出,农民的宗族网络也发达。但是义村集体组织的治理困境依然存在。普通村庄的集体组织转型想必会更加困难,但这依然是一条值得探索的道路。那些将城市化视为唯一方案,以转变农民为市民,转变村庄为社区的想法,都无法面对这样的事实,即无论如何现代化和城市化,总有从事农业的农民和他们聚居的村庄乡镇。他们将始终面临集体组织治理的难题。

"附录"则说明了当下江苏省集体土地经营使用方面的情况,在时间上更新,在范围上更大,因而补充了广东义村个案研究的不足。基于2017年江苏全省农户的抽样数据,"附录"说明了两件事情。"研究报告一"说明江苏省农村土地经营正在静悄悄地转向适度规模化。在土地集体所有和农户承包制保持不变的情况下,规模化经营的出现,很可能终结长久以来的我国租佃式小土地经营及所反映的农业人口过度负载这样深刻的社会经济困境。"研究报告二"则论证了江苏集体股份合作社这类土地经营是由农民而不是村干部主导。非正式文化网中心节点位于村庄内部,由普通农民占据,说明农民通常有足够力量去主导这些新型集体土地经营组织。

本书出版的过程并不是一帆风顺的。专著没有纳入学校考核评价体系。而且,著作中的内容多数尚未以论文方式发表,一旦出版可能就无法再使用,对于论文发表不利。这些都让我个人对出版变得犹豫。但是,既然申请加入"东南学术文库"出版计划,又得到一些专家学者的肯定,那么就应该将这项工作进行到底。如果说本书出版是个成果,那么不计回报坚持初衷就是其中最大的收获。再次感谢一路支持我的师友和家人!

王化起

2018年8月30日于东南大学丁家桥校区图书馆

东南学术文库
SOUTHEAST UNIVERSITY ACADEMIC LIBRARY

已出版的图书

《法律的嵌入性》
张洪涛 著 2016

《人权视野下的
中国精神卫生立法问题研究》
戴庆康 等著 2016

《新诗现代性建设研究》
王珂 著 2016

《行为金融视角
——企业集团内部资本市场效应》
陈菊花 著 2016

《明清小说戏曲插图研究》
乔光辉 著 2016

《世界艺术史纲》
徐子方 编著 2016

《马克思对黑格尔的五次批判》
翁寒冰 著 2016

《中西刑法文化与定罪制度之比较》
刘艳红 等著 2017

《所有权性质、盈余管理与企业财务困境》
吴芃 著 2017

《拜伦叙事诗研究》
杨莉 著 2017

《房屋征收法律制度研究》
顾大松 著 2017

《基于风险管控的社区矫正制度研究》
李川 著 2017

《中华传统美德德目论要》
许建良 著 2019

《城市交通文明建设的法治保障机制研究》
孟鸿志 著 2019

《立法对法治的侵害》
高照明 著 2019

《超级"义村":未完成的集体组织转型》
王化起 著 2019

《民生保障的国家义务研究》
龚向和 等著 2019

《私法视野下的水权配置研究》
单平基 著 2019

"东南学术文库"丛书可通过东南大学出版社天猫旗舰店,以及当当、亚马逊、京东等网店购买。